Os corpos falantes e a normatividade do supersocial

Organizadores
Tania Coelho dos Santos
Jésus Santiago
Andréa Martello

Os corpos falantes e a normatividade do supersocial

Rio de Janeiro
2014

cia. de Freud

Organizadores

Tania Coelho dos Santos
Jésus Santiago
Andréa Martello

Conselho científico

Ana Beatriz Freire, Angélica Rachid Bastos, Anna Carolina Lo Bianco, Joel Birman, Maria Cristina Poli, Marta Resende Cardoso, Regina Herzog, Simone Perelson

Revisão

Sandra Regina Felgueiras

Capa

Carolina Ferman

Editoração eletrônica

Abreu's System

Rio de Janeiro, 2014

UFRJ Universidade Federal do Rio de Janeiro — FAPERJ — CNPq Conselho Nacional de Desenvolvimento Científico e Tecnológico — CAPES — isepol

CIP-BRASIL. CATALOGAÇÃO NA PUBLICAÇÃO
SINDICATO NACIONAL DOS EDITORES DE LIVROS, RJ

T317

Os corpos falantes e a normatividade do supersocial / organização. SANTOS, Tania Coelho dos, MARTELLO, Andréa, SANTIAGO, Jésus. Rio de Janeiro: Companhia de Freud/FAPERJ, 2014.

ISBN 978-85-7724-125-5

1. Psicanálise. 2. Corpo 3. Fala 4. Social I. SANTOS, Tania Coelho dos. II MARTELLO, Andréa III.SANTIAGO, Jésus.

12-6840 CDD: 616.8917
CDU: 159.964.2

Sumário

Projeto de pesquisa do Grupo de Trabalho no XV Simpósio da ANPEPP

Coordenadora: Tania Coelho dos Santos
Vice-coordenador: Jésus Santiago

Da lei simbólica à normatividade da rotina: a ordem de ferro e o supersocial

Resumo

Nós nos perguntamos quais são as invenções que os sujeitos fabricam nos dias de hoje para defender-se do real da morte, do sexo e do desamparo. Partimos da perspectiva inaugurada por Michel Foucault de um rebaixamento geral da lei simbólica à norma social. Quando o pacto simbólico é rebaixado ao nível do contrato intersubjetivo – isto é, quando a responsabilidade subjetiva devém responsabilidade do Estado – o sintoma histérico, neurose clássica, pode dar lugar às neuroses de caráter, à psicose ordinária e às perversões banais. Os integrantes de nosso grupo são muito comprometidos com o ensino, a pesquisa científica, a aplicação técnica e a divulgação da psicanálise em programas de pós-graduação de universidades públicas e privadas. Grande parte deles fez seus mestrados, doutorados e/ou pós-doutorados no Programa de Pós-graduação do Département de Psychanalyse de Paris VIII, fundado pelo psicanalista Jacques Lacan, onde se ensina teoria da clínica psicanalítica. O método da conversação catalisa as diferentes perspectivas rumo à convergência.

Palavras-chave: real, ficções, defesa, recalcamento.

Abstract

From the symbolic law to the routine's norm development: the iron order and the super social

We ask ourselves what are the inventions that subjects produce these days to defend themselves from the real of death, of sex and of helplessness. We start from the perspective inaugurated by Michel Foucault of a general lowering of the symbolic law to a social regulation. When the symbolic pact is demoted to the level of intersubjective agreement – which is, when the subjective responsibility thus becomes the responsibility of the State – the hysterical symptom, classic neurosis, may lead to obsessive neurosis, ordinary psychosis and common perversions. The members of our group are very

committed to teaching, to the scientific research, technical application and dissemination of psychoanalysis in graduate programs of public and private universities. Most of them obtained masters, doctoral and / or post-doctoral degrees in the Graduate Program in Psychanalysis at the Département de psychanalyse of the University of Vincennes in Saint Denis (Paris VIII), founded by the psychoanalyst Jacques Lacan, where psychoanalytic clinic theory is taught. The method of conversation catalyzes the different perspectives towards convergence.
Keywords: real; fictions; defense; repression.

Résumé

De la loi symbolique à la normativité de la routine: l'ordre de fer et le super social

Nous nous demandons quelles sont les inventions que les sujets produisent de nos jours pour se défendre contre le réel de la mort, du sexe et l'impuissance. Nous partons de la perspective inaugurée par Michel Foucault d'un rabaissement général de la loi symbolique a la norme sociale. Lorsque l'alliance symbolique est réduite au niveau de l'accord intersubjectif – c'est a dire, lorsque la responsabilité subjective devient ainsi la responsabilité de l'État – le symptôme hystérique, névrose classique, peut donner lieu à des névroses de caractère, la psychose ordinaire et les perversions banales. Les membres de notre groupe sont très engagés à l'enseignement, la re-

cherche scientifique, l'application technique et la diffusion de la psychanalyse dans les programmes d'études supérieures des universités publiques et privées. La plupart d'entre eux ont obtenu leurs DEA, doctorats et / ou post-doctorats dans le 3ème cycle du département de Paris VIII, fondé par le psychanalyste Jacques Lacan, où s'enseigne la théorie de la clinique psychanalytique. La méthode de la conversation catalyse les différentes perspectives dans le but d'obtenir une convergence.
Mots-clés: réel; fictions; défense; refoulement.

Histórico do grupo

Os integrantes de nosso grupo são muito envolvidos com o ensino, a pesquisa científica, a aplicação técnica e a divulgação da psicanálise em programas de pós-graduação de universidades públicas e privadas. A maior parte de nós é membro da Escola Brasileira de Psicanálise e da Associação Mundial de Psicanálise, onde participam ativamente da expansão da presença, difusão do saber e intervenção da psicanálise de orientação lacaniana nos impasses sociais. Grande parte do nosso grupo fez seus mestrados, doutorados e/ou pós-doutorados no Programa de Pós-graduação do Département de Psychanalyse de Paris VIII, fundado pelo psicanalista Jacques Lacan, onde se ensina teoria da clínica psicanalítica. Em 2003, nos reunimos num *Acordo internacional de pesquisa sobre Psicanálise pura e aplicada: o estatuto do sujeito e do Outro nos sintomas contemporâneos* com esse Departamento de Paris VIII, coordenado pelos professores Serge Cottet e Tania Coelho dos Santos. Esta cooperação já foi inicialmente marcada pela publicação do livro *Efeitos terapêuticos na psicanálise aplicada* (Coelho dos Santos, 2005). Por meio desse Acordo, realizou-se, ainda, uma maior integração entre laboratórios registrados no Diretório Nacional de Grupos de pesquisa do CNPq. Pelo PPGTP/UFRJ, sob a supervisão de Tania Coelho dos Santos, desenvolveram pesquisas de pós-doutorado: Jésus Santiago (2006), Márcia Rosa (2007) e Ana Lydia Santiago (2008). Também sob orientação de Tania Coelho dos Santos, Rita Maria de Manso Barros (1999), Analícea Calmon (2005) e Maria José Gontijo Salum (2006) efetuaram seu doutorados. Dessa interlocução resultou a criação da Revista *aSEPHallus de orientação lacaniana* (B2), editada por Tania Coelho dos Santos com um corpo editorial do qual fazem parte todos os integrantes deste GT. Em 2007, publicamos uma coletânea de artigos em *Inovações no ensino e na pesquisa em psicanálise aplicada* (Coelho dos Santos, 2007). Em 2010, após as conversações durante XIII Simpósio da ANPEPP, publicamos um conjunto de artigos sobre *Psicanálise e desinserção social* no número 11 da Revista *aSEPHallus*[1]. Cada uma dessas produções é conclusão dos temas trabalhados durante os Simpósios das ANPEPP.

Objetivos para o biênio 2014/2016

Nós nos perguntamos quais são as invenções que os sujeitos fabricam nos dias de hoje para defender-se do real da

[1] Revista *aSEPHallus. Psicanálise e desinserção social.* Em: <http://www.nucleosephora. com/asephallus>.

morte, do sexo e do desamparo. Partimos da perspectiva inaugurada por Michel Foucault[2] de um rebaixamento geral da lei simbólica à norma social. A norma em Foucault define-se por seu caráter produtivo e, nesse sentido, não se confunde com um princípio de separação entre o lícito e o ilícito nem com um dispositivo de mera repressão ou restrição. Cabem, na abrangência de seu significado, as normas de comportamento, as normas sociais, as normas de conduta, as normas que regulam os saberes, as normas que prescrevem ações e que, relativamente à época moderna, funcionam segundo as formas da disciplina dos corpos e da regulação da vida biológica das populações. Nesse sentido, no campo de interrogação constituído pela analítica do poder em Foucault, trata-se também de buscar compreender as formas de implicação entre a norma (disciplinar e biopolítica) e as estruturas formais do direito. De tal forma que o filósofo poderá afirmar, no capítulo final de *A vontade de saber*, que na época moderna a "lei funciona cada vez mais como norma".

Quando o pacto simbólico é rebaixado ao nível do contrato intersubjetivo – isto é, quando a responsabilidade subjetiva devém responsabilidade do Estado – o sintoma histérico, neurose clássica, pode dar lugar às neuroses de caráter, à psicose ordinária e às perversões banais. Jésus Santiago propõe que o componente defensivo do chamado *retorno do recalcado* deixou, talvez, de ser a resposta preferencial ao real impossível de suportar. A neurose é a demanda de um Outro sem falhas, Outro da lei representado pelo pai. Segundo o psicanalista

---

[2] Fonseca, M. S. A época da norma, in: *Revista Cult*, n. 134, ano 12, disponível em <www.revistacult.com.br>.

francês Jacques Lacan, o recalque e o retorno do recalcado são a mesma coisa. O sintoma é, por esta razão, suscetível de uma decifração dessa demanda do Outro mediante a lógica do significante. Seu sentido clássico remete à vertente interpretável que privilegia a mensagem cifrada no campo das formações do inconsciente. O inconsciente, enquanto Outro do sujeito neurótico, detém a força oracular própria do simbólico e sustenta o pacto da relação de um significante a outro significante, mecanismo em jogo no uso da lei como operação metafórica que confere sentido ao sintoma.

A prática do psicanalista hoje demonstra a rarefação das formações do inconsciente (sonhos, sintomas, atos falhos) como respostas ao real. Nos dias de hoje os semblantes, verdadeiros operadores metafóricos sobre a relação do sujeito com o gozo, faltam. Por esta razão, a ordem simbólica, afetada pela disjunção radical entre o significante e o significado, precisa do contrato entre pares, da norma e da rotina para regular o corpo e o laço social. As recriminações culposas dos obsessivos nos dias de hoje são tentativas do sujeito de adaptar-se aos moldes de uma conduta *supersocial*, isto é, de uma submissão aos usos comuns e banais da rotina. Nas psicoses, as marcas do ordinário demonstram que as normas sociais, em um mundo sem operadores simbólicos, tornam-se uma verdadeira "ordem de ferro". O ordinário das normas torna-se mais feroz que o Nome-do-Pai – o pai interditor –, pois o correlato deste não é mais o desejo e, sim, o gozo manifestado na defesa indignada da adequação, sempre insuficiente, ao *supersocial*.

Sérgio Laia nos propõe esclarecer que, muito antes do último ensino de Lacan destacar as dimensões do "supersocial" e da "ordem de ferro", encontram-se duas importantes referências a este tema. Antes de ter formulado sua noção de "ordem simbólica", Lacan (1966/1998: p. 132) se vale da antropologia de Mauss para sustentar que "as estruturas da sociedade são simbólicas" e o indivíduo dito "normal" "se serve delas para condutas reais"[3] – o simbólico, portanto, orienta os "normais" em suas intervenções na "realidade". Mas aqueles cujos atos extrapolam as normas se servem de "condutas simbólicas" para expressarem as reais "estruturas da sociedade" (Lacan, 1966/1998). Essa leitura do crime como "conduta simbólica" permitirá a Lacan afirmar que a psicanálise ao mesmo tempo "irrealiza o crime" e "não desumaniza o criminoso" (Lacan, 1966/1998: p. 129-135) – o ato infrator *diz alguma coisa*, simboliza algo. Porém tal simbolismo expressado no ato criminoso ou delituoso "só pode ser *parcelar*", demarcando "o ponto de ruptura que ocupa o indivíduo na rede de agregações sociais" (Lacan, 1966/1998: p. 132). Ora, se o símbolo é articulação de duas partes (ou esses dois significantes chamados por Lacan de S1 e S2), o "simbolismo parcelar" implicaria a presença de um único significante S1 isolado, no real, separado da cadeia dos significantes, e, nesse contexto, sua articulação com o "supersocial" passaria por sua característica de ser dispersivo subjetivamente em sua propagação, por se comportar como um "enxame" (*essaim*, S1), um coletivo de normas paradoxalmente anônimas, mesmo que expressem uma relação com o social.

[3] Lacan, J. & Cénac, M. (1924) *Introduction théorique* sur les functions de la psychanalyse en criminologie. *Écrits*. Paris: PUF, p. 132. Ver também: MAUSS, M. (2003). Rapports réels et pratiques de la psychologie et de la sociologie. In *Sociologie et anthropologie*. Paris: PUF, p. 285-312.

Antônio Márcio Ribeiro Teixeira nos propõe uma questão de natureza metodológica primordial ao progresso de nossa reflexão. Existe uma questão política situada na relação do texto com o contexto que condiciona a eficácia da intervenção psicanalítica. O conceito de campo nos indica o espaço intermediário entre o texto e o contexto que, para Pierre Bourdieu, é um espaço societário dentro da sociedade, uma espécie de enclave composto por sujeitos que se relacionam de modo particular em torno de determinada doutrina, com graus variáveis de autonomia. Frequentemente, um campo politizado perde autonomia, pois pessoas sem elaboração epistêmica, porém dotadas de capital político, passam a intervir em nome de princípios heterônomos. Enquanto pesquisadores/psicanalistas inseridos no campo freudiano, precisaremos considerar o intervalo entre o texto e contexto, entre nossa doutrina e nossa capacidade de intervenção. Pois é sobre a base de nossa autonomia como psicanalistas, e não de nossa capacidade de negociação política, que devemos intervir no espaço público.

Tania Coelho dos Santos propõe também uma questão de método. As novas respostas ao real no século XXI dependem da lógica homogeneizante (todos iguais) que incita o rebaixamento da lei simbólica à norma contratual. Paradoxalmente, o imperativo igualitário produz como efeito indivíduos que reivindicam politicamente o "direito de serem tratados como exceção". Para explicar os novos sintomas contemporâneos, o discurso dos psicanalistas vem denunciando que vivemos sob uma aliança entre o capitalismo e a ciência. Tem estado à margem deste discurso tudo aquilo que no discurso político atual é concebido como "os avanços no campo dos direitos humanos e conquistas sociais". Avanços que significam, na prática, a concessão de privilégios por meio de estatutos especiais a indivíduos ou grupos em desvantagem social: crianças, idosos, deficientes, mulheres, negros. A lógica procede por fazer do vício virtude, ou do preconceito privilégio, e nos conduz à desresponsabilização subjetiva em proveito do excesso de normas – nova ordem de ferro – de um estado *supersocial*.

Justifica sua abordagem recordando que devemos à Declaração Universal dos Direitos do Homem (1949) a concepção científica do homem como uma entidade natural e pré-sociológica, que justifica a reivindicação de direitos naturais. Em defesa da autonomia da psicanálise cabe lembrar que nada é mais evidente do que o fato de que os homens não nascem livres nem iguais. Uma criança é um sintoma da relação parental, não é produto do desejo anônimo da sociedade. É preciso que um homem eleja uma mulher como objeto causa de seu desejo e que esta deseje receber dele um filho. Condição necessária para ela dispense cuidados particulares à criança como objeto do seu desejo. Ocorre que uma criança pode ser engendrada sem ser desejada, o que compromete tanto o grau de sua liberdade na vida adulta, quanto a medida de sua igualdade com outros seres humanos, com prejuízo para sua capacidade de responder como sujeito de direitos e deveres e entrar no pacto simbólico. Crianças e adolescentes desamparados fracassam mais na escola, podem tornar-se menores infratores. Rebaixados da condição de sujeitos, devêm responsabilidade "do social", com sua vocação para o apelo à normatividade homogeneizante e à arbitragem judicial.

Jorge Forbes, no Centro de pesquisas sobre o genoma humano, trabalha com sujeitos portadores de distrofias musculares com o objetivo de desautorizar o sofrimento e a reivindicação de ser tratado como exceção para dar lugar à reinvenção de forma de viver.

Ana Lydia Santiago, Bernardo Micheriff Carneiro e Maria José Gontijo questionam a atribuição que nossa sociedade faz às instituições civilizadoras de formar o filhote do homem nos valores democráticos a fim de que possa exercer seus direitos e deveres no futuro. Às instituições responsáveis pela educação caberia a transmissão dos valores civilizatórios para a nova geração. A escola é concebida como uma instituição mediadora entre a família e o social. Por isso, a educação universal, para todas as crianças e adolescentes, é justificada como um direito fundamental, pois é ela o que vai permitir a busca e o exercício da cidadania. O conceito de "Educação Inclusiva" foi concebido dentro dessa lógica, à luz dos Direitos Humanos. Constatamos que o ideal da inclusão resta como uma dificuldade ou até mesmo um impasse para os gestores e professores. Apesar de matriculados nas escolas, crianças e adolescentes permanecem sem a aquisição da leitura e escrita. No ambiente escolar, produzem sintomas que levam à segregação e fazem fracassar o ideal de inclusão. Muitos, quando se evadem da escola, encontram na socioeducação um novo ideal para incluí-los no social. Parafraseando o educador Roberto Carlos, podemos nomear esses adolescentes como os "filhos do governo"? Essa nomeação nos indica a incidência do supersocial nesses casos? Estaríamos diante de crianças e adolescentes para os quais não encontramos, na família, a transmissão de um desejo particularizado que veicularia, em cada um, o desejo de "ser grande", de "ser alguém quando crescer". Sem este desejo particular é impossível fazer um laço sintomático com a escola. Ao contrário, eles apresentam uma posição de recusa ao conhecimento, aprisionados numa verdadeira ordem de ferro, e que se manifesta como agressividade e fracasso.

Analícea Calmon Santos interroga a incidência sobre o corpo da articulação entre o discurso da ciência e o discurso do capitalismo. A questão que se coloca é: que lugar tem ocupado o corpo no século XXI, frente à redução do simbólico? As três principais teorias sobre o corpo que podemos identificar ao longo do ensino de Lacan – corpo especular, corpo topológico e corpo real – são respostas à cultura. Para dar um desenvolvimento à indagação sobre o lugar do corpo no século XXI é preciso tomá-lo na perspectiva teórica do real, considerando a posição da psicanálise com relação ao lugar que tem sido dado ao corpo anatômico frente à ordem da natureza e à desordem do real.

Rita Maria Manso de Barros questiona o uso do significante *despertar* pela mídia a partir das manifestações recentes no Brasil. O sintoma social, previsto por Marx, foi identificado por Lacan ao conceito freudiano de mal-estar da modernidade. O avanço do campo das descobertas científicas e suas invenções, que num mesmo movimento acrescentam e retiram bens da humanidade, modificou as subjetividades. O discurso do capitalista, ao promover a alienação dos sujeitos, traz consequências pelo excesso de gozo, que é, paradoxalmente, o aumento da insatisfação. Fazer imperar a relação entre coisas sobre a relação entre homens é o que esse discurso promove, deixando evidente o desprezo pelo laço social e a consequente patologização da vida.

Somente o discurso do analista faz frente à voracidade do capital, já que é capaz de conduzir do gozo ao desejo. Quando a prioridade é o lucro, o salário do trabalhador é reduzido ao mínimo necessário para sobreviver. Os corpos ficam submetidos a uma lei de ferro e, talvez por esta razão, as manifestações populares são novas invenções para usar o corpo para outra coisa que não trabalho ou as baladas e substâncias químicas. Propõe que a lei simbólica foracluída retornava, até recentemente, como rígidas normas sociais do discurso politicamente correto. As manifestações sociais incorretas em várias partes do mundo e as de junho no Brasil demonstram uma mudança nas respostas ao real.

Faz-se importante pensar o que está em jogo na crise do capital na tentativa de apagamento do sujeito, sobretudo na medicalização da vida íntima e nas manifestações de insatisfação das massas no caso do Rio de Janeiro. As massas despertaram mesmo? O despertar é provocado pelo encontro com o real. Ou estão apenas vivendo, como supõe Zizek, passagens ao ato, em que a violência deixa explícita a impotência? Razão pela qual Márcia Maria Rosa Vieira Luchina questiona a foraclusão das coisas do amor no discurso capitalista e seu retorno sob a forma das parcerias inumanas.

Andréa Martello prolonga esta mesma questão sobre a natureza da resposta ao real em jogo nas manifestações desencadeadas depois de junho de 2013 no Brasil e no mundo. Também se pergunta se seria uma forma de passagem ao ato, um modo de satisfação pulsional direta, que não se refere a uma causa ou à luta por um ideal. Propõe quanto aos efeitos do rebaixamento da lei simbólica – mais além da neurose obsessiva e as psicoses ordinárias – que a estrutura da perversão pode nos ensinar como abordar a realidade política atual no que se refere às manifestações e seus choques de interesses. As manifestações são menos o índice de um retorno do recalcado na ordem social e muito mais o índice de uma desordem no real? O que é que agrega as manifestações, que contemplam as mais variadas, e até mesmo opostas, reinvindicações? Se não há um conjunto dos que compartilham o mesmo nome, uma mesma causa, um líder, o que une essas pessoas e as leva às ruas? Será apenas uma questão política de luta por direitos ou um modo de satisfação pulsional? Seria um retorno no seio do laço social globalizado, da expressão perversa da pulsão, uma operação que consiste em colocar o objeto *a* no lugar do Outro barrado? (Lacan, 1966/1988, p. 838).

Ligia Furtado de Mendonça também interroga a perversão em jogo na cultura e na clínica, que emerge por meio de práticas que se sobrepõem à ética e cerceiam a atuação psicanalítica. Toma como exemplo a recente campanha na França para proibir as equipes de saúde de utilizar a psicanálise no tratamento do autismo. Em busca de resultados garantidos, tanto a perversão quanto o capitalismo abolem a diferença, a singularidade irredutível do sujeito, aquilo que ele tem de incomparável.

Marta Regina Leão D'Agord e Victor Triska observam, justamente, o efeito de padronização segundo os protocolos diagnósticos que se manifesta na circularidade das demandas de psicoterapia. Os sujeitos descrevem seus comportamentos para que se enquadrem nas descrições propostas pelas classificações estatísticas. Recorda que na conferência proferida em Milão, em 1972, Lacan previu a emergência de um novo discurso que viria a substituir o discurso analítico, uma vez que "outra coisa" apareceria para sustentar a posição do semblante a serviço do discurso do capitalista. Citando Lacan (1972): "discurso PST [PSicoTerapia]. Incluam um E, isso faz PESTE [PESTEterapia]". Sem dar maiores esclarecimentos sobre o chamado discurso PST, Lacan expõe seu pressentimento sobre o futuro da psicanálise em um mundo imerso no discurso do capitalista e conduzido pelo discurso da ciência. Ao não fornecer o matema desse novo discurso que estaria por vir, Lacan (1972) permite lançar uma hipótese acerca do que foi proferido em Milão. Lacan formula o discurso do capitalista a partir de uma torção entre os termos situados no lado esquerdo do discurso do mestre. Se o discurso PST é o substituto do discurso analítico, e seguirmos a mesma lógica de Lacan quando este formulou o discurso do capitalista como uma torção do lado esquerdo do Discurso do Mestre, é preciso efetuar a torção entre os termos situados no lado esquerdo do discurso do analista. Obteremos assim, o saber S2 no lugar do agente e o objeto *a* no lugar da verdade (S2/a). O agente detém o saber, e toda produção do sujeito somente vem a confirmar esse saber por antecipação.

Convidamos para contribuir com a elaboração desta pesquisa, Marie-Hélène Brousse e Éric Laurent, que em seus artigos aprofundam as relações entre a ordem de ferro e o supersocial, com a tendência à feminização da sociedade contemporânea. Maria Elisa Goduardo Campos, Nádia Laguardia de Lima e Ludmilla Feres também trouxeram elementos importantes para esta reflexão, derivados de suas pesquisas de doutorado e de pós-doutorado.

Lista de participantes e instituições a que pertencem

1) Ana Lydia Bezerra Santiago, Professora Adjunta da Pós-Graduação em Educação da UFMG,

2) Analícea Calmon Santos, Professora Adjunta do Curso de Especialização em Teoria da Clínica Psicanalítica da UFBA,

3) Andréa Martello, Pós-doutoranda e Professora Adjunta (PNPD/FAPERJ) junto à Prof. Tania Coelho dos Santos no Programa de Pós-graduação em Teoria Psicanalítica da UFRJ,

4) Antônio Márcio Teixeira, Professor Adjunto do Programa de Pós-Graduação em Psicologia da UFMG, Pesquisador do CNPq nível II,

5) Jésus Santiago, Professor Adjunto do Programa de Pós-Graduação em Psicologia da UFMG,

6) Jorge de Figueiredo Forbes, coordenador da Clínica Psicanalítica do Centro de Estudos do Genoma Humano, Faculdade de Medicina, USP, São Paulo,

7) Leny Magalhães Mrech, Livre-docente do Programa de Pós-graduação em Educação da USP,

8) Lígia Furtado de Mendonça, doutoranda do Programa de Pós-Graduação em Psicanálise da UERJ,

9) Márcia Maria Rosa Vieira Luchina, Professora Adjunta do Programa de Pós-Graduação em Psicologia da UFMG,

10) Margarida Elia Assad, Professora-colaboradora do Programa de Pós-Graduação em Letras: Linguagem e Cultura da UFPB,

11) Maria José Gontijo Salum, Pós-doutoranda e Professora Adjunta na PPGE/UFMG junto à Prof. Ana Lydia Santiago,

12) Marta Regina Leão d'Agord, Professora Adjunta do Programa de Pós-graduação em Psicologia Social e Institucional da UFRGS,

13) Rita Manso de Barros, Professora Adjunta do Programa de Pós-graduação em Pesquisa e Clínica em Psicanálise da UERJ,

14) Sérgio Augusto Chagas de Laia, Professor Titular IV do Curso de Especialização em Psicanálise: Teoria e Prática da FUMEC/MG, Pesquisador do CNPq nível II,

15) Tania Coelho dos Santos, Professora Associada IV do Programa de Pós-Graduação em Teoria Psicanalítica da Universidade Federal do Rio de Janeiro, Bolsista de produtividade Científica nível 1 C.

Referências bibliográficas

Coelho dos Santos, T. (Org.). *Efeitos terapêuticos na psicanálise aplicada*. Rio de Janeiro: Contra Capa, 2005.

————. (Org.). *Inovações no ensino e na pesquisa em psicanálise aplicada*. Rio de Janeiro: 7 Letras.

Lacan, J. (1966). *Escritos*. Rio de Janeiro: Jorge Zahar, 1998.

————. (1972). Conferência de Milão. Inédito.

Lacan, J. & Cénac, M. (1924). Introduction théorique sur les fonctions de la psychanalyse en criminologie. *Écrits*. Paris: PUF, 1966.

Mauss, M. Rapports réels et pratiques de la psychologie et de la sociologie. In: *Sociologie et anthropologie*. Paris: PUF, 2003.

Parte I

Os analistas e seus pares

Do supereu sujeitado à lei simbólica à normatividade supersocial dos corpos falantes

Tania Coelho dos Santos

Pós-Doutorado no Département de Psychanalyse de Paris VIII; Professora Associada IV do PPG em Teoria Psicanalítica da UFRJ; Psicanalista, Membro da École de la Cause Freudienne, da Escola Brasileira de Psicanálise e da Associação Mundial de Psicanálise; Membro da Associação Universitária de Pesquisa em Psicopatologia Fundamental; Pesquisadora bolsista nível 1C do CNPq; Presidente do Instituto Sephora de Ensino e Pesquisa de Orientação Lacaniana; Editora de aSEPHallus Revista de Orientação lacaniana. E-mail: taniacs@openlink.com.br

Resumo

Quais são as ficções que os sujeitos fabricam nos dias de hoje para defender-se do real traumático, do que não tem sentido, de tudo aquilo que é impossível evitar. As novas respostas ao real no século XXI dependem, talvez, da lógica homogeneizante (todo homem nasce livre e igual) que provoca o rebaixamento da lei simbólica à norma contratual. Paradoxalmente, o imperativo igualitário e suas práticas disciplinares e homogeneizantes convive com os biopoderes que produzem como efeito indivíduos que reivindicam, politicamente, em nome do direito à vida, o "direito de serem tratados como exceção". Toda uma lógica social de gestão das populações e de controle do risco ergue-se a partir dessas injunções. A sociedade em que vivemos precisa saber quem são seus psicanalistas. A resposta da Associação Mundial de Psicanálise ao problema da regulamentação dessa prática na sociedade do controle e do risco é a de apostar nos poderes discriminadores do dispositivo do passe para distinguir quem são os analistas dispostos a fazer da exposição pública dos efeitos de sua análise pessoal uma ferramenta para causar o desejo pela psicanálise.

Palavras-chave: corpo falante; normatividade; supereu e supersocial.

Abstract

From the superego subjected to symbolic law to supersocial normactivity of the speaking bodies

What are the fictions that subjects produce these days to defend themselves from the traumatic real, from what makes no sense of everything that is impossible to avoid? New answers to the real in the twenty-first century perhaps depend on the homogenizing logic (every man is born free and equal) urging the lowering of the symbolic law to a contract stipulation. Paradoxically, the

egalitarian imperative and its disciplinary and homogenizing practices, coexists with biopowers that produce individuals claiming, politically, on behalf of the right to life, the "right to be treated as an exception". An entire social logic of population management and limitation of risk rises from these injunctions. The society we live in needs to know who its psychoanalysts are. The response of the World Association of Psychoanalysis to the problem of regulating this practice, in the control and the risk society, is to bet on the discriminating powers of the pass device to distinguish who are the most willing analysts to make public display of the effects of their personal analysis, a tool that is used to cause the desire for psychoanalysis.
Keywords: speaking body; normactivity; superego et supersocial.

Résumé

Du surmoi soumis à la loi symbolique à la normativité supersociale des corps parlants

Quelles sont les fictions que fabriquent les sujets de nos jours pour se défendre du réel traumatique, de ce qui n'a aucun sens, de tout ce qui est impossible à éviter? Les nouvelles réponses au réel du XXIe siècle dépendent, peut-être, de la logique d'homogénéisation (chaque homme est né libre et égal) exhortant le rabaissement symbolique de la loi à une simple règle de contrat. Paradoxalement, l'impératif égalitaire et ses pratiques disciplinaires et homogénéisantes, coexiste avec les biopouvoirs qui produisent comme résultat des individus prétendant, politiquement, au nom du droit à la vie, le "droit à être traité comme une exception". Toute une logique sociale de la gestion des populations et du contrôle des risques s'élève de ces injonctions. La société dans laquelle nous vivons a besoin de savoir qui sont ses psychanalystes. La réponse de l'Association Mondiale de Psychanalyse au problème de la réglementation de cette pratique, dans la société du contrôle et du risque, est de miser sur les compétences distinctives de l'appareil de la passe à distinguer qui sont les analystes les plus désireux de faire étalage en public des effets de leur analyse personnelle, un outil pour provoquer le désir pour la psychanalyse.

Mots-clés: corps parlant; normativité; surmoi et supersocial.

O sujeito de nossa época e seu grupo de pares

Quais são as ficções que os sujeitos fabricam nos dias de hoje para defender-se do real traumático, do que não tem sentido, de tudo aquilo que é impossível evitar. Os nomes universais do real são ainda a morte, o sexo e o desamparo? Ou são nomes mais particulares e deveríamos perguntar o que é que para cada ser falante, em sua anormalidade ou em seu sintoma, configura um real traumático, impossível de suportar? Vivemos numa época em que prevalece a diversidade de estilos de vida, modos de gozo e de razões para viver. Haveria algum paradigma comum, algum sintoma coletivo, alguma modalidade de ficção[1] que possa ser dita normal? Em caso afirmativo, em que sentido caberia empregar o termo normal? O de medida comum? O de média? O de modo mais bem-sucedido de organização subjetiva? De regulação dos usos do corpo? Ou, quem sabe, uma modalidade especial de laço social? Pretendo sustentar que só se pode encaminhar essa questão no campo da ciência.

A ciência no sentido absoluto, ciência galileana no século XVII, fundou-se com base nas noções de fato, lei e causa[2]. Noções que são essenciais à teoria psicanalítica. Lacan, em seu retorno a Freud, estabelece como paradigma a equivalência entre o sujeito sem particularidades da ciência e o sujeito do inconsciente. Sujeito submetido à lei do significante e sujeitado ao objeto causa do desejo. O cálculo de probabilidades, diferentemente, não necessita do conhecimento das causas pois, uma vez que estas sejam traduzidas em seus efeitos, podemos conhecer as leis de sua reprodução. Assim, diferentemente da ciência galileana, o cálculo de probabilidades não precisa de invariantes substantivas, é nominalista. São predicados que prescindem de substância ou de materialidade. Observe-se, por exemplo, a diferença entre a lógica estruturalista dos diag-

---

[1] "Um ego normal dessa espécie é, como a normalidade em geral, uma ficção ideal. O ego anormal, inútil para nossos fins, infelizmente não é uma ficção" (Freud, 1937/1976, p. 268).

[2] Recordo que, de acordo com Lacan, "o nascimento da ciência é 'uma mutação decisiva' que por intermédio da física fundou a ciência no sentido moderno, sentido que se postula como absoluto" (1998, p. 869).

nósticos psicanalíticos e a lógica nominalista do Manual Diagnóstico e Estatístico de Transtornos Mentais (DSM)[3].

Podemos estabelecer qual é a ficção média a partir das ficções particulares de cada um? Tomo como referência a teoria do homem médio de Quetelet (1835/1991). Ela propõe um modo de individualização que não passa pela lei da natureza ou pelo ideal da espécie, mas pelo grupo ao qual o indivíduo pertence. Assim, uma coletividade, uma população, não se define através de algo que lhe seja exterior, mas em relação a si mesma. O homem médio é um ser fictício, constituído pela extração da média de algumas constantes particulares. Exemplo: o peso e altura médios de um homem brasileiro de 21 anos. Podemos considerar que o homem médio de uma época é um tipo próprio do país e das circunstâncias em que ele se encontra. Ele se situa entre dois grupos extremos numa série (os gigantes e os anões maiores/menores do que ele), sendo que o grupo mais numeroso concentra-se em torno da média. O homem médio não é um homem qualquer entre outros na sociedade e sim uma ficção que dá corpo à própria sociedade objetivada pelo cálculo das probabilidades estatísticas. A média é idêntica à norma?

François Ewald (1993) recorda que Georges Canguilhem sublinhou certa vez que a etimologia da palavra norma não esclarece seu conceito na modernidade. A norma é uma palavra latina, quer dizer esquadro. *Normalis* significa perpendicular. Designa o instrumento que serve para traçar os ângulos retos. O termo foi retomado por Cícero para designar a

[3] Cf. Laia, S. A. C. Coisas mensuráveis e "coisas de fineza": a classificação dos transtornos mentais pelo DSM-V e a orientação lacaniana, 2012.

regra do direito e, a partir da referência estoica à regularidade arquitetural da natureza, ele fala da natureza como "norma da lei". Sinônimo de regra, depende da lei. No início do século XIX a norma não é mais o outro nome da regra. Designa sempre uma medida que serve para aferir o que está de acordo com a regra e o que não está. Entretanto, sua referência não é mais a geometria, a arquitetura da natureza, o esquadro, mas a média. A norma assume seu significado no jogo de oposições entre o normal e o patológico. Seu emprego alarga-se consideravelmente, além de declinar-se como normal, declina-se como normalidade (1834), normativo (1868), normalização (1920). A partir do século XIX, um conjunto de domínios do saber – técnicos, econômicos, morais, jurídicos e políticos – são considerados ciências normativas.

A perspectiva inaugurada por Michel Foucault[4] pode ser esclarecedora. A modernidade consiste num rebaixamento geral da lei simbólica à norma social. A norma de acordo com Foucault define-se por seu caráter produtivo e, nesse sentido, não se confunde com um princípio de separação entre o proibido e o permitido, nem com um dispositivo de mera repressão ou restrição. Cabem na abrangência de seu significado as normas de comportamento, as normas sociais, as normas de conduta, as normas que regulam os saberes, as normas que prescrevem ações e que – relativamente à época moderna – funcionam segundo as formas da disciplina dos corpos e da regulação da vida biológica das populações. Vale a pena recordar que para Canguilhem (1978, p. 158) o conceito de norma não

---

4 Fonseca, M. S. (2013). A época da norma. *Revista Cult* (134). Disponível em <http://www.revistacult.com.br>.

implica em passividade, exclui a imutabilidade, implica em normatividade[5], isto é, tolerância com as infrações à norma habitual e capacidade de instituir novas normas em situações novas.

Não introduzo estas anotações como uma socióloga faria, mas como alguém que aprendeu a abordar a subjetividade de sua época a partir dos impasses transferenciais no dispositivo analítico. É com esta métrica que nós, analistas, medimos a distância e a proximidade entre as neuroses e psicoses freudianas clássicas e as neuroses e psicoses contemporâneas. O Nome do Pai é a medida comum, a lei simbólica com função de interditar o gozo e permitir o desejo. A distinção entre a neurose e a psicose clássica baseia-se na presença ou na ausência da simbolização do Nome do Pai. Na psicose, o Nome do Pai foracluído do simbólico não funciona a serviço da interdição do gozo, logo, não instala a lei do desejo e da diferença sexual. De acordo com Lacan (1973-1974: aula de 9/3/1974), no discurso da civilização contemporânea o Nome do Pai foracluído do simbólico retorna no real das normas sociais. Marie-Hélène Brousse (2009) interpreta essa intuição lacaniana como a substituição desse operador simbólico pela cifra, pela média, pela curva de Gauss, cujo centro é a ordem social. O politicamente correto é o consenso. A normalidade é a mediana. O sentido sexual se transformou em sentido social, comum, ordinário. Lacan qualifica esta nova ordem social como "ordem de ferro" (Lacan, 1973-1974: aula de 19/3/1974), pois ela é mais feroz do que a interdição pelo Nome do pai que dá lugar ao desejo. O correlato da "ordem

[5] Para destacar este aspecto, passo a escrever norm-atividade.

de ferro" é o imperativo do gozo. A psicose dos dias de hoje é ordinária, no sentido de banal, e é correlativa da "ordem de ferro". Segundo Éric Laurent, a psicose ordinária não responde aos significantes mestres tradicionais, manifestando o fim do poder de normalização (no sentido de sublimação) do Nome do Pai enquanto único significante da lei simbólica. Na psicose ordinária, diferentemente da psicose clássica, o sujeito não se consagra a encarnar o lugar da exceção que falta à ordem simbólica.

Que mutações teriam sofrido as neuroses contemporâneas? Sabemos que a distinção entre o mecanismo do recalque – próprio à neurose histérica – e a defesa do neurótico obsessivo abrem o caminho para abordar a diferença entre uma formação do inconsciente (retorno do recalcado) e a formação do caráter. O caráter se apresenta como um obstáculo e até um impasse ao tratamento psicanalítico que se manifesta como reação terapêutica negativa. Freud (1933/1975) enuncia algumas advertências sobre os limites da prática psicanalítica. Ele recomenda julgar a demanda de análise à luz da "forma da doença", incentivando a acolher as neuroses de caráter – que se desenvolveram no lugar das neuroses de transferência –, mas exclui os estados psicóticos. Otto Fenichel (1966) dedicou-se ao tema das neuroses de caráter, definindo-as a partir da hipótese de que a resposta neurótica não se apresentava mais como no tempo de Freud. Nem histeria, nem obsessão, as neuroses modernas apresentam um grau de comprometimento subjetivo muito pior, cuja intensidade suprime a fronteira entre o sintoma e a personalidade. A conjunção do sujeito com seu sintoma por meio de um traço de caráter se apresenta como a elaboração secundária ao conflito e emerge como uma aliança do sujeito com o gozo. O sujeito manifesta um orgulho de seu ser que não cede diante da dor; ao contrário, o sofrimento aumenta seu amor próprio e sua reivindicação de ser tratado como exceção.

As neuroses de caráter são da esfera do eu e não do inconsciente e da sexualidade. Os traços de caráter retiram sua consistência (fixação) da relação direta que estabelecem com a satisfação pulsional. Apresentam-se como restos sintomáticos ao final do tratamento analítico. Sobre este laço entre as neuroses de caráter e a contemporaneidade, Miller (2003) nos ensinou a fazer algumas importantes aproximações. Por exemplo, o sinthoma equivale à conjunção sintoma+fantasma ou à conjunção sintoma+caráter. Mais recentemente, Miller (2014) propõe uma nova equivalência entre sinthoma e escabelo para abordar as mutações de gozo com os restos sintomáticos ao final de uma análise. Pois seriam o efeito de uma outra conjunção, sublimação+narcisismo. Para verificá-las é preciso um dispositivo institucional, o dispositivo lacaniano do passe. Um comitê de pares constituído por analistas reconhecidos para atestá-las precisa avaliar a *performance* de um analisando. Retorno ao tema depois de atravessar algumas anotações sobre a "ordem de ferro" na contemporaneidade. Só então retomo algumas observações pessoais acerca do dispositivo do passe em sua fundação por Jacques Lacan e seu exercício na Associação Mundial de Psicanálise entre 1994 e 2011.

Do moderno ao contemporâneo: novas anotações sobre a nossa época

O gosto hipermoderno pela avaliação generalizada, como já desenvolvi anteriormente (Coelho dos Santos, 2010) propaga a nova "ordem de ferro", ditadura da transparência do sujeito a si mesmo e aos seus pares na civilização. O direito ao segredo, à privacidade, à esfera íntima cede seu lugar ao imperativo de mostrar. A realidade psíquica é chamada a exibir-se no *reality show* dos meios de comunicação. Parece que a face de gozo do avaliacionismo é o crescimento do gosto pela exibição de si. Um questionário pode ser vivido como uma versão de entrevista concedida a um especialista. São difundidos na mídia padrões duvidosos de normalidade, engendrados por um discurso psiquiátrico menos semiológico e mais epidemiológico, em que a ideia de "homem médio" serve para produzir consenso social. A propagação desse gosto me parece ter suas raízes na versão mais contemporânea do capitalismo que promete controles de qualidade mais rígidos sobre todas as modalidades de produção em nome do respeito aos direitos do consumidor. É essa a transparência que se quer fomentar, a da satisfação genérica e garantida do consumidor.

Sabemos muito bem que Freud ousou incluir a esfera mais íntima do sujeito no campo da *Weltanschauung* científica. A perspectiva cientifica lhe permitiu ampliar o campo do que se entendia até então por subjetividade para incluir nele o universo desconhecido das pulsões e do inconsciente. Lacan soube apropriar-se da antropologia estrutural, da linguística e da lógica matemática, deformando-as para elucidar o real em jogo nas estruturas do inconsciente. Vivemos hoje sob a ditadura de falar de si, mostrar-se, confessar-se. Freud foi o primeiro a comandar que se diga tudo mediante a regra fundamental da psicanálise. Mandamento impossível! Ele sabia colher o lapso, a hiância, a falha que se opunha ao cumprimento dessa injunção. Ele nos ensinou a reconhecer o sujeito, aí onde se manifesta, sempre velado, o desejo inconsciente. Por essa razão, não existe uma teoria do final da análise em Freud. A análise é interminável, tanto quanto o desejo é sempre velado. Para Freud, o saber é sempre suposto. Para Lacan, diferentemente, toda análise é didática, pois a transmissão de um saber suposto e singular sobre o inconsciente conduz, sempre que a experiência é levada até o fim, à travessia do fantasma e à produção de um analista. O passe é um dispositivo inventado por Jacques Lacan com a finalidade de verificar se o testemunho de um analisando demonstra que ele atravessou o fantasma fundamental e chegou ao final de sua análise.

O dispositivo do passe, primeiramente definido como atravessamento do fantasma, foi redefinido por Miller (2010) como uma mutação no campo do gozo. O dispositivo do passe foi primeiramente um instrumento para-universitário (Miller et al., 1997), pois tem uma afinidade de estrutura com o relatório de tese para uma banca. Tratava-se da demonstração e da verificação de um possível final de análise. Um analista precisaria fazer um esforço a mais – teórico e científico – de construção de seu próprio caso. Há duas razões para isso. Primeiramente, tratava-se de conduzir o analista que terminou sua análise a fazer um retorno do saber suposto ao saber exposto. Em segundo lugar, tratava-se de contribuir para a solução dos impasses cruciais da teoria e da clínica psicanalíticas. E nos dias de hoje? Qual é o padrão? Como se verá mais adiante nas palavras de Miller (2010), o padrão nos dias de hoje é o desejo de exibir-se, desejo de ator.

Elegemos os relatórios da Associação Mundial de Psicanálise acerca dos testemunhos que psicanalistas transmitiram às comissões do passe sobre o final de suas análises como o instrumento mais avançado para extrair ensinamentos sobre se haveria uma norma no campo das respostas contemporâneas ao real. Sabemos que o Outro não existe, mas o os comitês de pares são "norm-ativos". Elejo como conceito de norma a definição que exclui a passividade e enfatiza a norm-atividade do sujeito. Ser normal é ser normativo. Mas, se a contemporaneidade pode dispensar o Nome do Pai, não pode excluir o consenso de pares para promover a ordem social. Resta saber se este tipo de consenso social tende necessariamente a se tornar uma "ordem de ferro", ou se este destino pode ser evitado. Os padrões de final de análise levariam a uma obrigação de corresponder a um padrão? E a instituição, por meio de seu comitê de pares, seria levada a "norm-ativizar" os padrões ou *performances* que interessam à sobrevivência institucional?

Vou comparar o relatório da AMP de 1994 com o relatório de 2010-2011, precisando as diferenças entre um e outro no que se refere à concepção do final de análise. Vale advertir que o que se alcança por meio de uma análise não é o sintoma que o sujeito apresentava ao iniciá-la e sim sua redução a um resto incurável. Sobre a diferença entre o sujeito analisado e o não analisado Freud oferece duas respostas. Primeiro, ele afirma que ser analisado significa assemelhar-se a qualquer outro homem sadio. A neurose consiste em responder aos acontecimentos da vida de forma incapacitante, diferentemente do homem sadio que os ultrapassa. Uma vez removidas as barreiras da inibição, um neurótico se iguala aos seus contemporâneos. Freud (1937) sustenta também um outro ponto de vista mais de acordo, eu diria, com o lacaniano. Ser analisado é alcançar um estado original que não é a simples normalidade: "Não é precisamente a reivindicação de nossa teoria o fato de que a análise produz um estado que nunca surge espontaneamente no ego e que este estado recentemente criado constitui a diferença entre uma pessoa que foi analisada e outra que não o foi?" (Freud, 1937, p. 259). Feita esta ressalva, retomo o curso de minha indagação. Em minha trajetória como pesquisadora, sempre defendi a tese de que a contemporaneidade é profundamente marcada pela difusão da psicanálise na cultura, e ela é "norm-ativa". Por isso acredito que é através do exame dos testemunhos acerca do final da análise que poderemos formular uma teoria mais apropriada acerca da subjetividade contemporânea.

O inconsciente freudiano e inconsciente real de Lacan

Freud nos apresentou sua resposta à questão da constituição do sujeito na modernidade por meio de ficções universais. Ele investigou as fantasias originárias que, ao final de uma análise, se apresentam como um real irredutível, intratável, impossível de dissolver completamente. Apoiado na lei de Haeckel defendeu que a ontogênese, a constituição subjetiva, repete a filogênese, isto é, a história da civilização. Para todo sujeito, o incesto e o parricídio seriam os desejos primordiais. Segundo a narrativa da antropologia fantástica construída por Freud em "Totem e tabu", o totem é o primeiro símbolo que resulta da morte do pai primordial. Tem uma função de guardião do luto, pois transforma o pai odiado em pai idealizado e amado. Sua outra face é a de tabu, que proíbe o desejo incestuoso e o crime parricida. A lei simbólica funda o pacto social.

A lei nasce do crime, é uma resposta real à pulsão incestuosa e parricida. Se o discurso da civilização mudou e o Nome do Pai já não é mais a ficção que recalca o gozo, serão as neuroses de caráter e as psicoses ordinárias as formas mais típicas de relação com o real? Ou o caminho da teoria psicanalítica é o de abandonar a primazia do simbólico como paradigma e substituir a lei do desejo pelo imperativo do gozo?

Em seu último ensino Lacan se separa da tese de que o sujeito é constituído pelo significante que recalca o gozo e eleva a "Coisa" perdida à dimensão do símbolo. Logo, não concede mais ao simbólico a primazia sobre o corpo vivo e sobre sua representação imaginária. A linguagem não é mais a morte da "Coisa". Em lugar do sujeito mortificado pelo significante, Lacan concebe o corpo falante (falasser) como vivificado pelo gozo com a fala. O Real e o Imaginário não estão mais, necessariamente, submetidos à dimensão simbólica. Em seu Seminário 23, *O sinthoma*, ele nos apresenta duas maneiras distintas de amarrar estes três registros: Real, Imaginário e Simbólico. Com o Nome do Pai, o inconsciente e a sexualidade como fazem os neuróticos em seus sintomas, pois a neurose são as relações sociais. E com o próprio "Eu", como fazem alguns seres falantes cujo paradigma, naquele seminário, é o escritor James Joyce. Desabonado do inconsciente, filho de um pai que não lhe transmitiu a relação entre o pênis e o falo, faz de sua obra seu nome próprio. Sua obra, ou seu sinthoma, é seu escabelo[6]. Sua escadinha para elevar se, seu pedestal para, senão imortalizar-se, ao menos ocupar os universitários por longos trezentos anos. Como se deve abordar o caso de James

[6] Em francês, *escabeau*.

Joyce? Tratava-se de um caso de psicose ordinária ou, justamente, é o caso exemplar de uma neurose contemporânea de caráter. Joyce teria sido alguém que fez de um traço de caráter a ferramenta com a qual ergueu sua obra, seu memorial, seu escabelo? O desejo de exibir-se, desejo de ator, é o que caracteriza estes tipos clínicos?

De acordo com Jaques-Alain Miller (2014), o conceito de sinthoma faz par com o *escabelo*. É um conceito relativo ao corpo falante, outro nome do inconsciente real. Não diz respeito ao sujeito do inconsciente freudiano, submetido ao recalque – que é uma operação metafórica de ciframento do gozo pela linguagem –, num evento de corpo. Diz respeito, como veremos em seguida, ao narcisismo e ao eu.

O falasser, o sinthoma e o escabelo

Em sua conferência, ao final do último congresso da Associação Mundial de Psicanálise, Miller (2014) questiona: "Nos perguntamos como alguém que foi analisado pode ainda imaginar que é normal". Lembra que, durante a conferência de Lacan intitulada "Televisão", teria manifestado sua estranheza no que se refere à palavra inconsciente. Na época, Lacan lhe teria respondido que Freud concebeu assim e que era melhor continuar assim. Todavia, observa Miller, dois anos mais tarde, em seu escrito "Joyce o sintoma" (2003), ele promete que o neologismo falasser (*parlêtre*) vai substituir o termo inconsciente. Essa substituição é metafórica. Entendo que se trata da produção de um sentido novo. Acrescenta que analisar o falasser não é a mesma coisa que analisar o inconsciente no sentido freudiano, nem mesmo no sentido lacaniano do inconsciente estruturado como a linguagem. Analisá-lo é o que nós já fazemos, mas resta saber dizê-lo. Por exemplo, quando nós falamos de sintoma como sinthoma já se trata de uma evidência deste deslocamento.

O sintoma, esclarece Miller, enquanto uma formação do inconsciente estruturado como uma linguagem, é uma metáfora, um efeito de sentido induzido pela substituição de um significante por outro significante. O sinthoma de um falasser, ao contrário, é um acontecimento de corpo, uma emergência de gozo. A palavra que Miller toma emprestado de "Joyce o sintoma" (2003) é *escabelo*, pois, ainda menor que uma escadinha, ele tem degraus, isto é, serve para elevar-se. O *escabelo* psicanalítico é alguma coisa sobre a qual o falasser monta para se apresentar como belo. É o seu pedestal, que lhe permite elevar-se à dignidade/coisidade[7] (*dignité*, *dingté*) da Coisa. É um conceito transversal. Traduz por meio de uma imagem a sublimação freudiana num cruzamento com o narcisismo.

Vale comentar que Miller não se preocupa em destacar que este novo conceito é contraditório com o conceito freudiano de sublimação. Para Freud (1914), justamente, a sublimação não é uma idealização. Não se trata de elevar o objeto à dignidade da Coisa. É Lacan quem define a sublimação como uma idealização[8], porque introduz uma distinção iné-

---

[7] Jogo de homofonia em francês – forjado com o termo alemão *Ding* (Coisa) – entre *dignité* e *dingté*.

[8] Observem a distância entre o que diz Lacan e o que diz Freud comparando as duas notas de rodapé. Cito Seminário VII sobre a Ética da psicanálise: "E a fórmula mais geral que lhes dou da sublimação é esta – ela eleva o objeto – e aqui não fugirei às ressonâncias do trocadilho que pode haver no emprego do termo que vou introduzir – à dignidade da Coisa" (p. 140-141).

dita entre o objeto e a Coisa. Interpreta o surgimento do amor cortês como um gesto de elevação da mulher enquanto objeto da pulsão à dignidade da Coisa. A supervalorização sexual do objeto é, para Freud, o contrário da sublimação. Para Freud, na sublimação trata-se de uma mudança no âmbito da pulsão parcial e não no campo do objeto. A sublimação freudiana é da ordem do mistério da transubstanciação do gozo obsceno com os objetos parciais no gozo inédito com o trabalho cultural[9]. Não se trata nem mesmo do reconhecimento social que se poderia angariar por meio dele. Nada mais distante do narcisismo e do culto de si mesmo. A cultura do narcisismo, segundo me parece, não é a cultura da obra. É a cultura do Eu. No meu entender a sublimação é o conceito que se opõe ao narcisismo. O que teria levado Miller (2014) a aproximá-los? Trata-se de uma retomada em nova clave de suas antigas teses acerca do caráter?

Miller (2014) aposta que os testemunhos de passe hoje provam que o sintoma/castração (inconsciente/desejo) foi substituído pelo sinthoma/*escabelo* (narcisismo/sublimação). Esta aproximação da sublimação com o narcisismo é alguma

---

[9] Cito Freud (1914) diretamente: "A sublimação é um processo que diz respeito à libido objetal e consiste no fato de o instinto (pulsão) se dirigir no sentido de uma finalidade diferente e afastada da finalidade de satisfação sexual; neste processo a tônica recai sobre a deflexão da sexualidade. A idealização é um processo que diz respeito ao objeto; por ela, esse objeto, sem qualquer alteração em sua natureza, é engrandecido e exaltado na mente do individuo. A idealização é possível tanto na esfera da libido do ego quanto na da libido objetal. Por exemplo a supervalorização sexual de um objeto é uma idealização do mesmo. Na medida em que a sublimação descreve algo que tem a ver com o instinto (pulsão), e a idealização algo que tem a ver com o objeto, os dois conceitos devem ser distinguidos um do outro". (Freud, S., 1914 (1974), p. 111).

coisa relacionada com a época do falasser. O *escabelo* é a sublimação que se funda no estado primordial do falasser, o "eu não penso". É a negação do inconsciente. É aquilo por meio de que alguém se acredita o "belo mestre de seu ser".

Recentemente, em sua leitura do Seminário 23 de Jacques Lacan, Miller (2010b) vem defendendo uma abordagem que relativiza a descontinuidade entre a neurose e a psicose como paradigma para abordar o corpo falante na contemporaneidade. Passo a circunscrever alguns dos pontos cardeais que orientam esta nova perspectiva. No lugar do Outro do significante – que, aliás, já sabemos que não existe – o que vem ao primeiro plano é Um-corpo, única consistência mental do falasser. Em seu Seminário 23, Lacan (2005, p. 64) declara: "O falasser adora seu corpo". Cito Miller (2010b, p. 111): "Poderíamos dizer que a experiência analítica impõe que se dê ao corpo uma função mais marcante do que aquela que a psicanálise pensada a partir do simbólico lhe designava". Miller prossegue esclarecendo que a consistência mental nos exige localizar a raiz da adoração do corpo no imaginário. O sinthoma/*escabelo* se originaria no enlaçamento das palavras ao imaginário do corpo, de tal modo que as três categorias do real, do imaginário e do simbólico seriam reunidas para produzir sentido. Diferentemente do sintoma/castração, que resulta da primazia do simbólico sobre o imaginário e o real, o sinthoma/*escabelo* atestaria a primazia do equívoco entre o imaginário e o real (Um-corpo) sobre o simbólico.

Resta responder de que modo este "equívoco" entre o imaginário e real se articula ao recalque originário, às fixações pulsionais, ao conceito de caráter e aos restos sintomáticos de uma análise. Freud (1915) distingue os seguintes destinos da pulsão: recalque, sublimação, inversão no contrário e retorno ao próprio eu. Retomo a diferença entre os destinos da pulsão na formação do sintoma neurótico (recalque, fracasso e retorno do recalcado) e na formação do caráter (formação reativa, inversão no contrário e retorno ao próprio eu). De acordo com Miller, o caráter se forma graças à sublimação e às formações reativas. Reconheço que, de fato, um e outro são destinos da pulsão que derivam de uma conexão direta com a pulsão parcial. Entretanto, a sublimação envolve uma mudança no âmbito da própria pulsão, enquanto que a formação reativa (inversão no contrário e retono sobre o próprio eu), fundadora dos traços de caráter, deriva de um ricochetear da pulsão autoerótica na muralha imaginária.

Estaremos vivendo numa época joyceana? Ou, muito pelo contrário, liberados do Nome do Pai como sintoma coletivo, liberados da lei simbólica, caímos sob a tirania da norma, da norm-atividade dos comitês de pares que nos torna membros de uma tribo entre outras? Haveria nos dias de hoje uma tendência a nos inserir em grupos que compartilham um modo comum de gozo? Renunciamos ao sintoma coletivo, ao modo universal de regulação do gozo e nos tornamos cativos dos comitês de ética, das comissões de pares que definem o que é elogiável e o que deve ser recusado? Em lugar da lei simbólica, para todos, agora nos referimos aos protocolos com suas regras explícitas e sua suposta transparência ou ainda às nomeações políticas obscuras que cumprem muitas vezes a função de suprir a necessidade voraz e premente que as mais diversas tribos têm de preencher seus quadros administrativos?

Em lugar de uma teoria universal e atemporal da constituição subjetiva tal como promoveram Freud e também Lacan em seu primeiro ensino, a psicanálise precisa, nos dias de hoje, curvar-se às evidências do surgimento de uma nova subjetividade orientada pelo paradigma do narcisismo? Somos todos narcisistas? Se isso é verdade, quem poderia atestá-lo? Uma comissão de pares? Como assegurar que uma comissão de pares não reconhece senão aquilo que ela própria promoveu como a norma de sua tribo?

As instituições psicanalíticas, por exemplo, precisam definir quem é considerado analista e quem é considerado um analisando. Freud não acreditava que se passava de um estado ao outro em caráter irrevogável e absoluto. Lacan, sem romper com o paradigma freudiano da primazia do simbólico, apostou que era possível atravessar o enquadre simbólico/imaginário do fantasma e haver-se com o vazio de sentido do real. Ao final de uma análise, haveria analista sempre que um analisando pudesse reconhecer que sua defesa ante ao real, seu fantasma, obedece a uma lógica relativa à sexuação. Hoje é preciso um passo a mais para terminar uma análise?

Como eu já havia anunciado mais acima, graças ao costume de ler os relatórios da AMP sobre o dispositivo do passe, comparei o relatório de 1994 com o de 2010-2011. Acredito que foi preciso dar um passo a mais, reconhecendo que o real não é apenas impossível de representar. O Outro não é apenas inconsistente. O real não é somente da ordem do vazio sem sentido, é, também, impossível de suportar. Uma nova abordagem do final da análise emerge no relatório de 2010-2011. A relação de cada um ao real não pode dispensar completamente a defesa contra ele. Os testemunhos de passe destacam que os analistas de hoje fazem em suas análises atravessamentos, mas não se concede ênfase ao atravessamento do fantasma fundamental. Os passantes não alcançam reduzir o real impossível de suportar pelo completo esvaziamento do sentido. Restam fixados a um resto irredutível, intratável, sua defesa não eliminável contra um real. "Um real" se apresenta como "o impossível de suportar". Recordo uma definição de Miller (2010a, p. 132):

> O passe do ser falante não é testemunhar sobre a travessia do fantasma, é a elucidação da relação com o gozo, de como o sujeito mudou sua relação com aquilo que não muda, seu modo de gozar, e como ele elaborou as variações da verdade, seu caminho de mentira. É o testemunho de um fracasso, muito mais do que de um sucesso, talvez, da obtenção de um satisfação, da qual é preciso dizer que ela é, não se demonstra.

Lacan aspirava, talvez, a que o desejo do analista fosse equivalente ao desejo do cientista. Cito Miller (2011, p. 130): "Por essa razão, Lacan dizia: neste nível isso pode ser científico. É que esse sujeito é capaz de uma fala que se fez limpa do gozo, pelo menos do fantasma, podendo, por isso mesmo, testemunhar sobre o saber extraído do seu fantasma". Ainda de acordo com Miller, a prática não teria demonstrado essa equivalência entre o desejo do analista e o desejo do cientista. O relatório da AMP de 1994 me parece demonstrar a universalidade da travessia do fantasma, mesmo se o fantasma não tem a mesma consistência para homens e mulheres. O relatório de 2010-2011 enfatiza o valor do resto de gozo que não se dissolve. O sinthoma/*escabelo*, enquanto a defesa irredutível de cada um. A nomeação do analista pelo passe o eleva da condição de vício fantasmático (a ser atravessado) à dimensão da virtude narcísico/sublimatória (a ser depositada no pedestal).

No intervalo de apenas vinte anos, como espero poder demonstrar, não se avaliam os finais de análise com os mesmos pesos e medidas. Em 1994, a medida fálica, o rochedo freudiano da castração, faz a norma. Homens e mulheres precisam redimensionar sua relação com o sintoma/castração para arranjar-se com a inexistência da relação sexual e com a inconsistência do Outro. Hoje, diferentemente, Marie-Hélène Brousse (2010) levanta a seguinte hipótese: o passe é resistente ou heterogêneo a todo processo de universalização, seja ligado à aplicação de critérios, à perenidade das tradições ou ao procedimento administrativo. O passe de hoje tem relação com o não analisável. Ela recorda que houve uma época em que aplicava a teoria psicanalítica de forma protocolar. Se o passante não testemunhasse sua neurose infantil, então se tratava de psicose e, se se tratava de psicose, não se podia nomeá-lo. Ela contrapõe a função da nomeação pelo cartel nos dias de hoje como incidindo precisamente sobre o que não é nomeável. O que escapa à cadeia significante e que não foi metaforizado, nem sublimado pelo Nome do Pai. Eu pergunto: não são justamente as formações reativas em jogo nos traços de caráter o que resta das pulsões autoeróticas e não foi sublimado pelo efeito metafórico do Nome do Pai? O que se pode fazer com elas? Apostar numa mutação do gozo do tipo sublimatória? Ou invertê-las no oposto do que valem, fazer do vício virtude e colocá-las no pedestal?

Final de análise e sua verificação pelo dispositivo do passe: relatório da AMP de 1994

A pesquisa acerca de como terminam as análises prosseguiu na École de la Cause Freudienne, depois de Lacan, sob a orientação de Jacques-Alain Miller. Em 1994, uma coletânea de textos reunidos pela Associação Mundial de Psicanálise declarava que dois conceitos maiores retirados do ensino de Lacan lhes serviram de ancoragem: o de travessia do fantasma (1967) e o de identificação ao sintoma (1976). Observe-se que, nesta época, escreve-se ainda sintoma e não sinthoma. Não encontrei a grafia sinthoma nem uma única vez ao longo deste relatório.

É notável a importância concedida às diferenças entre os sintomas masculinos e femininos, bem como sobre a incidência da sexuação sobre o estilo do testemunho:

> Um homem e uma mulher não terminam suas análises da mesma maneira, este truísmo se impõe. É preciso distinguir ainda aquilo que se destaca da inegável distribuição das duas grandes neuroses conforme o sexo e aquilo que se deve à transformação da relação ao sexo obtida pela análise. Distinguir o lugar do fantasma na histeria e na neurose obsessiva permite avaliar a travessia. Situar quanto à sexuação a diferença de acesso ao fantasma e à inconsistência do Outro nos fez mensurar que o véu do pudor não tem a mesma função para os dois sexos (p. 202).

Por esta razão, nesta época concedia-se muita ênfase aos destinos da sexualidade na saída da análise. Cito: "Com efeito, para Lacan, é pela via do fantasma que o sujeito tem uma chance de reencontrar o objeto pequeno *a*, como objeto da pulsão e suporte do seu ser sexuado" (p. 143). Algumas questões seguem-se a esta definição. Resta à mulher como destino somente prestar-se a fazer semblante do objeto do desejo masculino enquanto perverso? E o homem? Pode extrair-se de sua perversão natural? A definição freudiana da sexualidade enquanto necessariamente perversa os coloca, homens e mulheres, ao final da análise, diante do rochedo inevitável da castração. Ameaça de castração para os primeiros, falta-a-ser e reivindicação fálica para elas.

O real em jogo no sexo, neste relatório de 1994, é perfeitamente universalizável. Não se define como a singularidade do que é traumático para cada um, "um real" impossível de suportar. O que se avalia, neste momento, é a diferença entre homens e mulheres no que concerne à consistência do fantasma: a exaustividade da narrativa e densidade do objeto *a*, do lado masculino *versus* a inconsistência real do simbólico própria à lógica do não-todo do lado feminino. No que se refere aos homens, destaca-se a série do horror no encontro com a castração da mãe, além do caráter unívoco da relação ao fantasma como condição de gozo. Razão pela qual a travessia do fantasma é especialmente difícil para os homens. Ele se apega a ele ou o desconhece à medida que o fim da análise se aproxima. Do lado da mulher observou-se uma grande leveza no que se refere à consistência do fantasma. As modalidades do impossível como real – o indemonstrável, indecidível – precisam a noção de incompleto no registro do saber. A inconsistência diz respeito à verdade. É impossível demonstrar a consistência do Outro por meio do Outro do significante. O objeto *a* é a única solução para suprir com sua consistência lógica a inconsistência do Outro. A relação ao fantasma, entretanto, não alivia as mulheres de uma relação com o Outro que suplemente a falta da relação sexual. Elas não se contentam com a resposta fantasmática, mesmo se ela tem um pé no Outro. O que muitas vezes é um obstáculo para ao surgimento de um desejo novo de saber.

A outra via para pensar a saída da análise diz respeito, justamente, a essa passagem do amor ao saber ao desejo de saber. Cito:

> Se seguimos a tese de Lacan, é preciso supor que as três coisas que mais suplementam o gozo do sujeito empalidecem ao final da análise: o sentido, a verdade e a fala que enoda os dois primeiros. No lugar da verdade pode vir um saber que ocupe o lugar da verdade, quer dizer, mantendo o lugar da verdade, mas esvaziando-a de sua substância para localizar aí o saber. Saber que não será mais suportado pela palavra e pelo sentido que ela desloca e desenvolve, mas por qualquer coisa que é mais próxima da escrita (p. 143).

A abordagem do deslocamento que vai do amor ao saber ao desejo de saber testemunha a profunda ancoragem da constituição do sujeito na teoria freudiana. Verifica-se a importância concedida aos fantasmas originários e às teorias sexuais infantis: "uma das manifestações mais banais da relação da entre a sexualidade e o saber é constituída pelas teorias sexuais infantis" (p. 143). São versões desenvolvidas do fantasma que mantém uma falsa curiosidade pelos segredos do corpo associada à garantia de um limite a evitar: a castração do Outro materno. Haveria, entretanto, um ponto em que a pulsão de saber da infância cede o lugar a uma espécie de saber da pulsão. É a partir deste ponto que a castração simbólica se realiza, libertando o sujeito da paixão fálica que o aprisiona ao sentido. Para homens e mulheres, a falta do verdadeiro parceiro ou do parceiro de verdade se revela. Ausência que torna o encontro possível e os arranca da repetição. É a relação com este saber sobre a ausência da relação sexual que abre a uma nova dimensão sexual, e não existe outra saída da análise senão a porta por onde se entrou: o passo de saber ou o não-saber. É neste ponto que muitas análises se interrompem. É a partir deste ponto que muitas análises são relançadas.

Dispositivo do passe: relatório de 2010-2011

Haveria um novo padrão? Para responder esta pergunta, nada como recorrer a Miller (2010b, p. 186):

> Qual é este padrão? Eu vou lhe dar um nome muito comum, é "estrelizar"[10] o passante. No tempo de Lacan havia uma nomeação definitiva do AE sem outra exigência. Na ECF, como era uma nomeação transitória, acrescentou-se o trabalho, de modo que a questão "haveria passe?" se tornou "vamos selecionar este passante para ser uma estrela da psicanálise?".

Uma outra questão que se coloca é: qual a relação entre a nomeação pelo passe e o interesse institucional? Novamente, é Miller (2010b, p. 184-193) quem responde:

> Há, no fundo, uma pequena tendência de que o júri do passe seja como o de uma audição ou de um *casting*, na medida em que ele não leva em conta somente o passe 1, mas também o passe 3, no interesse da Esco-

[10] No texto original, um anglicismo, *starifier.*

> la, da Escola Una, do Campo freudiano, no interesse superior da psicanálise [...] Este fator, é necessário dizer, é um pouco embaraçoso, pois, como resultado, há também uma retroação do passe 3 sobre o passe 1. Há como uma obrigação de ter o desejo de falar, o desejo de trabalhar. Eu diria até que seria necessário que uma análise leve ao desejo de se exibir, quer dizer que o passe tem alguma coisa do desejo do ator.

Podemos avançar nossa problematização acerca das respostas ao real mais típicas dos dias de hoje através dos testemunhos do final das análises dos psicanalistas de orientação lacaniana. Tomei como material de pesquisa as conclusões da Comissão do Passe da École de La Cause (2010/2011) para que meu leitor possa medir a distância que as separa do relatório de 1994. A comissão trabalhou durante dois anos sob a inspiração de Lacan. Este psicanalista, segundo Phillipe Sollers, "foi o único a ir até o fim em seu desejo, sua liberdade e sua insurreição permanente" (p. 3). Lacan teria sido o modelo do sujeito que reivindica ser tratado como exceção? Esta liberdade levou-o a formular o dispositivo do passe como contrário a todo saber institucionalizado. Por esta razão, a comissão do passe se orienta pelo afeto de surpresa diante do furo no saber, momento de precipitação em que o sujeito transmite o que ele é enquanto corpo falante (falasser) e como ele avançou em direção a uma demonstração do real. Precipitação desencadeada pela urgência da experiência do final da análise enquanto um tempo de separação do Outro. O passe é um momento de redução extrema do percurso de uma análise a um matema: lógica do fantasma, inércia do gozo, franqueamento e persistência de restos. É uma prova; logo, o que conta é a *performance.* Veremos como e por quê.

As narrativas resultam da conjunção singular e não teorizável de quatro polos: a construção, a exibição, a nomeação e a separação. Um excesso de construção revela um saber embelezado, uma ambição de "dizer tudo", uma perspectiva muito didática. A falta de construção reduz o testemunho à exibição, evidenciando que o passante tem dificuldade de colocar à distância o gozo do qual ele resta cativo. Uma nomeação, pelo analista, do sintoma de um analisando pode levá-lo a não interpretá-lo ou a não desnudar seu fantasma, de molde a alcançar efetivamente o núcleo do "eu sou isso". É esse ponto, justamente, que o dispositivo do passe deve circunscrever. Para isso o passante precisará fazer ressoar o que não pode ser dito de uma maneira inédita, como um eco, por meio de um sonho, um trocadilho, uma metáfora nascida do inconsciente, ou como um significante novo. Neste ponto, a história do analisando se apaga, resta somente este contorno, este traço, esta depuração. Por esta razão, Rodolphe Adam observa que não há nomeação possível quando o passante não tem uma teoria do passe: seja a construção do fantasma fundamental e seu ultrapassamento, seja o gozo como eixo desta construção, ou a questão do objeto e da pulsão em jogo. O dispositivo do passe é diferente do fim da análise. Pode confirmá-lo ou não. O passe no dispositivo consiste na interpretação do percurso analítico pelo passante e pela interpretação pela comissão de pares.

O passe na atualidade e seu ultrapassamento

Como se verá em seguida, a doutrina atual do passe não é exatamente aquela que Lacan propôs. Patricia Bosquin-Caroz declara que a doutrina atual do passe não se mede mais pela travessia do fantasma, passe do tipo relâmpago do qual surgiria um novo ser. Lacan (2001, p. 273) qualificava este ganho de ser como "singular e forte!". No entender de Patricia Caroz, trata-se de uma definição um pouco idealizada, pois não se trata do mesmo singular no passe contemporâneo do sinthoma/*escabelo*. Ainda segundo Caroz, a força singular obtida pela travessia do plano das identificações é distinta da singularidade obtida pela identificação ao sinthoma. O sinthoma é um modo de gozo singular isolado ao final do percurso. Mesmo que as travessias, franqueamentos, revelações ainda aconteçam durante as análises e sinalizem seu progresso simbólico, elas convergem para um real que não muda, que se repete, que não se supera nem se reabsorve pelo sentido. Trata-se de redução e não de travessia. O passante testemunha uma fixação do gozo, uma solidão do sujeito enquanto um acontecimento de corpo, uma conjunção do significante "Um" e do corpo.

Bernard Seynhaeve observa que é a partir de um ponto preciso, ponto de certeza, que a dobradiça da passagem a analista se apresenta para ele: a queda da garantia do Outro. Ponto em que o sujeito perde sua bússola: um sonho, um fenômeno de corpo, a conjugação dos dois ou a interpretação do analista. Serge Cottet acha difícil encontrar um ponto em comum entre as experiências relatadas pelos passantes nomeados. Ao menos, ele diz, podemos afirmar que, segundo esta última versão do passe, "a dimensão do impossível e do incurável se destaca de todo e qualquer triunfalismo normativo ou ideal" (p. 9). Todas as modalidades da queda da suposição de saber atravessam a maioria dos testemunhos, evidenciando a correlação do desejo do analista com a solidão. Miquel Bassols destaca um fio que atravessa a diversidade de testemunhos do passe no que se refere ao desejo do analista, fio que enoda os restos sintomáticos aos restos transferenciais no fim da análise. É na articulação destas duas dimensões do resto que parece se jogar o destino do desejo do analista na nossa contemporaneidade. Parece que do destino dos restos sintomáticos, quando eles são reduzidos ao sinthoma mais singular, depende o destino que este sujeito reserva aos restos transferenciais ao final de sua análise. Isso se passa dentro de uma concepção da transferência como impossível de reduzir logicamente ao grau zero. Diferentemente de outras concepções que fazem desta redução o correlato de uma identificação do sujeito às imagens ideais, Bassols declara que, ao contrário, é na consolidação da transferência que se joga a eficácia que o sujeito dará ao seu sinthoma e a sua singularidade. Frase enigmática que se esclarece conforme se segue: "As nomeações de AE foram orientadas, entre outras condições, por este enodamento entre a dimensão clinica do sinthoma e a dimensão política da transferência" (p. 12). O que explicita que as nomeações se decidem em função do desejo do sujeito de engajar-se nos destinos da instituição psicanalítica que o "nomeia-para" o exercício de uma função. A diferença entre identificação e nomeação é importante para elucidar a dimensão de norm-atividade social do dispositivo.

Para Patrícia Caroz, a redução que permitiria circunscrever o gozo irredutível deixa aberta a questão: como se manifesta o fim da análise para o analisando? O modo de gozo indica um invariante, algo sempre igual que se repete idêntico. Este invariante do gozo pode se reduzir, se isolar... mas não se atravessa em direção a um novo ser. Trata-se do mesmo modo de gozo, do qual esperamos uma nova satisfação. Ao isolar seu modo de gozo, o sujeito pode eventualmente nomear seu sinthoma.

Finalmente, creio que vale destacar a diferença entre identificação ao sinthoma e nomeação do sinthoma. Éric Laurent destaca que a repetição simbólica não deve ser concebida simplesmente como identificação e sim como nomeação. Depois de ter atravessado um certo número de identificações, torna-se possível dar um novo nome, que Lacan designa como sinthoma e que implica um nome e um valor de gozo. Ele resume assim: "Eu sou este que é produto de minha análise e dos nomes que eu aí obtive" (p. 18). Do encontro contingente com o gozo cada sujeito guarda sua maneira particular de se servir da língua comum para dizer coisa diferente do que ela supostamente diz. O sujeito chega a falar de seu fantasma servindo-se das palavras da tribo, mas ele as homofoniza, as equivoca de um modo muito particular. Aparelhando a língua materna ao seu modo próprio de fazer ouvir sua dor de existir e seu encontro faltoso com o gozo, o sujeito define um nome-próprio/nome-comum, num esforço de nomeação, de equivocação da língua para alcançar o objeto do seu desejo, o parceiro-sintoma ao qual ele endereça a pulsão.

Para concluir, a comissão do passe se interessa pela nomeação enquanto subversão da língua pelo equívoco e não a palavra final. O relatório conclui – isto me pareceu instigante – citando J.-A. Miller (18/05/2011): "Uma vez reduzida a questão do Outro, trata-se do mais além do passe, da questão do Um que repercute no seguinte, e é, no fundo, a coisa mais próxima de um critério de que estamos no mais além do passe, é que o sujeito aí sabe que fala sozinho, ele sabe que reduziu o delírio pelo qual ele pensava comunicar-se com o Outro da verdade".

O dispositivo do passe e sua norm-atividade

Passo a interrogar esta insistência – que observamos no relatório de 2010-2011 e que está completamente ausente do relatório de 1994 – em destacar aquilo que a subjetividade de cada um tem de absolutamente singular e diferente de qualquer outra. Tendo a pensar que este enfoque singularizante já é por si mesmo uma escolha "norm-ativa". Ou, melhor dizendo, trata-se do paradoxo da norma na contemporaneidade: todos submetidos ao imperativo de serem diferentes. As novas respostas ao real no século XXI dependem, talvez, da lógica homogeneizante (todo homem nasce livre e igual) que incita o rebaixamento da lei simbólica à norma contratual. Paradoxalmente, o imperativo igualitário e suas práticas disciplinares e homogeneizantes convivem com os biopoderes que produzem como efeito indivíduos que reivindicam, politicamente, em nome do direito à vida, o "direito de serem tratados como exceção". Toda uma lógica social de gestão das populações e de controle do risco ergue-se a partir destas injunções. A sociedade em que vivemos precisa saber quem são seus psicanalistas. Tentativas de regulamentação deste "ofício" tentam enquadrá-la num diploma universitário ou submetê-la ao controle dos médicos. A resposta da Associação Mundial de Psicanálise ao problema da regulamentação desta prática, na sociedade do controle e do risco, é a de apostar nos poderes discriminadores do dispositivo do passe para distinguir quem são os analistas mais dispostos a fazer da exposição pública dos efeitos de sua análise pessoal uma ferramenta para causar o desejo pela psicanálise. As práticas dos psicanalistas e suas instituições, portanto, precisariam ser examinadas à luz do paradoxo da norma na contemporaneidade. Como o tema é complexo, deixo para um próximo artigo a tarefa de examiná-lo.

Referências bibliográficas

Brousse, M.-H. A psicose ordinária à luz da teoria lacaniana do discurso. *Latusa digital, 6*, setembro de 2009.

————. Le désir de nommer. In: Miller, J.-A. (Org.). Conversation sur la passe: textes introductifs. *Supplément de la Lettre Mensuelle*, École de La Cause Freudienne, Paris, 2010.

Canguilhem, G. *O normal e o patológico*. Rio de Janeiro: Forense-Universitária, 1978.

Castel, R. *A gestão dos riscos*. Rio de Janeiro: Francisco Alves, 1981.

Coelho dos Santos, T. Ditadura da homogeneidade ou direito ao gozo autista do sinthoma? In: *aSEPHallus Revista de Orientação Lacaniana*, v. V, n. 10, maio-outubro de 2010.

————. Responsabilidade coletiva ou responsabilidade subjetiva: a saúde é um direito ou um dever? In: Barros R. M. M & Anciães V. *Psicanálise e saúde: entre o sujeito e o Estado*. Rio de Janeiro: Cia de Freud, 2014.

————. A psicanálise é uma ciência e o discurso analítico é uma práxis? In: *Revista Ágora, Estudos Psicanalíticos*, agosto de 2014,

Ewald, F. *Foucault, a norma e o direito*. Coleção Comunicação e Linguagens. Lisboa: Vega, 1993.

Fenichel, O. *Teoría psicoanalítica de las neurosis*. Biblioteca de psicologia profunda. Buenos Aires: Editorial Paidós, 1966.

Foucault, M. *Histoire de la sexualité, la volonté de savoir*. Paris: Gallimard, 1976.

Freud, S. (1914). Sobre o narcisismo: uma introdução. *Edição standard brasileira das obras psicológicas completas de Sigmund Freud*, v. XIV. Rio de Janeiro: Imago, 1974.

————. (1915). Os instintos e suas vicissitudes. *Edição standard brasileira das obras psicológicas completas de Sigmund Freud*, v. XIV. Rio de Janeiro: Imago, 1974.

————. (1933). Conferência XXXIV: Explicações, aplicações, orientações. *Edição standard brasileira das obras psicológicas completas de Sigmund Freud*, v. XXII. Rio de Janeiro: Imago, 1976.

————. (1937). Análise terminável e interminável. *Edição standard brasileira das obras psicológicas completas de Sigmund Freud*, v. XXIII. Rio de Janeiro: Imago, 1975.

Lacan, J. A ciência e a verdade. *Escritos*. Rio de Janeiro: Jorge Zahar, 1998.

————. *O seminário, livro 7: a ética da psicanálise*. Rio de Janeiro: Jorge Zahar, 1988.

————. Joyce le symptôme. *Autres écrits*. Paris: Seuil, 2001.

————. Joyce o sintoma. *Outros escritos*. Campo Freudiano do Brasil. Rio de Janeiro: Jorge Zahar, 2003.

————. *O seminário, livro 23: o sinthoma*. Rio de Janeiro: Zahar, 2005.

————. *Le Séminaire, livre XIX: Les nos dupes errent*. Inédito, 1973-1974.

Laia, S. A. C. Coisas mensuráveis e "coisas de fineza": a classificação dos transtornos mentais pelo DSM-V e a orientação lacaniana. In: Coelho dos Santos, T. et alii (Orgs.). *De que Real se trata na clínica psicanalítica?* Rio de Janeiro: Cia de Freud, 2012.

Matet-Lazarus, C. Rapport de la commission de la passe 2010-2011 (A10-B10), École de la Cause Freudienne, Paris, 2012.

Miller, J. A. *Perspectivas do Seminário 23. O Sinthoma*. Rio de Janeiro: Zahar, 2010a.

———. Haveria passe? *aSEPHallus Revista de Orientação Lacaniana*, v. V, n. 10, maio-outubro de 2010b.

———. *Perspectivas dos escritos e dos Outros escritos de Lacan, entre desejo e ozo*. Rio de Janeiro: Zahar, 2011.

———. *La experiencia de lo real en la cura psicoanalitica*. Buenos Aires: Paidós, 2003.

———. L'inconscient et le corps parlant. In: http//www.wapol.org/Template.asp, 2014.

Miller, J.-A. et alii. *Le conciliabule d'Angers*. Paris: Agalma/Seuil, 1997.

———. *Comment finissent les analyses*. Collection du Champ Freudien. Paris: Seuil, 1994.

Quetelet, A. (1835). *Sur l'homme et le développement de ses facultes*. Paris: Arthème-Fayard, 1991.

Teixeira, A. Do tipo clínico como *semblant*. In: Coelho dos Santos, T. (Org.). *Inovações no ensino e na pesquisa em psicanálise aplicada*. Rio de Janeiro: 7 letras, 2009.

A psicanálise entre o texto e o contexto

Antonio Márcio Ribeiro Teixeira

Doutor pelo Département de Psychanalyse de Paris VIII; Pós-doutorado em Filosofia USP; Professor Adjunto do PPG em Psicologia da UFMG; Psicanalista, Membro da Escola Brasileira de Psicanálise; Membro da Associação Mundial de Psicanálise. Membro conselheiro (advisory board) da International Society of Psychoanalysis and Philosophy; E-mail: amrteixeira@uol.com.br

Resumo

Diferentemente das práticas terapêuticas usuais, nas quais o técnico aceita submeter sua ação a uma finalidade externa determinada socialmente, a experiência psicanalítica desvela, no nível da exigência pulsional, algo que se coloca em contradição com toda finalidade terapêutica socialmente prescrita. Para se haver com a contradição entre a satisfação pulsional do sintoma e a sanção social do bem-estar, o estudo da doutrina não é suficiente. Necessitamos saber de que maneira o texto psicanalítico veio modificar o contexto que o determina e sobre o qual produz sua intervenção.

Palavras-chave: psicanálise lacaniana; texto; contexto; campo; função intelectual.

Abstract

The psychoanalysis between the text and the context

Unlike usual therapeutic practices, in which is accepted to submit technical actions to an external purpose socially determined, psychoanalytic experience reveals, in the very core of drive's exigencies, something in contradiction to all socially prescribed therapeutic purpose. In order to deal with contradiction between the drive's satisfaction of symptom and social sanction of welfare, the study of the doctrine is insufficient. We need to know how the psychoanalytic text modifies its context as a place in which it produces its intervention.
Keywords: Lacanian psychoanalysis; text; context; field; intellectual rule.

Résumé

La psychanalyse entre le texte et le contexte

Différemment des pratiques thérapeutiques courantes, dans lesquels on accepte de soumettre l'action à une finalité externe socialement déterminée, l'expérience psycha-

nalytique dévoile, au niveau de l'exigence pulsionnelle, quelque chose qui se met en contradiction envers toute finalité thérapeutique socialement prescrite. Pour faire face à la contradiction entre la satisfaction pulsionnelle du symptôme et la sanction sociale du bien-être, l'étude de la doctrine ne suffit pas. Il faut savoir de quelle manière le texte psychanalytique vint modifier le contexte qui le détermine, sur lequel se fait son intervention.
Mots-clefs: psychanalyse lacanienne; texte; contexte; champ; fonction intellectuelle.

We gotta get in to get out!
The carpet crawlers, Peter Gabriel

Existe uma condição epistêmico-política localizada na interseção entre o texto e o contexto e determinante para a eficácia da intervenção psicanalítica. Diferentemente das práticas terapêuticas usuais, nas quais o técnico aceita submeter sua ação a uma finalidade externa determinada socialmente, a experiência psicanalítica desvela, no nível da exigência pulsional, algo que se coloca em contradição com toda finalidade terapêutica socialmente prescrita. Para se haver com a contradição entre a satisfação pulsional do sintoma e a sanção social do bem-estar, o estudo da doutrina não é suficiente. Não podemos nos contentar em pesquisar o modo pelo qual a psicanálise se inscriu e se modificou em função do contexto de sua inserção sem examinar como o texto veio incidir sobre o contexto. Necessitamos saber de que maneira a doutrina psicanalítica logrou modificar o espaço social que a determina e sobre o qual ela produz sua intervenção. É com essa finalidade que gostaria de retomar a discussão, iniciada no último congresso de psicanálise em Salvador, a propósito da vocação intelectual do psicanalista. Interessa-me, sobretudo, entender em que sentido a própria vocação do psicanalista se define pela sua capacidade de intervir no espaço contextual em que habita.

Vale dizer que essa vocação intelectual do psicanalista, postada na própria origem da invenção freudiana, necessitou do movimento lacaniano para se reabilitar em seu pleno direito. Distintamente do psicanalista clássico da IPA, cuja teorização permanecia em sua maior parte restrita ao ambiente artificial de seu consultório particular, o psicanalista contemporâneo influenciado pela leitura de Lacan não se priva de se manifestar na cidade. Assistimos a sua participação constante ora em debates sobre a questão do casamento homossexual, ora em colóquios sobre a nova classificação da psiquiatria, ou ainda nas discussões críticas sobre as políticas de avaliação e de produção universitária, sem mencionar a presença marcante da psicanálise ao longo da reforma antimanicomial. Podemos, aliás, falar de uma verdadeira atopia do psicanalista, no sentido em que sua função normalmente não se deixa delimitar no domínio restrito das especialidades. A prova disso é que embora a psicanálise resista, por sua própria natureza, a se encaixar nos compartimentos estanques do saber acadêmico, ela ilumina com luz diagonal os mais diversos setores da pesquisa universitária.

Mas de que maneira podemos definir a vocação intelectual do psicanalista, tendo em mente essa atopia constitutiva? Como falar de uma vocação atópica, a se considerar que o termo *vocação* deveria designar justamente seu endereçamento a um lugar desde onde ele responde a um chamado (conforme o significado do termo latino *vocatio*, retomado no léxico alemão *Beruf*)? Adotando o ponto de vista de Sartre, chega a soar contraditório falar de uma vocação do intelectual, visto que o intelectual se define como aquele que fala onde não foi chamado. Caberia explicitar, portanto, como se estrutura essa atopia do intelectual para em seguida entender de que maneira se institui sua paradoxal vocação.

Para definir o que distingue o intelectual do profissional ou técnico do saber, vamos nos valer de algumas passagens da célebre conferência pronunciada por Jean-Paul Sartre no Japão, em 1966. No dizer de Sartre, se o profissional do saber se define como alguém que é pago para investigar, transmitir e aplicar o conhecimento, o intelectual é esse profissional quando se extravia, colocando-se em posição crítica em relação ao poder que subvenciona suas atividades. O intelectual seria, assim, o profissional que deixou de exercer o que lhe é requisitado por colocar em questão a própria razão de ser de sua requisição. Por isso, prossegue Sartre, o intelectual é tão frequentemente mal visto. No dizer daqueles que o acusam, ele é um pedante que abusa de sua notoriedade ao sair do seu domínio em nome de uma posição crítica vista como um insulto do senso comum. Ele é, em suma, o sujeito que se mete com o que não é de sua conta, que se dirige aonde não foi chamado (Sartre, 1990, p. 221-222 e *passim*), que fala desde um lugar em que não se espera ouvi-lo.

Importante, todavia, lembrar que por ocasião da conferência de Sartre (1966), o intelectual ainda era tolerado como uma espécie de mal necessário à sociedade. Sartre ainda vivia o momento francês da década de 60 que tinha em Jean-

-Luc Godard sua figura mais emblemática, época em que se aceitava conservar esse personagem perturbador a pretexto de enriquecer a cultura com a sua contradição. Porém em nossa atualidade, predominantemente anglo-saxônica, tudo que finalmente se espera é que o progresso da ciência termine por extinguir esses questionadores inconsequentes, recolocando, em seu lugar, profissionais pragmáticos e sérios, rigorosamente especializados, com funções bem delimitadas.

Mas seria de fato possível, eu relanço a pergunta, formar um profissional do saber, como fazemos em nossa universidade, sem correr o risco de vê-lo novamente se metamorfosear na figura insolente do intelectual? Digamos provisoriamente que sim: basta que ele seja estritamente remunerado em função da atividade de produção para a qual foi contratado. Para esse fim, entulhemos ao máximo sua mesa com formulários e relatórios técnicos, de modo a não lhe restar muito tempo para questionar o que faz.

Não obstante, pode acontecer que, num dado momento, esse mesmo profissional do saber, digamos, um biólogo que trabalha com a produção de uma vacina, descubra que o resultado de sua pesquisa pode ser usado na construção de uma arma biológica. Ou senão, para retomarmos o exemplo de Sartre, que um grupo de físicos de um laboratório especializado na fissão do átomo assustados com a potência destrutiva de sua investigação resolva produzir um manifesto contra o uso da energia nuclear. Ou ainda, que um terapeuta remunerado para ofertar a seu paciente um comportamento socialmente adequado perceba que seu sofrimento é causado por essa exigência de adequação. O que pensar quando um pesquisador reconhecido por produzir artigos em revistas estritamente bem qualificadas se dá conta de que a investigação verdadeiramente inovadora comumente se divulga em veículos marginais? O que acontece quando esse pesquisador, bonificado por sua alta produção de artigos, percebe a necessidade de longos períodos de improdutividade para realizar uma pesquisa efetivamente transformadora? O que disso vai resultar não se sabe, nada sabemos. Sabemos, apenas, que nesses momentos o profissional do saber corre o risco de deixar de ser o que é e se transformar, no mais das vezes malgrado ele mesmo, num intelectual.

Vemo-lo, então, sair do limite de sua competência para meter-se com o que não é de sua conta, falar onde não foi chamado: investigar a fissão do átomo é de sua competência, julgar quanto à legitimidade de seu uso é assunto restrito à esfera do direito e da política. Importante notar que é nesse campo do saber comprometido com a prática, e não, como se pensa, com a filosofia acadêmica, que geralmente emerge o intelectual. Ele surge a partir de uma transformação na figura do profissional do saber prático convocado a operar no campo organizado pela classe dominante, uma vez que é essa classe quem define os fins de produção do saber segundo seus interesses privados. Por isso sua formação ideológica encontra-se definida, como é o caso da nossa, por um sistema constituído por cima. A classe dominante normalmente faz de nós especialistas de um saber que lhe interessa, e não raro nos coloca a serviço de um particularismo ideológico, como foi o caso dos trabalhos psiquiátricos destinados a estabelecer medidas antropométricas que verificassem a inferioridade dos africanos nos tempos da colônia.

Mas são águas passadas, dirão vocês. Nosso momento é outro, a ciência adquiriu autonomia na definição do seu campo de saber. Quanto ao mais, em que pesem algumas pequenas falhas inevitáveis, os comitês de ética estão sempre a postos e vigilantes, prontos para prevenir abusos maiores. Ledo engano, cabe alertar. Sabemos, por exemplo, para ficarmos somente em nosso campo de atuação, que 56% dos psiquiatras que elaboraram os critérios diagnósticos do DSM IV mantinham relações financeiras com a indústria de psicofármacos, segundo estudo dirigido por Lisa Cosgrove, da universidade de Massachussets. Sabemos também que, nos Estados Unidos, os médicos universitários se tornaram a própria chave desse sistema altamente lucrativo, no sentido em que não somente atuam enquanto docentes nas universidades como também publicam artigos em periódicos científicos moldados segundo as estratégias de *marketing* dos laboratórios. Suas funções universitárias não só lhes permitem publicar em revistas científicas, como lhes conferem o poder de estabelecer pareceres de aceitação. Poderíamos ainda citar inúmeros outros exemplos de abusos mercadológicos cientificamente maquiados, como é o caso dos diagnósticos criados por encomenda para gerar demandas de medicação (distimia ou transtorno de hiperatividade), mas a lista seria imensa. Recomendamos, a quem interessar possa, a leitura do livro sobre o autismo, de Agnés Aflalo, além do artigo sobre "os vendedores de doenças", já publicado em versão brasileira do Le Monde diplomatique.

Mas voltemos ao eixo de nossa discussão. O intelectual não surge no campo neutro de um saber isento de sua deturpação ideológica. Ele germina invariavelmente no meio controlado pela classe dominante, representada seja por Wall Street, no caso da ciência econômica, seja pela indústria de psicofármacos, no caso da saúde mental, a qual subvenciona, direta ou indiretamente, a produção e transmissão do saber técnico ou da pesquisa científica. É nesse meio em que habitamos que o intelectual pode ou não aparecer. Sua possível ocorrência decorre do fato, explica-nos Sartre, de que o profissional assim convocado pela classe dominante sofre de uma crucial contradição. Ele se quer autônomo e universalista, no sentido em que busca construir um saber e uma prática não dirigidos por interesses particulares, mas logo percebe que os resultados de sua pesquisa são usurpados por uma classe particular que detém o poder financeiro. E vê que sua ciência, assim submetida ao particularismo, é serva de uma ideologia. O problema é que ele sabe que a própria ideia de utilidade prática que orienta sua pesquisa se coloca em princípio como universal e não deveria, portanto, submeter-se a essas limitações. Quem faz uma pesquisa sobre a esquizofrenia não visa tratar somente o esquizofrênico da alta burguesia, já que a indeterminação social do doente está no horizonte de sua universalização. E, no entanto, o pesquisador percebe, contrariado, que sua invenção beneficia somente um pequeno número de pessoas dotadas de maior poder aquisitivo, conforme verificamos no caso do preço proibitivo dos antipsicóticos atípicos para a maior parte da população.

Tal como a figura da Consciência infeliz descrita por Hegel, no capítulo IV de sua *Fenomenologia do espírito*, o profissional do saber, em via de se metamorfosear em intelectual, encontra-se constantemente às voltas com essa contestação recíproca do universal do saber com a particularidade da classe em que se representa. O poder que o subvenciona não desconhece esse dado, e por isso sempre considera o profissional do saber como uma figura eminentemente suspeita: ele nele vê um contestador, embora saiba que a contestação é uma atitude necessária ao desenvolvimento do saber. Mesmo para quem adota posições políticas conservadoras, o exercício do saber obriga à contestação de seu ponto de vista, visto que a pesquisa é sempre uma atividade de questionamento. Por isso dizemos que a grandeza de Freud, ao considerar a etiologia sexual das neuroses, foi de ter tido a honestidade de se contestar, de trabalhar contra si mesmo. Sem ceder às reticências de sua formação burguesa, ele vai dar à sexualidade uma extensão pela qual ele próprio jamais nutrira nenhum tipo de estima.

Dessa contradição, portanto, entre o poder que subvenciona o profissional do saber e a pesquisa que o leva a contestar o ponto de vista que ele adota, seguem-se, no dizer de Sartre, duas possibilidades:

> i. Ainda que contrariado, o pesquisador aceita a ideologia dominante ou se acomoda a ela, colocando o universal a serviço do particular. Ele torna-se apolítico, agnóstico, adotando, no mais das vezes, a atitude de quem sabe que é assim mas que não quer em nada saber.
>
> ii. Sem ceder de sua contrariedade, ele se confronta com o particularismo de sua ideologia, recusa se submeter a ela e a seus fins, que lhe é probido contestar. Então, o pesquisador se torna um monstro, ou seja, um intelectual, alguém que se mete com o que não é de sua conta.

Mas qual seria, então, para retomar a pergunta de Sartre, a função do intelectual? Difícil dizer, já que ninguém incumbiu o intelectual de nenhuma função. A classe dominante dele não quer saber; ela só se interessava, conforme dizíamos, pela função do pesquisador enquanto funcionário da superestrutura. As classes desfavorecidas, por sua vez, não o reconhecem em seu pertencimento, pois, via de regra, não podem engendrá-lo: ele é um especialista do saber prático determinado pelas finalidades da classe dominante. O intelectual orgânico da classe proletária, imaginado por Gramsci, permanece uma ficção sem efetividade. A classe média, donde o intelectual pode advir, em geral se acomoda na via do senso comum e recusa, em sua indolência servil, a experiência da contradição entre universal e particular que o engendra. A nada o intelectual é comensurável: em nada ele se reconhece, ninguém lhe concede qualquer estatuto. Sua existência não é sequer admissível, posto que ele não se admite a si próprio: ele é a simples impossibilidade vivida por um pesquisador prático em se determinar na sua contradição.

Essa definição faz do intelectual, do ponto de vista de sua vocação, o mais desmunido dos homens: ninguém lhe designa uma tarefa a cumprir. Uma greve do intelectual passaria completamente despercebida. Tudo de que ele dispõe para se orientar é da atividade contestatória do saber que o obriga a rever os esquemas de representação da realidade em que habita. Mas de que lugar vem, então, o falar do intelectual, esse ser desprovido de localidade social para sua função? Não há novidade alguma em dizer que a visão da realidade contra a qual ele se rebela resulta ser ideológica, no sentido em que suas representações se encontram determinadas por práticas de dominação social. Todavia, por mais que esse fenômeno seja flagrante, por exemplo, na representação oficial do *mapa mundi*, com a Europa postada acima da África, uma representação inversa do mesmo mapa, com a África acima da Europa, não seria menos ideológica do que a primeira. Seria, então, o caso de conceber o intelectual como habitante de um observatório externo, não contaminado pelas relações de poder? Seria a ele possível, enfim, sair da ideologia para denunciar o simulacro da ideologia, escapar da Matrix e ver como ela funciona, como o prisioneiro que deixa a Caverna de sombras, na alegoria do livro VII da *República* de Platão, para encontrar a pura luz da verdade autêntica?

Pelo tom quase irônico da pergunta, já se adivinha que a resposta é não. Mas, se ainda assim a lançamos, é para lembrar que Sartre acalentava esse devaneio platônico de emancipação: nada mais sintomático de sua fantasia de *outsider* do que a célebre recusa do prêmio Nobel. Sartre acreditava poder sair da Caverna ao conceber o plano existencial da liberdade na imagem da luz sem sombra que Platão colocava em seu exterior. Tal saída pode se dar ora na forma individual, como aquela vivida por Antoine Roquentin, no romance *A náusea*, que encontra o sentido da vida na transformação de uma biografia em obra de arte, ou senão no projeto militante da via revolucionária. Mas, seja qual for seu nome, a impossibilidade de saída é o que chamamos de Inferno na terminologia de Sartre[1].

Tal discussão nos interessa particularmente porque, embora Sartre pareça nos guiar até aqui, a partir desse ponto precisamos nos desfazer de sua orientação. Em sentido diverso desse platonismo sartreano, a orientação estruturalista que a psicanálise esposa não admite a ideia de sair da caverna. No

---

[1] Essa discussão se apoia no texto "La constellation des sujets", de J-C. Milner, in *Le périple structurale*, pp. 169-176.

entender psicanalítico, a saída da caverna não passa de mais uma ilusão da caverna, assim como a ideia de um lugar extraideológico se revela fruto da própria ideologia. Isso se verifica claramente na ideologia mercantil do capitalismo que se apropria do gesto que a contesta e o converte em mercadoria, transformando, por exemplo, o *hippie* ou o *punk* no *hippie* ou no *punk* de butique. Ao definir a linguagem como nome próprio da estrutura e ao sustentar que o inconsciente se estrutura como uma linguagem, Lacan afirma que o inconsciente também faz parte da caverna da linguagem. Sua tese clássica de que não há metalinguagem refere-se exatamente ao dado de que não há como sair da Caverna para falar da Caverna.

O que está em foco nessa discussão topológica é, pois, a relação do texto com o contexto, da doutrina com o espaço simbólico em que ela habita. Para o funcionário do saber que se aliena em sua prática, sem questionar sua atividade, o estudo da doutrina, conforme dissemos no início, já é suficiente para entender do assunto, basta ler os textos. Mas para quem se vê conduzido a intervir sobre a realidade em que sua doutrina se forma é necessário relacionar o texto ao contexto. Tal necessidade nos conduz a discutir aqui o conceito de campo como espaço intermediário entre o texto e o contexto a partir de um estudo sociológico de Pierre Bourdieu.

O campo, no dizer de Bourdieu (1992, p. 71-90), designa um espaço societário dentro da sociedade, uma espécie de enclave composto por sujeitos que se relacionam de modo particular em torno de determinada doutrina. Embora sejam mundos sociais como os demais, cada campo obedece a leis específicas, comportando graus de autonomia que variam tanto em razão da intensidade das pressões externas quanto dos mecanismos que lhe permitem resistir a essas pressões para reconhecer somente suas determinações próprias. Dizemos, portanto, que o campo afirma sua autonomia pela capacidade de refratar as pressões externas, ao passo que sua heteronomia se mede pelo grau de modificações que as determinações contextuais lhe provocam. Não se pode, por exemplo, denunciar uma descoberta arqueológica como direitista ou reacionária sem provocar risos, mas em psicanálise ou em sociologia não raro nos deixamos afetar por enunciados dessa natureza. Quando afirmamos, ademais, que um campo é politizado, não estamos assegurando que ele seja autônomo. Muito pelo contrário, o mais frequente é que a politização de um campo se realize ao preço de sua autonomia, fazendo com que pessoas sem elaboração epistêmica, porém dotadas de capital político, passem a intervir em nome de princípios heterônomos. É o que ocorre frequentemente nos congressos ditos científicos, nos quais se dá visibilidade a pessoas que não são necessariamente pesquisadores, mas que, no entanto, ocupam cargos políticos de gestão ou administração nos meios institucionais.

Mas, independentemente de cada particularidade, a constituição original do campo responde a uma necessidade vivida pelo intelectual de criar um espaço para sua intervenção, do momento em que ele não pode mais suportar exercer o que antes fazia em razão da contradição que sua atividade encerra em relação ao meio que o convoca. O que assistimos, na origem do campo psicanalítico, foi justamente a impossibilidade vivida por Freud de pensar o sofrimento mental sem considerar o problema da divisão subjetiva. Ao tomar seu paciente como sujeito, e não como puro objeto de uma investigação científica, Freud percebe, por detrás do sofrimento psíquico, a verdade de uma satisfação impedida que o obriga a rever as finalidades disciplinares da prática terapêutica. Sua recusa do paradigma neurológico se deu menos em razão de uma atitude de contestação política do que da própria consideração de sua pesquisa clínica. Por não recuar diante dessa contradição, Freud se emancipou de sua posição original de profissional técnico de um saber específico para se tornar o ensaísta intelectual com verdades a dizer sobre o mal-estar na civilização.

Notamos, então, que se Freud intelectual, assim como Sartre, Zola, Voltaire transtornam por dizer a verdade, é porque se trata de um *dizer-a-verdade* radicalmente distinto dos procedimentos de demonstração realizados por um profissional do saber. Essa atitude de dizer-a-verdade à qual o intelectual se liga adquire antes a forma daquilo que Foucault propõe chamar de parrésia, evocando um termo pouco discutido da filosofia antiga em seu famoso curso do Collège de France nos anos de 1983 e 1984. A parrésia é a fala franca que se demarca da adulação ou da lisonja, da fala de quem visa agradar. Para termos um alcance mais claro do que Foucault propõe ao associar essa função do dizer-a-verdade com o termo de parrésia, é preciso, antes de tudo, entender que, a seus olhos, a relação entre a verdade e o saber se desprende não de uma história da origem e do desenvolvimento do conhecimento, mas de uma Teoria geral das formas do poder. No seu entender, toda produção de saber, longe de ser uma atitude contemplativa desinteressada, deriva necessariamente de uma relação de força e dominação. Se enfatizo especialmente tal ponto, é para salientar que esse dizer-a-verdade do intelectual se constitui não no nível de uma demonstração neutra, mas no solo desse jogo social de forças. O que está em questão na parrésia, na fala franca, é tanto uma virtude, quanto um dever e uma técnica de expressão que se manifestam no interior de uma relação instituída entre saber e poder.

Para ilustrá-la concretamente, Foucault se refere às *Vidas paralelas* de Plutarco, numa passagem em que o personagem Dion se ergue diante do tirano e lhe diz a verdade que os outros preferem omitir. Trata-se de uma cena em que o tirano Dionísio criticava o governo de Gelon ao dizer que este fora motivo de riso na Sicília, valendo-se de um jogo de palavras entre Gelon e gelan (*rir* em grego). Enquanto os cortesãos se riam, fingindo admirar as graçolas de Dionísio, Dion o afronta dizendo: apesar de tudo, você governa graças a Gelon, que inspirava uma confiança da qual você tirou proveito, mas, depois de te ouvir falando, ninguém mais terá confiança em ninguém!

Dion é dotado de parrésia e se distingue, portanto, dos cortesãos aduladores que riem quando Dionísio faz uma piadinha tola. O que define, porém, a parrésia não é o conteúdo da verdade, mas sua maneira de ser dita, o modo como o sujeito a expressa. Não se trata de demonstrar uma verdade, a parrésia não é uma demonstração. Mas ela não é tampouco uma retórica, uma arte de persuadir, já que está em questão o engajamento do sujeito com o dizer-a-verdade e não com a finalidade de convencer. A parrésia também não se confunde com o ensino, posto que em seu gesto de transformar o outro ela implica uma brutalidade que a distingue de toda transmissão pedagógica. O parresiasta não ensina, prossegue Foucault: ele lança uma verdade cortante na cara daquele a quem se dirige, sem seguir o curso próprio da pedagogia, que vai do conhecido ao desconhecido. O importante de tudo isso, para retornar ao tema do intelectual, é que falamos de parrésia quando a violência do dizer-a-verdade acarreta riscos para quem a pronuncia, ao desestabilizar o lugar social de sua enunciação. A prisão e a morte de Émile Zola por envenenamento, o ostracismo científico vivido por Freud, assim como a excomunhão de Jacques Lacan demonstram que a parrésia requer a coragem por ser essencialmente a abertura, pela palavra, de um espaço de risco.

Para melhor esclarecer esse aspecto, Foucault opõe a parrésia a seu contrário, o enunciado performativo. No enunciado performativo, tem-se exigência do contexto institucionalizado, na medida em que sua enunciação efetua a realidade enunciada a partir de uma relação socialmente codificada entre a coisa e a palavra. O presidente abre a sessão ao dizer: está aberta a sessão. Os noivos realizam o casamento ao dizer "eu aceito". O sujeito produz a retirada da culpa ao dizer "me desculpe", e daí por diante. No enunciado performativo, diante dos elementos instituídos da situação, segue-se um efeito previsível, regulado de antemão, efeito codificado que é precisamente aquilo em que consiste seu caráter performativo. Uma vez instituída sua função social, o desejo ou a crença de quem o enuncia não contam: pouco importa que o padre creia em deus ou no diabo para que o batizado se realize, basta que ele diga: eu te batizo.

Já no caso da parrésia, tem-se igualmente a situação institucionalizada: Caetano Veloso no ambiente de festival, Zola diante do estado maior das forças armadas, ou Dion na frente do tirano. Mas, seja qual for o caráter institucionalizado da situação, a parrésia se manifesta como irrupção do discurso verdadeiro que determina uma situação aberta. Trata-se de um dizer-a-verdade que abre a situação, possibilitando o surgimento de efeitos imprevisíveis, não codificados institucionalmente. Dionísio pode mandar matar quem diz a verdade, Zola pode ser preso, Caetano sofrer o exílio. Na parrésia, a indiferença do sujeito encontrada no enunciado performativo é impossível: sua afirmação implica o engajamento do sujeito no ato da enunciação. Ela dispensa o protocolo da permissão porque determina uma relação verdadeira entre o sujeito e o que ele diz, sem garantia da validade externa e universal do que é dito.

Por se ligar ao ato de fundação de uma nova relação do sujeito com a verdade, a parrésia é uma figura da precipitação e do instante. Não se pode parresiar permanentemente, nem mesmo no caso da atitude de recusa cínica. No que diz respeito ao ponto que nos interessa, a parrésia atesta o surgimento do intelectual na transformação sofrida pelo profissional do saber, obrigado a assumir o risco de uma posição contrária à autoridade que ordena sua função. Mas, uma vez que seu pensamento se estabilizou e se constituiu em doutrina, sua eficácia passa a depender do cálculo relativo à produção de um novo modo viável de relação do texto com o contexto. Seu trabalho agora consiste em criar um novo campo como enclave do texto no domínio do contexto, no sentido de uma saída que se produz desde o interior.

Vale notar, com relação a esse ponto, que a história da psicanálise veio atestar a necessidade de produção de um novo enclave no interior de um enclave já constituído, como se o próprio campo freudiano se convertesse no contexto do qual a nova forma de relação entre verdade e saber inaugurada por Lacan viesse se separar. Para acompanhar essa argumentação, seria importante pensar o que veio a ser a criação e a transformação do campo freudiano a partir da ideia moderna de obra, valendo-nos do comentário desenvolvido por Jean-Claude Milner no capítulo inicial de *A obra clara*. Pois a obra é o que constitui a superfície de refração que permite separar o texto como unidade relativamente autônoma no interior da pluralidade de determinações do contexto.

A obra, esclarece J.-C. Milner (1995), é o princípio de unicidade que permite introduzir no múltiplo contextual da cultura um campo diferenciado. A unidade desse campo normalmente se centra em torno de um sistema de nomeações que confere ao conjunto dos textos uma forma reconhecível, permitindo-nos falar, por exemplo, de uma visão freudiana da sexualidade, de uma perspectiva marxista da economia, de uma orientação lacaniana do tratamento, e daí por diante. Sua unicidade se dá pela associação de um autor e de um título estabilizada na publicação onde se manifesta, via de regra, a homologia entre a obra e a mercadoria.

A maior parte do saber gerado se dá, todavia, fora da forma da obra, para se inscrever na forma habitual do escrito técnico ou da monografia. Essa produção monográfica concerne justamente ao ofício do profissional do saber de que falávamos no início, no sentido em que este não visa interrogar o contexto que determina sua atividade científica. A ciência propriamente dita deve produzir exclusivamente a monografia, abandonando a obra como produção à parte requisitada pela cultura. O que nela se exerce não se inscreve na forma da obra, ou somente se inscreve quando a eficácia da ciência cessou: Einstein se constitui como obra no instante em que a cultura, tendo-o absorvido, considera-se no direito de esquecer sua atividade de pesquisa científica e condensá-lo numa espécie de visão de mundo.

Mas nem sempre a passagem da monografia à obra se dá pela simples assimilação da cultura. Em certas circunstâncias isso depende da necessidade e da força de uma decisão, como ocorreu com os alunos de Saussure que ousaram dar ao conjunto dos seus trabalhos científicos a unidade da obra, na forma do Cours de Linguistique Générale. Em nosso caso dizemos que Freud intelectual teve que tomar, ele próprio, essa decisão. Diante da impossibilidade de conformar sua investigação ao modelo científico de sua época sem perder a essência do que se lhe revelava, Freud se viu obrigado a adotar o desvio pela forma da obra para estabelecer o que a publicação científica não lhe permitia. A interpretação do sonho da monografia botânica seria paradigmática desse desvio: ao saber que seu colega Koller recebeu a glória pela pesquisa sobre a cocaína que ele havia iniciado em volume comemorativo que recebera pelo correio, Freud pensa, melancolicamente, na monografia que deixou de escrever e na obra que demora a publicar (A *Traumdeutung*).

Flectere si nequeo superos, Acheronta movebo. No dizer de Jean-Claude Milner (1995, p. 16-17), esse sonho soletra a dolorosa renúncia, por parte de Freud, do recurso à ciência normal e à monografia, com jubileus e laboratórios bem organizados, em razão da necessidade de recorrer à obra para criar um campo propício a uma nova forma de saber que se inaugura. Havendo partido rumo à conquista da ciência biomédica (*flectere superos*) pela via da monografia, sua investigação o obriga a se colocar fora da ciência normal e substituir a atividade científica pelo campo fúnebre da cultura (*Acheronta movebo*). O resultado, que todos conhecemos, é que a forma da obra venceu a monografia, ainda que a um altíssimo preço: a horda selvagem dos jungs, adlers, ferenczis e reichs com a qual Freud teve que se haver, ele que tanto sonhara dispor da honesta colaboração científica. Ser-lhe-ia ainda necessário instituir uma IPA para fazer entender que a permanência do campo assim inaugurado requer que não haja obras para além daquela de origem. À exceção da obra de Freud, é preciso que só haja monografias.

A despeito, contudo, dessa diretiva original da IPA e do reconhecimento social que o campo psicanalítico conseguiria alcançar, uma outra exceção mais tarde se imporia: Lacan se faria obra, introduzindo um novo enclave no campo psicanalítico. O campo freudiano se tornaria lacaniano.

Não haveria espaço para elucidar aqui o que gerou a necessidade desse enclave lacaniano; isso demandaria uma pesquisa historiográfica que não cabe no escopo deste artigo. Propomos ressaltar apenas que Lacan, longe de ser o *enfant rebelle* que tantos imaginarizam, soube consentir com a monografia no período em que seu contexto o permitia. Esse consentimento se atesta materialmente tanto na publicação de vários trabalhos para revistas especializadas quanto na direção do periódico *La psychanalyse*, destinado à divulgação de textos monográficos. Mas eis que, com a publicação dos *Escritos*, uma obra a mais vem desestabilizar o campo da psicanálise, num gesto contrário ao movimento do próprio

Lacan, que sempre manifestou uma visão depreciativa em relação à obra.

Para que ele a isso consinta os motivos tinham que ser realmente graves: o contexto não dava mais lugar ao texto, a necessidade de um novo enclave se impunha. A pretexto, como se sabe, do uso indevido das sessões curtas, Lacan se verá impedido, desde 1962, de exercer sua função de analista didata, para mais adiante perder seu auditório no hospital de Saint'Anne e ser finalmente banido da IPA em 1963. O campo psicanalítico lhe fechava as portas, era necessário perfurar-lhe outro campo para dali poder sair. Uma vez mais será preciso, como diz Milner, recorrer ao campo fúnebre da cultura para se fazer ouvir, uma vez mais será preciso descer ao Aqueronte.

O que se tornou posteriormente o campo freudiano fundado por Lacan, no entremeio, sempre variável, de suas determinações políticas e epistêmicas, é uma história que ainda está por ser coerentemente escrita. Esperamos que um dia isso se realize fora, quem sabe, das encenações triviais que tanto marcam as relações entre saber e poder. Mas seja qual for a trajetória particular desse campo, uma questão premente se coloca no intervalo entre o texto e contexto. Essa questão diz respeito à possibilidade de fazermos ou não do nosso Campo freudiano um espaço simultaneamente politizado e autônomo, ou seja, um campo permeável às negociações políticas, mas ao mesmo tempo ligado a um princípio inegociável de orientação. Assim como Zola, no caso Dreyfus, exerceu um ato político como escritor, e não como político, é sobre a base de nossa autonomia como psicanalistas, e não de nossa capacidade de negociação política, que devemos intervir no espaço público.

Referências bibliográficas

Bordieu, P. *Réponses*. Paris: Seuil, 1992.

————. *Raisons pratiques*. Paris: Seuil, 1994.

Lacan, J. *Le Séminaire, livre VII: L'Éthique de la psychanalyse*. Paris: Seuil, 1986.

Milner, J.-C. *L'Œuvre claire*. Paris: Seuil, 1995.

————. *Le périple structurale*. Paris: Seuil, 2002.

Sartre, J.-P. *Situations philosophiques*. Paris: Gallimard, 1990.

Parte II

Os adolescentes e seus pares

Violência/segregação na diversidade da Educação Inclusiva: a Conversação como método de intervenção

Ana Lydia Santiago

Pós-doutorado no PPG em Teoria Psicanalítica da UFRJ e no Departamento de Psicanálise da Université de Paris 8, França; Doutorado em Psicologia Clínica na USP; Professora da PPG em Educação da FaE/UFMG; Psicanalista, Membro da Escola Brasileira de Psicanálise; Membro da Associação Mundial de Psicanálise. E-mail: analydia.ebp@gmail.com

Bernardo Micheriff Carneiro

Mestre em Psicologia pela UFMG; Doutorando no PPG em Educação da FaE/UFMG. E-mail: bernardomcarneiro@yahoo.com.br

Maria José Gontijo Salum

Doutora pelo PPG em Teoria Psicanalítica da UFRJ; Coordenadora do curso de especialização em Criminologia da PUCMINAS; Membro da Escola Brasileira de Psicanálise e da Associação Mundial de Psicanálise; Bolsista de PNPD da FAPEMIG no PPG da FaE/UFMG. E-mail: mariajgontijo@gmail.com

Resumo

A partir de uma sessão de Conversação realizada com professores e de Conversações efetuadas com alunos de uma turma considerada violenta pelos educadores de uma escola, pretende-se discutir e apresentar uma contribuição da psicanálise aplicada aos sintomas de violência produzidos no campo da educação. O trabalho de pesquisa realizado pretende intervir sobre as produções sintomáticas apresentadas, relacionando-as ao contexto atual da educação. Questiona-se em que medida os sintomas que surgem na escola, na atualidade, e que trazem a marca da segregação podem ser considerados efeitos indesejados do programa de educação inclusiva. Será abordada a prática de intervenção promovida junto a alunos que, além de manifestarem dificuldades de aprendizagem das mais variadas ordens, mostram, com o corpo, sintomas de comportamento descritos pelos educadores como violência verbal, agressividade física dirigida aos colegas e professores e uso de drogas.

Palavras-chave: violência; inclusão; intervenção psicanalítica.

Abstract

Violence and segregation in the diversity of inclusive education and conversation as a form of intervention

Based on a Conversation session held with teachers, and other Conversations conducted with students in a class considered violent by school educators, we intend to discuss and present a contribution of applied psychoanalysis to the symptoms of violence produced in the field of education, especially under

the program that is conventionally named inclusive education. The research work aims to elaborate on the symptomatic productions that were presented relating them to the present context of education. We will investigate the level in which the symptoms of behavior that are currently appearing in the schools, symptoms that bear the mark of segregation may be considered as unwanted effects of the inclusive education program. We shall also analyze the intervention practice promoted among the students that in addition to the various sorts of learning difficulties presented, also display, with their bodies, symptoms of behavior described by the educators as: verbal abuse, physical aggression directed towards their peers and teachers; and drug use.
Keywords: violence; inclusion; psychoanalytic intervention.

Résumé

La violence et la ségrégation dans la diversité de l'éducation inclusive et la Conversation en tant qu'intervention

En prenant comme point de départ une séance de Conversation qui s'est tenue avec les enseignants et des Conversations menées avec les élèves d'une classe considérée violente par les professeurs d'une école, nous avons l'intention de discuter et de présenter une contribution de la psychanalyse appliquée aux symp-

tômes de la violence produits dans le domaine de l'éducation. Le travail de recherche réalisé vise à intervenir sur les productions symptomatiques présentées, en faisant leur relation avec le contexte actuel de l'éducation. Nous mettons en question en quelle mesure, les symptômes qui apparaissent à l'école de nos jours, qui portent la marque de la ségrégation peuvent être considérés comme étant des effets indésirables de l'éducation inclusive. Nous aborderons la pratique de l'intervention réalisée sur les élèves qui, au delà des différentes difficultés d'apprentissage présentées, démontrent, avec leur corps, des symptômes de comportement décrits par les enseignants tels que: violence verbale, agression physique envers les pairs et les enseignants et usage de drogues.
Mots-clés: violence; inclusion; intervention psychanalytique.

Introdução

Este artigo tem por base dados e análise de uma prática de *Conversação* realizada com estudantes do Ensino Fundamental no contexto de uma pesquisa/intervenção desenvolvida em uma escola pública da capital de Minas Gerais[1]. A

---

[1] Pesquisa/intervenção coordenada pelas professoras Dra. Ana Lydia Santiago e Dra. Raquel Assis, mediante projeto de cooperação técnica firmado entre a Secretaria de Estado de Educação de Minas Gerais/Diretoria de Educação Especial e Universidade Federal de Minas Gerais/Faculdade de Educação (2013-2016). Intitulada *Estudos de casos de alunos diagnosticados com Transtornos Globais do Desen-*

partir do essencial de uma sessão com professores e de outras com alunos de uma turma considerada violenta pelos educadores dessa escola, discute-se e apresenta-se uma contribuição da psicanálise aplicada aos sintomas de violência produzidos especialmente no âmbito de programas que se convencionou nomear Educação Inclusiva.

A respeito desse programa, cabe assinalar que, no Brasil, desde a promulgação da Constituição Brasileira de 1988, o acesso ao Ensino Escolar é reafirmado um direito de todas as crianças e adolescentes e, na atualidade, uma ampla política de inclusão orienta o sistema educativo do país. Tal política, em consonância com um movimento que se desenvolve em escala mundial, preconiza o acolhimento das diferenças e da diversidade no ambiente escolar. Inicialmente, defendia-se a convivência com alunos diferentes no espaço escolar, sem qualquer discriminação de portadores de deficiência física, deficiência intelectual ou doença mental. Mais recentemente, a afirmação desse direito à plena convivência no espaço escolar estende-se a outras áreas de afirmação da diversidade: orientação sexual, etnia, cor, classe econômica e social. Na prática, gestores e educadores relatam sérias dificuldades para lidar com problemas gerados no cotidiano da vida escolar. Era de se esperar que essas queixas recaíssem sobre obstáculos à aprendizagem de conteúdos. De fato, os educadores reconhecem que grande con-

---

volvimento e Deficiência Intelectual: intervenção e formação de professores por meio da metodologia da Conversação, tal pesquisa pretendia identificar sintomas da escola que comprometem um projeto prévio de inclusão, bem como intervir neles. Para tanto, foram estudados não apenas os casos de crianças com dificuldades na esfera da cognição ou da saúde mental, mas também qualquer caso ou grupo de alunos que constituíam impasses sobre as atividades de professores e sobre a educação.

tingente de crianças tem acesso à escola, mas permanece por anos frequentando as salas de aulas, sem alcançar, em números significativos e de modo satisfatório, a aquisição da leitura e da escrita ou, ainda, de princípios matemáticos e das ciências. Entretanto, na verdade, o principal problema, no caso, situa-se nas relações interpessoais, em que sobressai a violência.

O trabalho de pesquisa ora em discussão propôs-se intervir em efeitos indesejados concernentes à inclusão escolar que podem resultar em produções sintomáticas do momento atual, em resposta à própria imposição de programas que buscam tal inserção. No presente artigo, aborda-se a prática de intervenções voltadas a alunos que, além de manifestarem dificuldades de aprendizagem das mais variadas ordens, mostram, com o corpo, sintomas de comportamento descritos pelos educadores como violência verbal, com consequentes constrangimentos morais e ameaças contra professores e colegas; agressividade atuada contra o direito de ir e vir, a serviço da opressão e da coação, que interfere alterando o ambiente físico; agressividade física contra colegas e professores; e uso de drogas.

"Na relação inter-humana, ou a violência ou a fala". Nessa proposição, Jacques Lacan (1957-1958/1999, p. 471) destaca a importância da mediação simbólica nas relações humanas para remediar o fenômeno da violência. Nas situações em que a linguagem entra em declínio, reina a violência. No ambiente escolar, espera-se das relações e do projeto educativo, ambos intermediados pela linguagem, um efeito de sublimação, ou seja, de desvio das pulsões quanto ao objeto e de reorientação rumo a objetivos valorizados pela civilização. Assim, a expectativa é a de que a escola – uma das principais instituições representativas do Outro social – possa auxiliar crianças e jovens a encontrar satisfação por meio de conhecimentos produzidos pela cultura. Então, por que, nesse espaço de cultivo da fala, têm prevalecido relações caracterizadas por diversas formas de agressividade e violência, muitas vezes até em grau insuportável?

Para a abordagem desse tema, é necessário, de saída, diferenciar violência e agressividade. Na obra acima citada (Lacan, 1957-1958/1999, p. 471), Lacan dedica-se a tal tarefa, apresentando elementos precisos para essa diferenciação. E observa que a agressividade é a violência que, no plano da relação imaginária, se institui entre um sujeito e seu semelhante. O imaginário é o território da disputa e da discórdia em que, ao prevalecer, a luta entre o eu e outro – *estádio do espelho* – pode resultar em destruição. Nesse contexto, para que a relação imaginária possa ser transposta, ou seja, para que a ruína não se instaure, impõe-se a mediação do Outro da linguagem. A instauração do registro simbólico torna possível, portanto, o recalque da agressividade, mantendo-a como intenção de agressão.

Por sua vez, embora essencial à agressividade, a violência não se reduz a esta. As considerações de Lacan permitem definir a violência como estrutural e intrínseca à pulsão. É estrutural porque, nas relações inter-humanas, é o que pode produzir-se como fala. A diferença fundamental entre a fala e a violência reside, contudo, em que enquanto a primeira, por se tratar de uma articulação significante, pode ser recalcada, nunca se sabe exatamente em que medida a segunda pode processar-se mediante o mecanismo do recalque.

Em suma, o que diferencia a agressividade da violência é a possibilidade de ação do recalque: o que é da ordem da agressividade chega a ser simbolizado, captado no mecanismo do recalque, é analisável e, mesmo, interpretável pelo assassinato do semelhante, latente na relação imaginária; o que é da ordem da violência resiste à palavra. Devido à dimensão pulsional, a satisfação da violência insere-se na ordem do impossível – em outros termos, é algo que "não cessa de não se inscrever" (Lacan, 1972-1973/1975, p. 127), demanda sempre mais, traz a marca do excesso.

Conversação com professores e intervenção em sintomas de violência na instituição

A descrição da violência no ambiente escolar é posta em destaque na primeira reunião de *Conversação* que os pesquisadores propõem aos professores com o objetivo de isolar sintomas da instituição. Em contato anterior com a direção e os coordenadores pedagógicos da escola, já se tinha localizado os casos institucionais a serem foco de estudo. Mesmo assim, considerou-se fundamental dar voz aos docentes para que, em função da prática educativa – ou seja, da experiência direta dos professores com seus alunos –, essa lista inicial de alunos-problema pudesse ser reiterada e/ou modificada.

A *Conversação* nas escolas constitui um dos atuais métodos da pesquisa/intervenção de orientação psicanalítica[2]:

---

[2] A respeito de metodologias de pesquisa/intervenção de orientação psicanalítica, ver Santiago, Ana Lydia. "Entre a saúde mental e a educação: abordagem clínica e pedagógica de sintomas na escola nomeados por dificuldades de aprendizagem e distúrbios de comportamento".

> A conversação é uma prática da palavra para enfrentamento das manifestações indesejadas que produzem insucessos e fracassos. Trata-se de um dispositivo proposto por Jacques-Alain Miller em que, em detrimento de uma escuta passiva, se pretende a promoção de um debate, de uma reflexão e de uma discussão viva entre os participantes. [...] Busca-se uma mutação do falar livremente sobre os problemas. [...] O ponto de partida para as conversações é *"o que não vai bem", formulado por meio das queixas* (Santiago, 2008, p. 121; grifo do original).

Esse método oferece aos professores uma oportunidade para refletir em conjunto sobre casos difíceis vivenciados na prática escolar. Além dos problemas apontados unanimemente como enigmas em função da não aprendizagem, o maior incômodo dos docentes situa-se em turmas de jovens que, atrasados do ponto de vista da escolaridade, apresentam, ainda, comportamentos inaceitáveis. Concretizam-se, assim, situações em que as alternativas institucionais, que abrangem propostas pedagógicas de enturmação, reeducação e aplicação de programas de ensino especiais, principalmente com o objetivo de promover a aprendizagem, se mostram ineficazes.

Os professores, na *Conversação* em análise, apontam três turmas em que há incidências graves de atos de violência. Ao descreverem os problemas mais frequentes, dão-se conta de como, particularmente, reagem ao que os alunos lhes propõem, à forma de presença dos jovens na escola e, sobretudo, na sala de aula. E cada turma ganha um apelido, uma designação que, usada apenas entre os docentes, identifica os alunos em questão com o rebotalho da sociedade, o resto que a

Educação Inclusiva introduz na escola, a sobra que os projetos educacionais e sociais do Governo não conseguem absorver. Uma é chamada de *Projeto para Bandidos*; outra, de *Turma dos Doidos*; e uma terceira, de *Turma dos Pavorosos*.

Essas designações mostram a primeira forma de localização de algo que, como mencionado antes a respeito da violência, se reduz a pedaços de real que têm relação muito mais próxima com a dimensão pulsional e escapam, portanto, ao domínio da fala, restando subtendidos na relação professor/aluno, o que gera hostilidade ambiente, liberada de tempos em tempos, à revelia dos protagonistas da ação, na forma de atuação violenta. Essas ebulições de violência, ou *acting-out* convocam intervenções na rotina da ordem simbólica estabelecida na instituição escolar. E, para recolocar o comportamento no plano do ordinário, do mediano[3], solicitam de modo imperativo a decretação de novas formas de controle, normas e interdições calcadas em estatísticas sociais da violência e do fracasso da família e da educação.

Durante a *Conversação* com os professores, a explicitação desse processo defensivo de nomeação do insuportável introduzido pela Educação Inclusiva inaugura a instauração de um espaço vazio em que pode ocorrer subjetivação por parte dos educadores. Isso se verifica na sequência da "associação

---

[3] Nas turmas em que a pesquisa foi realizada, a hostilidade reiterada e recíproca era a característica da relação entre professores e alunos, fazendo parte do cotidiano escolar. Lacan deu indicações desse modo de estabelecer as relações interpessoais em seu *Seminário, Livro 21, Les non-dupes errent* (inédito), na aula de 19/3/1974. Ele designou ordem de ferro a modalidade de organização da vida que se caracteriza pela instauração de uma norma sem a possibilidade de brecha ou vacilo. Nessas situações, a normatização crescente passa a fazer parte da rotina e determina as relações em substituição ao laço social que se fundamenta no discurso e no mal-entendido da linguagem.

livre coletivizada" orquestrada pelos psicanalistas, quando, por exemplo, um docente avalia sua atitude de apelidar seus alunos como prática segregativa. O processo de nomeação assim posto em evidência de fato segrega, pois exclui a diversidade e o diferente. E pode, também, ser qualificado de defensivo, na medida em que nele ocorre uma projeção sobre o outro daquilo que, no tocante ao gozo, se identifica como inadmissível.

Como se sabe, Lacan constrói a lógica do laço social com base numa rejeição primeira quanto ao gozo. Éric Laurent esclarece que a formulação lacaniana do tempo lógico o levou a propor para toda formação humana três tempos de identificação a partir dos quais se pode pensar qualquer articulação entre o sujeito e o Outro social. E enumera esses três tempos:

1º) Um homem sabe o que não é um homem.

2º) Os homens se reconhecem entre si como sendo homens.

3º) Eu afirmo ser homem, por medo de ser convencido pelos homens de não ser homem.

Em seguida, caracteriza-os:

> Estes tempos de identificação não partem de um saber sobre o que seria ser homem e depois um processo de identificação; essa lógica parte do que não é um homem. Um homem sabe o que não é um homem. [...] Em seguida, os homens se reconhecem entre si por serem homens: eles não sabem o que fazem, mas se reconhecem como tal. Enfim, afirmo para mim que sou um homem. Aí está a questão da afirmação ou da

> decisão anexada à função da pressa, à função da angústia – por medo de ser convencido pelos homens de que não sou um deles (Laurent, 2013, p. 33).

Nessa lógica coletiva, o que interessa sobremaneira à presente reflexão sobre o processo de segregação que se produz na escola é o fato de que ela "está fundada na ameaça de uma rejeição primordial, de uma forma de racismo: um homem sabe o que não é um homem. E é uma questão de gozo. Não é um homem aquele que rejeito como tendo um gozo diferente do meu" (Laurent, 2013, p. 33; grifo nosso).

Pode-se, pois, dizer que o sintoma de violência que ocorre na escola resulta do lugar reservado ao aluno-problema, identificado como aquele que "não é um homem"; e, por isso, eu o "rejeito como tendo um gozo diferente do meu", como um resto social, inassimilável pela cultura e incorporado à escola por um programa de Educação Inclusiva, o que enfatiza a própria diferença.

Considerando-se o exemplo em pauta, a *Conversação* revela sua eficácia como metodologia de pesquisa/intervenção na medida em que possibilita abalar a consistência do discurso preestabelecido. É isso que, na visão dos autores, enseja a abertura de uma brecha no funcionamento rígido das relações sedimentadas na tensão entre a exigência de sucesso e o fracasso do resultado tanto da prática educativa quanto do projeto inclusivo.

No curso da *Conversação*, uma docente acaba por interrogar-se sobre seus próprios enunciados a respeito da escola. Ela se lembra da escolha precoce da profissão de docente, assim como da opção por lecionar justamente naquela escola, onde realizara seus estudos iniciais. Nesse caso, o espaço vazio criado pela circulação da palavra permitiu a reconciliação do sujeito com seu desejo, um desejo de criança que define o que quer ser quando crescer –"Quero ser professora!" –, bem como a escola em que deseja trabalhar – aquela que contribuiu para sua formação pessoal. Contudo, ainda na *Conversação*, a mesma professora dá testemunho de como mudou seu olhar sobre a escola e sobre os alunos desde que passou a ocupar o posto de professor da instituição. Avalia que, com base na experiência pessoal como docente, ela, em definitivo, não teria fundamentos para defender as colocações que estava fazendo. Essa retificação e consequente resgate quanto ao desejo de ser professora servem aos demais presentes como convite a uma reflexão no mesmo sentido. Assim, a "associação livre coletivizada" demonstra seu potencial de inventividade:

> Pelo menos é a ficção da *Conversação*: produzir – não uma enunciação coletiva –, mas uma "associação livre" coletivizada, da qual esperamos um certo efeito de saber. Quando tudo corre bem, os significantes de outros me dão ideias, me ajudam, e, finalmente, às vezes resultam em algo novo, um ângulo novo, perspectivas inéditas (Miller, 2003, p. 15-16).

Conversação com alunos e intervenção em ofertas de identificação

Como interromper a escala crescente em idade e em problemas que as referidas três turmas – a *dos Doidos*, a *Projeto para Bandidos* e a *dos Pavorosos* – representam para os professores? Com vistas a reintroduzir esses "restos" na estrutura instituída da escola a proposta de intervenção é a de se realizarem sessões de *Conversação* com as três turmas, começando por aquela que reunia os alunos com idade maior e, por isso mesmo, prestes a ser desligados da instituição – a turma dos Pavorosos.

Nessa turma, a maioria dos estudantes, jovens com idade entre 15 anos e 18 anos, tinha histórico de repetência no Ensino Fundamental. Cursavam, então, o primeiro ano do Ensino Médio, sem terem nível de escolaridade para tanto. Foram beneficiados por um programa educativo do Governo que visa minimizar e corrigir a distorção Idade/Ano de Escolaridade. Para participar desse programa, o aluno deve ter 15 anos ou mais de idade e, no mínimo, contar dois anos de repetência no Ensino Fundamental a partir do sexto ano desse nível. Na avaliação dos professores, esse projeto serve apenas para acelerar o processo de alunos repetentes, visto que os problemas de aprendizagem persistem inalterados. Os jovens têm conhecimento de que, por estarem incluídos no programa, não podem ser retidos e isso interfere na implicação de cada um deles na proposta pedagógica. Outra observação importante a respeito dessa turma concerne às frequentes ocorrências de agressão. Segundo os docentes, as agressões parecem ser reativas a ameaças que, por qualquer razão, os alunos sentem. Além disso, consideram que tais jovens estão na escola apenas aguardando seu desligamento por idade, quando, frequentemente, costumam cair na criminalidade. E ressaltam, finalmente, que a prática do crime já ocorre dentro da escola, em menor escala, em decorrência do uso e tráfico de drogas.

A presença dos pesquisadores na sala de aula não interfere na rotina dos alunos, que permanecem conectados a telefones celulares, escutam música e, ao mesmo tempo, conversam com seus pares. A *Conversação* é proposta e tem como ponto de partida a enunciação do sintoma que aquela turma representava para a escola. Não se informa, porém, aos alunos que aquela turma era tida como um grupo de repetentes reunidos por força de um programa do Governo – Projeto Acelerar para Vencer (PAV) – que não contava com crédito por parte dos seus professores. Contudo é o sentido dessa nomeação pelo Outro que, para abrir a conversa, se põe como pergunta à turma: "Vocês sabem o que significa PAV?".

Na circulação da palavra que se segue, ninguém fala sobre o PAV ter como objetivo retomar conteúdos perdidos e promover avanço na escolaridade, tendo-se em vista o nível em que os alunos se encontravam e considerando-se as dificuldades de aprendizagem que revelavam. Ninguém se refere, também, à queixa recorrente dos professores sobre problemas enfrentados na introdução de conteúdos novos nas aulas. Ninguém reitera, ainda, a reclamação indignada dos alunos sobre serem tratados como débeis mentais pelos docentes, que lhes apresentavam, aula após aula, nas várias disciplinas, exercícios de "cruzadinhas" para tratar de conteúdos diversos. Em vez disso, em meio a gargalhadas e protestos, os estudantes elencam alguns significados da letra "V": V de vagabundos! – "Projeto para vagabundos!", diz um; V, de vândalos! – "Vândalo é quem destrói tudo!", observa outro, não sem a desaprovação de uma aluna, que declara: "Eu não sou vândala". E a *Conversação* prossegue, pondo em destaque outros significantes que, na visão dos jovens, os identificavam perante o Outro escolar.

Por essa via, torna-se possível isolar a dinâmica de uma situação habitual[4], cuja ocorrência é, geralmente, registrada na

---

[4] Dinâmica descrita em outros artigos dos autores publicados no livro *Crianças falam! E têm o que dizer.* Belo Horizonte, Scriptum, 2013.

escola como fenômeno de violência: ao captarem, nas entrelinhas do discurso dos professores, que "a escola" os vê como "bandidos", os alunos do PAV bancam bandidos não apenas em atuações, mas também simulando tais personagens, encarnando todo um gestual que os caracteriza, aparentando-os no modo de falar e se comportar. A propósito, os estudantes declaram que, de fato, "botam terror" nos professores e na escola; "fumam mate e cheiram sal","horrorizam!".

Outro significante latente que a *Conversação* torna manifesto é o de "maconheiros". Na sala de aula, percebe-se certo culto ao "4:20" – mais especificamente, uma referência ao dia 20 de abril, em inglês, data que simboliza o Dia Internacional da Maconha. De maneira refinada, esse referente faz pressupor o usuário de maconha: no boné de um aluno, vê-se bordado "4:20"; em plena *Conversação*, antes de sair da sala, sem qualquer explicação, outro usa todo o espaço do quadro negro para escrever "4:20". Como fazer expressar-se, então, o significante do símbolo "4:20"?

Os pesquisadores iniciam a sessão de *Conversação* seguinte registrando, também no quadro negro, o *slogan* da juventude dos anos 1960-1970: "sexo, drogas e rock and roll". Em seguida, promovem uma breve exposição sobre o movimento de contracultura dessas décadas. A *Conversação*, nesse ponto, envereda para a abordagem de questões que, na época atual, tocam os jovens presentes. Eles começam a falar das implicações do uso de drogas, entre as quais enumeram: o envolvimento com o crime para sustentar o vício; o envolvimento com a droga para ultrapassar limites, tratar a inibição; o envolvimento com comércio da droga para ganhar dinheiro fácil.

Na continuidade, destacam o fato de serem vistos na escola como “drogados”. Por essa razão, consideram os professores ignorantes que não sabem diferenciar as pessoas. Além disso, revelam-se preconceituosos: “Eles julgam pela aparência”; “Acham que somos bandidos”; “Nossa turma é dos meninos maconheiros”.

Bandidos e maconheiros – eis os nomes que os identificam na escola. Bandidos e maconheiros que “botam terror!”. “Noiados” que não querem saber de nada, que só escutam música e recusam qualquer tarefa a eles proposta. Como no decorrer de uma aula qualquer, no tempo da *Conversação* o *funk* é escutado em som alto. Facção Central, Funk Ostentação, Racionais são bandas cujas letras de música falam de drogas e do envolvimento com o crime, embora também sejam “músicas que falam de gente que sofre”.

O Real do sexo: um vazio que se impõe para algo novo emergir

Em determinado momento, uma aluna observa: “Nossa turma é a turma mais difícil da escola”. Essa afirmação não passa despercebida aos pesquisadores, porque concerne justamente ao sintoma que a turma representa para a escola. Então, interrogam: “Essa fama teria relação com as duas etiquetas – maconheiros e bandidos – que identificam vocês junto aos professores?”. A “associação livre coletivizada” que se desenvolve a seguir marca uma diferenciação de ordem sexual. Os alunos reconhecem que os meninos são “noiados”, mas ressaltam que as meninas são protegidas dessa reputação. Por outro lado, afirmam, elas ganham outra fama, de pior cotação: são identificadas pelos próprios colegas como "regateiras", "assanhadas".

Os três tempos de identificação já mencionados fundamentam a análise desse fenômeno, estabelecendo uma relação entre o sujeito, às voltas com o real que a sexualidade lhe impõe, e o Outro escolar. Nesse sentido, deve-se destacar que, no tocante à sexualidade dos seres falantes, não há significante que possa definir o que quer que seja, pois, nesse caso, há apenas um não saber, um "furo" no saber: "Um homem sabe o que não é um homem". Saber "o que não é um homem" não diz nada sobre o que é um homem, esclarece Laurent no fragmento citado acima. Por isso a sexualidade faz o "furo", introduz um vazio em que cada um tem que inventar algo singular para se apresentar. A lógica coletiva funda-se na ameaça de uma rejeição primordial. Assim, "eles [os homens] não sabem o que fazem, mas se reconhecem como tal". Reconhecer-se naquilo que vem do Outro constitui uma defesa contra a angústia. A afirmação no plano do ser anexa-se à função da angústia. Do "medo de ser convencido pelos homens de que não sou um deles", medo de não ser incluído em algo maior, que é o coletivo, advém a alienação.

É preciso, contudo, considerar que no campo do Outro social cabem muitas possibilidades de afirmação: algumas têm valor e favorecem o laço social; outras acentuam a rejeição, marcando o que é incompatível com o projeto civilizatório. Geralmente, nas escolas pesquisadas pelo Núcleo Interdisciplinar de Pesquisa em Psicanálise e Educação (Nipse), as ofertas de identificação propostas pelo grupo de professores – que representa o Outro social – assemelham os jovens a uma raça inferior, subdesenvolvida e privada de cultura e saberes. Como revelam as *Conversações* desenvolvidas com professores e alunos, a nomeação da inferioridade, a assimilação dos jovens de programas de inclusão ao rebotalho da sociedade é o que configura a hostilidade em relação a esse grupo, desencadeando uma série de reações que dão corpo ao racismo e à segregação. Da parte dos jovens, a alienação desses significantes não acontece sem sacrifício do singular, sem uma medida de sofrimento, como eles mesmos puderam testemunhar em um dos encontros promovidos pela pesquisa em foco.

A introdução da sexualidade possibilita, então, que as nomeações segregativas do Outro da escola possam ser questionadas e desfeitas: "Sou 'noiado', *não!*", protesta um aluno; "'Noiado' *é quem faz uso de* crack", esclarece outro, que explica ser a maconha uma droga suave, diferente de outras que viciam e tornam a pessoa imprestável. Conseguem definir colegas a quem essa nomeação era mais adequada:

> "Noiado" namora com quem aparece; fica com aquelas meninas que, no *funk* da quadra, não se valorizam, fazem sexo para não ficarem com fama de "lero-lero". Para estas meninas, o problema de namorar com "noiado" é que ele vende a namorada. E a namorada o ridiculariza. Sou "noiado", não. Sou "juizado" (*sic*).

Assim, passam a contestar os nomes ofertados pelo Outro da escola, tomando a palavra para se apresentarem: "Sou trabalhador. É muito difícil estudar quando se é trabalhador". Manifestam orgulho em não precisar de ajuda financeira dos pais. Expressam o desgosto com a repetência. Perguntam-se por que, hoje, para eles, a escola se resume a um espaço para a prática do "zoar". Por que não há ensino? Por que os alunos não aprendem nada? Concluem que, no ambiente da escola, agem sobre o Outro e reagem a ele, esforçando-se para ser indiferentes à presença dos professores.

Referências bibliográficas

Lacan, J. (1957/1958). *O seminário, livro 5: as formações do inconsciente.* Rio de Janeiro: Jorge Zahar, 1999.

————. (1972-1973). *O seminário, livro 20: mais, ainda.* Rio de Janeiro: Zahar, 1975.

Laurent, É. O racismo 2.0. *Opção Lacaniana*, n. 67, p. 31-35, São Paulo, dez. 2013.

Miller, J.-A. Problemas de pajera, cinco modelos. In: *La pajera e el amor; conversaciones clínicas en Barcelona.* Barcelona: Eólia, 2003.

Santiago, A. L. O mal-estar na educação e a *Conversação* como metodologia de pesquisa-intervenção na érea de psicanálise e educação. In: Castro, L. R. & Besset, V. L. (Orgs.). *Pesquisa--intervenção na infância e juventude.* Rio de Janeiro: Trarepa/FAPERJ, 2008.

————. Entre a saúde mental e a educação: abordagem clínica e pedagógica de sintomas na escola nomeados por dificuldades de aprendizagem e distúrbios de comportamento. In: Freitas, R. H. de C. & Santiago, A. L. *Educação de crianças e jovens na contemporaneidade: pesquisa sobre sintomas na escola e subjetividade.* Belo Horizonte: Editora PUCMINAS, 2011.

Otoni-Brisset, F.; Santiago, A. L. & Miller, J. (Orgs.). *Crianças falam! E têm o que dizer.* Belo Horizonte: Scriptum, 2013.

Da lei edipiana à norma entre pares: as identificações nas redes sociais da internet

Nádia Laguárdia de Lima

Doutora pelo PPG da FAE/UFMG; Professora Adjunta da FAFICH/ UFMG. E-mail: nadia.laguardia@gmail.com

Resumo

Os adolescentes são os mestres das tecnologias digitais pois, situados à frente de seu tempo, exploram e dominam os mais novos recursos tecnológicos. A internet é, na atualidade, o espaço por excelência da comunicação social, do compartilhamento das informações e da livre expressão. Para a psicanálise, a adolescência é um tempo lógico de encontro com o real do sexo. Momento de separação da autoridade dos pais, quando as identificações grupais substituem as referências paternas. As redes sociais da internet operam como veículos de identificação hoje, permitindo a inserção no universo virtual/social. Através de seus escritos nas redes, os adolescentes postam fotos pessoais, se exibem, fazem confissões, declarações, vasculham a vida alheia, fazem amigos, opinam sobre qualquer coisa e buscam a aprovação do outro, tentando responder à questão que ressurge na puberdade: *Che vuoi?*

Palavras-chave: identificações entre pares; sexualidade; adolescentes; redes sociais.

Abstract

From oedipal law to the norm amongst peers: identifications on internet's social networks

Teenagers are the masters of digital technologies, for being ahead of their time, they explore and dominate the newest technological resources. The internet is, in the present days, the main space of social communication, sharing of information and free expression. For psychoanalysis, adolescence is a logical time of encounter with the real of sex. It's a time of separation from the parental authority when the group identifications override fatherly references. The internet's social networks operate as vehicles of identification today, allowing insertion in virtual/social universe. Through their writings on networks, teenagers post personal photographs, exhibit themselves, make confessions,

statements, scour the lives of others, make friends, give their opinions on anything and seek the approval of the Other, trying to answer the question that emerges at puberty: *Che vuoi?*
Keywords: peer identifications; sexuality; adolescence; social nets.

Résumé

De la loi œdipienne à la norme des pairs: Les identifications sur les réseaux sociaux de l'Internet

Les adolescents sont les maîtres des technologies numériques, situés en avance sur leur temps, ils savent exploiter et dominer les nouveaux moyens technologiques. L'internet est, en réalité, l'espace par excellence de la communication sociale, le partage d'information et la liberté d'expression. Pour la psychanalyse, l'adolescence est un temps logique de réunion avec le réel du sexe. Moment de la séparation de l'autorité parentale lorsque les identifications de groupe remplacent les références du Père. Les réseaux sociaux d'internet fonctionnent comme des vecteurs d'identité aujourd'hui, permettant l'insertion dans l'univers virtuel / social. Par leurs écrits sur les réseaux, les adolescents affichent des photographics pcrsonnelles, s'exposent, font des aveux, des déclarations, recherchent la vie des autres, se font des amis, donnent leurs opinions sur quelconque sujet et demandent l'approbation de l'autre, en essayant de répondre à la question qui émerge à la puberté: *Che vuoi?*

Mots-clés: identifications de groupe; sexualité; adolescence; réseaux sociaux internet.

A internet é, na atualidade, o espaço por excelência da comunicação social, do compartilhamento das informações e da livre expressão. Nesse universo virtual, há um intenso fluxo de palavras e imagens em que, segundo Bauman (2004, p. 52), a circulação é mais importante que a mensagem, a introspecção é substituída pela interação frenética e frívola, em que os segredos mais profundos pessoais misturam-se às listas de compras. No ciberespaço o silêncio equivale à exclusão social.

Os adolescentes são os mestres das tecnologias digitais pois, situados à frente de seu tempo, exploram e dominam os mais novos recursos tecnológicos. Para a psicanálise, a adolescência é um tempo lógico de encontro com o real do sexo. Momento de separação da autoridade dos pais, quando as identificações grupais substituem as referências paternas. As redes sociais da internet operam como veículos de identificação hoje, permitindo a inserção no universo virtual/social.

Os jovens fazem diferentes usos de seus *gadgets*, esses pequenos aparelhos digitais acoplados aos seus corpos. A comunicação frenética com o outro através das redes sociais tem substituído os encontros presenciais. Através de seus escritos nas redes, os adolescentes postam fotos pessoais, se exibem, fazem confissões, declarações, vasculham a vida alheia, fazem amigos, opinam sobre qualquer coisa e buscam a aprovação do outro, tentando responder à questão que ressurge na puberdade: *Che vuoi*?

Nas diferentes formas de escrita de si nas redes sociais os adolescentes constroem as suas ficções, tecendo as suas redes de sentido (Lima, 2014). A psicanálise nos mostra que, para além da função de comunicação, a linguagem inclui o gozo. Para Lacan (1974/2003, p. 557), "existe uma relação do gozo com o sentido", ou seja, a passagem pelo Édipo leva o gozo a adquirir uma significação fálica. Os "escritos de si" endereçados aos pares nas redes sociais podem operar como veículos de gozo, de gozo do sentido.

Mas há uma dimensão de gozo que escapa ao sentido e irrompe na puberdade, quando "a sexualidade faz um furo no real" (Lacan, 1974/2003, p. 558). O encontro com o real do sexo expõe a inexistência da relação sexual. Em *RSI* Lacan (1974-1975, p. 51) oferece uma explicação para o seu enunciado "Não há relação sexual". Segundo o autor, "quanto à relação sexual, é estritamente impossível escrever x R y sob qualquer forma, não há elaboração logicizável ou, com isso, matemizável da relação sexual". O autor comenta que não há qualquer redução possível da diferença dessas consistências para algo que se escreva de maneira a suportar, a resistir à prova da matemática, permitindo assegurar a relação sexual. No prefácio a *O despertar da primavera*, Lacan (1974/2003) aponta a adolescência como paradigmática do confronto com a não-relação sexual, com o que fura a lógica "do todo". A fantasia vacila diante da irrupção de um gozo que escapa ao sentido.

As redes sociais fazem sucesso junto aos jovens porque fisgam os seus gozos. A função do olhar como fonte de gozo é potencializada pelas tecnologias da imagem. O universo *panóptico* do ciberespaço coloca em evidência o gozo do olhar numa época em que se goza desse espetáculo no qual tudo é dado a ver (Wajcman, 2011). Há um gozo em se exibir o próprio gozo e em ver como o outro goza: "As câmeras são apontadas para os corpos para, finalmente, filmar o gozo" (Wajcman, 2011, p. 284).

As identificações nas redes sociais ocorrem frequentemente a partir de agrupamentos em torno de um gozo ou de um sintoma comum. Há uma crescente intolerância com relação às diferenças. As segregações se multiplicam no ciberespaço. Através do anonimato na internet, os jovens também fazem acusações verbais, ofendendo e humilhando pessoas. Surge o *cyberbulliyng*. O que esse uso das tecnologias digitais pelos adolescentes nos ensina sobre a contemporaneidade?

A internet no contexto contemporâneo

Lacan caracteriza a época atual como marcada pela ascensão ao zênite social do objeto pequeno *a* (1970/2003). O declínio do Ideal é acompanhado pela globalização. Os "homens estão enveredando por uma época planetária, na qual se informarão por algo que surge da destruição de uma antiga ordem social, que eu simbolizaria como império, tal como sua sombra perfilou-se por muito tempo numa grande civilização, para ser substituída por algo bem diverso e que de modo algum tem o mesmo sentido – os imperialismos" (Lacan, 1967/2003, p. 360).

Segundo Miller (2014), a dominação combinada dos dois discursos prevalentes da modernidade, o discurso da ciência e o discurso do capitalismo, tem destruído a estrutura tradicional da experiência humana. O autor destaca dois tempos na teoria lacaniana. O primeiro, da primazia do simbólico, quando o inconsciente é estruturado como uma linguagem, tempo de proeminência do Nome-do-pai na clínica e sob o ordenamento fálico da libido. Nesse momento, se buscavam as leis do significante e a relação de causa-efeito entre significante e significado. No segundo tempo, em que o real surge desprovido de sentido, *Lalíngua* denuncia a dispersão e a diversidade das línguas e o inconsciente freudiano surge como uma elucubração de saber sobre o real. O conceito de real para Lacan não é o real da ciência. Como assinala Miller, é um real ao acaso, contingente, na medida em que falta a lei natural da relação entre os sexos. É um furo no saber incluído no real. Como o sujeito se defende contra o real sem lei e fora do sentido?

Laurent (2012) considera que, diante da falha cada vez mais profunda nos semblantes, publica-se um duplo desejo segundo a lei de ferro do supereu. Por um lado, um invasivo chamado à segurança e seu corolário: a instalação de uma sociedade de vigilância com seu panóptico louco. Por outro, a fascinação por viver como uma máquina finalmente liberada dos semblantes.

Este duplo desejo dos sujeitos está presente nas redes sociais da internet. Por um lado, há uma submissão voluntária ao controle do Outro através das redes sociais. Por outro lado, observa-se um desejo de se libertar definitivamente de todos os semblantes, de "falar tudo", "de zoar todo mundo", de "ofender a quem quiser", de "se vingar", quando a internet é tomada pelos sujeitos adolescentes como um espaço sem lei, "uma terra de ninguém".

Brousse, em seu texto sobre a psicose ordinária (2009), comenta que o termo psicose ordinária, criado por Miller, é para ser tomado no contexto político no sentido da evolução das modalidades dominantes do laço social. Ele está ligado ao discurso como modo de gozo e, ao mesmo tempo, à lógica da sexuação fundada sobre o "não há relação sexual". A autora destaca que o deslocamento do eixo organizador da classificação clínica na teoria de Lacan se dá em três movimentos. O primeiro, em direção ao múltiplo, o segundo, que parte do "o" ao "um", e o terceiro que vai em direção ao *não-todo*.

No primeiro movimento, a autora descreve três mudanças:

- Do poder do nome-do-pai enquanto único significante da lei simbólica para a pluralização dos nomes-do-pai.
- Da potência de um elemento, S_1, que organiza todos os outros, para um enxame que implica uma multiplicidade de significantes não centralizados em torno de um só elemento. Trata-se de um movimento em direção ao múltiplo.
- Do nome-do-pai como o centro da estrutura subjetiva à sua qualificação como um sintoma entre outros. Há um deslocamento de um ponto central em direção a uma multiplicidade de pontos equivalentes em poder de determinação.

O segundo movimento ocorre do "o" ao "um". Da universalidade de uma classe completa e organizada (que localiza um ponto exterior ao conjunto) em direção ao indefinido à incompletude.

O terceiro movimento ocorre em direção ao não-todo. O não-todo implica a generalização da *foraclusão* e o impedimento de ser um absoluto. Ele abre à diversificação das múltiplas formas de gozo.

As especificidades da contemporaneidade podem ser pensadas a partir dos três movimentos descritos acima, em direção ao múltiplo, ao "um" e ao *não-todo*. O declínio da imagem social do mestre desde a modernidade dá lugar a uma lógica horizontal, de rede, que vai em direção ao múltiplo.

Na contemporaneidade, os sujeitos estão sós. O que orienta os sujeitos não é o Ideal, mas sim um objeto produzido pela ciência. Como adverte Brodsky (2011), as identificações ocorrem a partir de um gozo comum. Trata-se, portanto, de uma *pseudoidentificação* horizontal, sem referência a um Ideal. Temos um grupo de pessoas vinculadas por um gozo. O imperativo de gozo é acompanhado pela produção em massa de S1. Essa produção massiva de S1 pode ser chamada de "nome para tudo" (Brodsky, 2011, p. 63). Assim, o outro lado do imperativo de gozo é o "nome para tudo", algo como um fundamentalismo da nominação. A contemporaneidade não é marcada apenas pela produção de *gadgets*, mas também pelo consumo de S1. Esses nomes surgem predominantemente da ciência, ou do "oceano de falsa ciência" (Brodsky, 2011, p. 63). Assim, esses nomes comuns operam como uma espécie de infecção de gozo. No lugar do Ideal do Eu que está na origem da identificação, que gera certo ordenamento dos gozos, surge o "nomear para", que tem como uma das facetas o "ter um nome para tudo" (Brodsky, 2011, p. 66). O nome comum não identifica alguém como o nome próprio faz, pois os mantém anônimos, como os alcoólicos anônimos, jogadores anônimos, compulsivos anônimos, dentre outros.

Laurent (2003, p. 70), em "Sintoma e nome próprio", destaca que o nome próprio é o que não se traduz. Assim, a nomeação incide sobre a experiência de gozo, na medida em que lhe é acrescentada a repetição, que só depois constitui o objeto perdido: "Nessa nomeação que opera traçando uma borda de vazio, o nome, em sua própria operação, só vem marcar ainda mais a função de nomeação pura". A nomeação, segundo o autor, é distinta da significação, pois ela faz um verdadeiro furo na dimensão do sentido. O autor descreve os "quase-nomes" como os sintomas que vêm marcar o limite classificatório não como nome de um único, mas como tipo de sintoma.

Muitas pessoas se mantêm anônimas nos fóruns, grupos de discussão e comunidades da internet. Há um nome comum que agrupa os seus membros, mas que não os diferencia, como os "hiperativos", "anoréxicas", "patricinhas", "adolescentes mães", "Queer". Além disso, esse nome comum supõe um gozo comum compartilhado por todos aqueles que recebem tal nomeação. Surge uma multiplicidade de "pseudoidentificações" ou "quase-nomes" na internet. Nesse laço fundado a partir de um nome comum não há espaço para a singularidade.

As sociedades individualistas assistem à perda dos valores tradicionais, dos sentidos compartilhados socialmente e dos mitos familiares que vinculavam os seus membros em torno de um ritual ou de um valor transmitido através das gerações. A "despersonalização generalizada do Outro" (Coelho dos Santos, 2009) é acompanhada da pluralização das identidades. A internet, ao pluralizar os semblantes, multiplicando-os indefinidamente e igualando-os, acaba por invalidá-los. A internet não tem sistemas de valor, todas as mensagens se equivalem. Assim, há um descrédito com relação a todos os semblantes do saber.

O declínio dos semblantes fálicos e a multiplicidade de formas de gozo evidenciam um gozo *não-todo*, próprio à lógica feminina. Vivemos um movimento de feminização do mundo, preconizado por Miller (2006), que diz respeito ao declínio de uma lei universal com uma exceção que assegure um coletivo, próprio à lógica masculina. A feminização do mundo diz respeito a uma primazia do gozo feminino. Como o declínio do Ideal e a ascensão do objeto *a* no mundo atual incidem sobre as subjetividades? O que os adolescentes nos falam sobre os usos que eles fazem das redes sociais da internet?

Escutando as adolescentes na escola

Realizamos um trabalho de pesquisa e intervenção com adolescentes em uma escola pública de Belo Horizonte durante um semestre[1]. A proposta surgiu do convite que nos foi feito pela coordenação da escola para a criação de um projeto de intervenção junto aos adolescentes voltado para o uso das redes sociais virtuais. A demanda da escola surgiu a partir de uma série de fatos ocorridos dentro e fora da escola envolvendo os adolescentes e as redes sociais virtuais, dentre eles a postagem na internet, feita pelos alunos, de fotos, vídeos e mensagens constrangedoras de colegas e professores.

Utilizamos como metodologia a conversação de orientação psicanalítica lacaniana, um dispositivo clínico elaborado por Miller (2010), apoiado pela ética do desejo e da respon-

---

[1] O projeto de pesquisa e intervenção "Conversação na escola: adolescentes e redes sociais" foi desenvolvido em uma escola pública de B. H. O grupo de conversação mencionado neste trabalho foi conduzido pela psicóloga e mestranda em Educação Ellen Rose Fernandes Figueiredo, acompanhada pela aluna de graduação em psicologia Karina Maciel Nihari, ambas da UFMG, com supervisões semanais.

sabilização, que permite a atuação do psicanalista nas escolas, como demonstram Lacadèe (1999-2000) e Santiago (2008). A prática de conversação visa operar onde o discurso do mestre e o científico falham, mas ela só é possível no espaço escolar porque está em inter-relação com os demais discursos. A proposta de circulação da palavra visa fazer vacilar o saber prévio, abrindo espaço para a emergência das singularidades. Segundo Miller (2010, p. 88), a conversação só é possível em direção ao não sabido, ou melhor, no limite vacilante entre o que já se sabe e o que não se sabe. Nesta prática, "não se exige a exaustividade nem a coerência total".

Trabalhamos com quatro grupos de sete adolescentes, de treze anos de idade, em encontros semanais, na escola, sobre os usos que eles fazem das redes sociais da internet. Os adolescentes foram convidados a participar das conversações e tiveram liberdade de constituir os próprios grupos. Cada grupo de conversação foi conduzido por um aluno de mestrado, acompanhado por um aluno de graduação que fazia o registro das falas dos adolescentes. O trabalho foi acompanhado através de supervisões semanais pelo professor coordenador do projeto.

Nas conversações iniciais com um grupo de sete adolescentes do sexo feminino, as jovens falam sobre o uso "excessivo" que fazem dos celulares: "Não consigo ficar sem o celular", "se me tirarem o celular eu fico doida", "não desgrudo do celular", "minha vida tá toda aí", "ele é tudo pra mim". Algumas reconhecem que são prejudicadas em suas vidas diárias pela relação de dependência que estabelecem com os seus celulares. Explicam que usam as redes sociais para conversarem com os amigos, para postarem fotos, jogarem, fazerem novas amizades e marcarem encontros com os garotos. Dizem que precisam olhar a todo instante se alguém postou alguma coisa nas redes sociais, que é algo "incontrolável".

As adolescentes mostram as suas fotos pessoais que postam na internet, comentam sobre os recursos que utilizam para ficarem mais bonitas nas fotos, explicando como fazem para criar uma imagem corporal "perfeita", sem "defeitos". Descrevem os dispositivos da internet que permitem que elas modifiquem os seus corpos, adornando-os, aumentando os seios, delineando a cintura... A criação de uma imagem cada vez mais distante do corpo real as leva a adiar o encontro com os rapazes que conhecem através das redes sociais: "Ele vai ficar decepcionado quando me conhecer pessoalmente, pois eu não tenho esse corpão", "não posso me encontrar com ele agora...". A fabricação desse corpo supostamente ideal através dos dispositivos tecnológicos e sua postagem nas redes sociais parece se constituir como um recurso para adiar o encontro com o outro sexo, ou seja, como uma forma de evitar o encontro corpo a corpo.

Num primeiro momento, as adolescentes falam como uma "massa indiferenciada", de forma ininterrupta, simultaneamente, e por vezes aos berros, para superarem as vozes das demais. O clima geral é de euforia, entusiasmo e agitação. Elas falam palavrões, dão risadas, fazem perguntas, dão respostas, se movimentam, mostram fotos e abordam o tema da sexualidade de forma aberta e sem constrangimentos.

Nas conversações posteriores, as adolescentes começam a escutar mais as colegas, a falar mais e a mostrar menos as suas fotos pessoais. Na medida em que a *conversação* se consolida como um espaço de acolhimento das singularidades, as diferentes opiniões se manifestam no grupo. Uma adolescente comenta sobre um fato recente ocorrido com uma aluna da escola, que teve a sua foto "nua" publicada na internet pelo namorado e compartilhada pelos demais colegas. O constrangimento pela situação levou a aluna a sair da escola. As adolescentes descrevem outros casos semelhantes que tiveram grande repercussão na mídia, incluindo dois casos de adolescentes que se suicidaram depois da divulgação das suas fotos pessoais nas redes sociais. Quando questionadas sobre os motivos que levam as jovens a se fotografarem nuas e a enviarem as suas fotos para os namorados, as opiniões divergem. Algumas adolescentes consideram "normal" essa prática e concordam com as postagens, outras discordam. Segundo uma adolescente, elas se deixam fotografar porque confiam nos namorados, acreditam que eles não irão postar as suas fotos na internet. Outra adolescente diz que quem se fotografa ou permite ser fotografada nua sabe dos riscos da publicação da foto nas redes sociais, mas não se importa, porque "ela quer ficar famosa na internet". Algumas adolescentes explicam os motivos que podem levar um garoto a postar as fotos da namorada nas redes sociais: exibir a namorada e provar a sua masculinidade, vingar-se de uma traição ou do término do namoro.

Nas primeiras *conversações* surgem diferentes temas relacionados ao uso da internet, como as redes sociais preferidas, suas especificidades e objetivos, o que pensam sobre as práticas de segregação nas redes sociais, a violência na internet, os tipos de agrupamento (as identificações nas redes sociais), os sites "pornô", a vingança nas redes, as diferenças entre o público e o privado, os significados do "curtir" no *facebook*, as brincadeiras e as músicas compartilhadas na rede, além da fama instantânea proporcionada pela internet.

Gradativamente, as questões relativas ao corpo, à sexualidade e ao amor extrapolam o tema das redes sociais. As adolescentes falam sobre a angústia diante do encontro com o outro sexo, sobre as diferenças nos papéis sociais do homem e da mulher, sobre os namoros, o sexo, a morte e as relações familiares. No discurso da maioria das jovens, a mãe aparece como uma figura central do núcleo familiar. Algumas adolescentes não têm contato com os seus pais. Uma adolescente relata que a mãe bebe muito e que não sabe o que se passa com a filha. Outra relata muito angustiada que o pai, um policial, coloca alguém para vigiá-la, que ele lê tudo o que ela posta nas redes sociais e que está sempre desconfiado dela, pois ele não acredita em sua palavra.

Uma adolescente relata a vida sexual promíscua que mantém com adolescentes do tráfico, negando os riscos a que se expõe. Algumas adolescentes se posicionam criticamente com relação à forma como essa jovem vive a sexualidade, outras manifestam certo fascínio pelas aventuras da colega. Outra pergunta qual a idade certa para perder a virgindade. Algumas adolescentes dizem temer a "primeira vez".

O uso excessivo dos celulares, que acontecia até mesmo no espaço das conversações, gradativamente perde espaço para a palavra. Elas esperam ansiosamente pelos encontros semanais. Uma adolescente comenta que depois das conversações "começou a pensar" antes de postar qualquer coisa na rede. Outra diz que já consegue ficar sem o celular por alguns instantes, que não enlouquece mais quando é proibida pelos pais de usá-lo. O encontro semanal surge como um espaço para a reflexão sobre essa "compulsão" a postar imagens, vídeos, mensagens e fotos nas redes sociais, mas ele vai além desse objetivo. As conversações funcionam como um espaço para a palavra, para a construção de um saber possível sobre o que escapa ao sentido. Elas reafirmam a importância das conversações como o único espaço onde conversam livremente sobre o que realmente as interessa. Uma adolescente diz que aquele é o único espaço em que ela é ouvida.

No final do semestre, ao dar um retorno do nosso trabalho à escola, a direção da escola demonstra interesse pelo prosseguimento do projeto, solicitando a sua extensão para outras turmas de adolescentes da escola. A coordenadora comenta que algumas adolescentes diminuíram o uso dos celulares na sala de aula e estão menos agitadas na escola.

O que a escuta dos adolescentes nos ensina? A nossa hipótese é a de que a busca incessante de conexão com o outro, as múltiplas identificações e as postagens compulsivas nas redes sociais são respostas dos adolescentes ao desejo cada vez mais anônimo do casal parental, ao sexo que faz furo no real e aos imperativos do supereu, que surge cada vez menos velado pelo recalque, pelo Nome do pai e pelas identificações edípicas. É o que discutiremos a seguir.

O desejo anônimo do casal parental

Na modernidade a família nuclear era organizada a partir de papéis bem definidos do dos pais. A mulher geria a família nuclear, o seu papel era reduzido à maternidade, protegendo a privacidade do lar e assegurando a estrutura familiar. O homem estava no domínio público e o seu papel na estrutura familiar resumia-se ao de provedor. A pós-modernidade marca de forma radical a desconstrução da família nuclear. O uso da pílula anticoncepcional promove a liberação sexual da mulher, permitindo o planejamento e o adiamento da gravidez. Os papéis de mãe e mulher passam a ser mais diferenciados. Há uma entrada mais efetiva da mulher no mercado de trabalho, que faz com que ela passe a dividir com o homem o espaço público. A saída da mulher do espaço doméstico levou à criação de instituições para acolher as crianças. As crianças, cada vez mais novas, passam todo o dia nas instituições educacionais, que trabalham submetidas a uma lógica coletiva homogeneizante de controle e vigilância.

Lacan, em "Nota sobre a criança" (1969/2003, p. 369), nos adverte sobre a irredutibilidade de uma transmissão familiar que é da ordem de uma constituição subjetiva, e não da ordem da vida segundo as satisfações das necessidades. Ela implica a relação com um desejo que não seja anônimo. Os cuidados maternos trazem a marca de um interesse particularizado e o nome do pai é o vetor de uma encarnação da Lei no desejo. Em *R, S, I,* Lacan (1974-1975, p. 23) comenta que um pai só tem o direito ao respeito, senão ao amor, se o-dito amor, o-dito respeito, estiver père-vertidamente orientado, isto é, feito de uma mulher, objeto pequeno *a* que causa seu desejo. Assim, Lacan destaca na função do pai uma transmissão que é da ordem do desejo de um homem por uma mulher. O homem localiza na mulher o objeto *a*, causa do seu desejo. Lacan acrescenta que a função do pai é a de sintoma, para isto basta que ele seja um modelo de sua função. Ele deve ser um pai na medida em que só pode ser exceção: "Ele só pode ser modelo da função realizando o tipo" (Lacan, 1974-1975, p. 23).

Como salienta Miller, o pai não pode ser reduzido a um puro significante, não pode ser confundido com o nome-do-pai, instaurando uma ordem simbólica total e consistente, mas, ao contrário, "é preciso que ele tenha um desejo enganchado e regulado por uma fantasia cujo objeto seja ocasionalmente um gozo estruturalmente perdido" (Miller, 2013). Laurent (2007) destaca que, se ser pai é ter tido a perversão particular de se ligar aos objetos *a* de uma mulher, já que a criança é um objeto *a* da mãe, é possível pensar num entrecruzamento da pai-versão com a perversão materna. O pai deve ter um cuidado particular, chamado "cuidado paterno", com esse objeto *a*. "Trata-se de um cuidado cuja definição pode ser esta: ele faz uso da boa maneira para separar a criança da mãe" (Laurent, 2007, p. 78). "Ao ocupar essa função, o pai é um modelo da função" (Laurent, 2007, p. 78). Como adverte o autor, ser pai não é uma norma, mas um ato que tem consequências. A filiação contemporânea se refere ao desejo particularizado de que a criança é o produto.

Como aponta Laurent (2007), o "novo pacto de filiação" na família contemporânea permanece incerto, mesmo quando se insiste na necessidade de ficções reguladoras da paternidade. Se o que regia a filiação tinha um nome, o pai, a atual decomposição na multiplicidade das diferentes funções atribuídas ao pai, ou seja, essa pluralização do pai, faz pensar a relação atual com a paternidade como uma recomposição à *la carte*. Trata-se de servir-se do pai. Mas essa recomposição à *la carte* necessita de carne para subsistir. "Lacan dá um fundamento preciso a essa carne: de acordo com um duplo princípio: a existência de uma causa do desejo e o amor que ela pode autorizar" (Laurent, 2007, p. 69).

O abandono da prole pelos pais é um fato recorrente na população de baixa renda. As mães costumam ter filhos com diferentes parceiros, que frequentemente não assumem a paternidade. As mães deixam os seus filhos o dia todo nas creches e nas escolas para que possam trabalhar. Os professores se queixam de que muitas mães têm abdicado dos cuidados maternos, demandando da escola o exercício dessa função.

Nas sociedades capitalistas atuais os filhos não ocupam o mesmo lugar que ocupavam para os pais na modernidade. Muitos casais optam por não ter filhos, o que tem se convertido num grande problema para os países de "primeiro mundo". Os filhos se transformam em um peso para os seus pais, pois "os privam" de sua liberdade e de seu tempo para gozar a vida ou para investir no trabalho. Para muitas mulheres, a maternidade deve ser adiada ao máximo, em benefício da sua formação profissional. Ao planejar um filho hoje, o casal prepara uma estrutura de terceirização de cuidados à criança, que pode ser tanto uma instituição educacional ou uma equipe de babás que se alternam. O enfraquecimento da autoridade do pai faz crescer o autoritarismo de diferentes formas. O controle social e jurídico substitui os cuidados paternos na atualidade. O mesmo acontece com o controle tecnológico. As diferentes câmeras e aparelhos instalados nos diversos espaços da casa permitem escutar o choro ou visualizar a criança, mesmo estando fora de casa, substituindo-se ao olhar da mãe. A criança é hoje controlada, vigiada, mas à distância. O aumento de vigilância, paradoxalmente, corresponde ao aumento da violência contra a criança, da pedofilia, dentro e fora dos lares.

Os imperativos do supereu na contemporaneidade

O supereu para Lacan é um imperativo de gozo. Em "Televisão", Lacan (1973/2003, p. 529) destaca que a gulodice do supereu é estrutural, "não é um efeito da civilização, mas um 'mal-estar' (sintoma) da civilização". Na atualidade, há uma exigência de se gozar cada vez mais. O supereu se mostra cada vez menos velado pelo Ideal, ou seja, fora dos parâmetros simbólicos. Como resultado da feminização do mundo, vemos emergir o supereu feminino como uma instância pulsional mais próxima do real. Há uma predominância do disruptivo, sem ordenamento simbólico. Se a ciência alimenta a ilusão de que tudo se pode ver, o desejo de ver se transforma numa lei de visibilidade que se impõe a tudo e a todos, uma pulsão com força de imperativo (Wajcman, 2011).

Os sintomas dos sujeitos na contemporaneidade surgem na perspectiva do múltiplo, do "um" e do *não-todo*. É o que constatamos ao escutar as adolescentes. A busca frenética de se conectar com o outro através das redes sociais parece se constituir como respostas ao vazio do Outro na contemporaneidade. A desqualificação dos significantes mestres na atualidade provoca um caos identificatório (Laurent, 2007). A identificação é dispersa e pluralizada, o que aumenta a angústia dos jovens. Acompanhamos uma passagem da norma edipiana às normas entre os pares nas redes sociais. Cresce a intolerância com relação às diferenças, multiplicam-se as diferentes formas de segregação na rede. No seminário 21, *Les non-dupes errent*, Lacan (1973-1974: lição de 19/03/1974) destaca que, diante do declínio do pai, o social prevalece e se restitui aí uma ordem de ferro, como retorno do pai no real, provocando sua "degeneração catastrófica". Nas conversações com as adolescentes, observou-se essa intolerância com relação aos alunos considerados "diferentes" e uma posição extremamente autoritária destas jovens umas com as outras e com aqueles que manifestam opiniões divergentes.

A falta de referências tradicionais lança alguns jovens ao abandono, como destaca Lacadèe (2011). Frutos do desejo anônimo do casal parental, esses adolescentes, sem um ponto de apoio simbólico, se precipitam numa relação de gozo autista com os seus objetos de consumo. Como salienta Lacadèe (2011, p. 110), "a cultura tecnocientífica agrava o paradoxo do adolescente porque se conjuga com a instância superegoica que quer sempre mais, oferecendo objetos para satisfazer a pulsão que privilegiam as sensações corporais". Os adolescentes preferem tratar o gozo pela relação direta com o objeto de consumo, curto-circuitando o Outro. O teclar insistente dos adolescentes nas telas de seus aparelhos pode ser pensado como uma tentativa de se fisgar um gozo autista, que irrompe na puberdade.

A compulsão a postar, que leva algumas jovens a se colocarem em situações de risco, publicando fotos em que aparecem nuas, entrando em contato com pessoas desconhecidas e compartilhando suas intimidades, parece ser uma das "tentativas desajeitadas e dolorosas de se situar no mundo, de ritualizar a passagem à idade adulta e de marcar o momento em que o agir ultrapassa a dimensão de sentido" (Lacadèe, 2011, p. 57). O excesso pulsional que surge do encontro com o real do sexo parece não encontrar acolhida na cultura atual, dificultando sua integração ao laço social.

O tratamento excessivo que as adolescentes dão às suas imagens corporais nas fotos revela uma incerteza identificatória que pode ser pensada tanto como o efeito do abalo sofrido pela quebra do espelho resultante do encontro com o real do sexo, quanto pela falta de um apoio simbólico na cultura, a falta de um referente simbólico que as ajude a se defender do real. A cultura da imagem na época atual reforça a ideia de que o sucesso, a felicidade, a aceitação social e a própria existência dependem de um corpo ideal e de sua presença na mídia. Le Breton (2003) defende a hipótese de que o culto ao corpo na sociedade atual esconde um ódio ao corpo real, que lembra a finitude, a morte. Buscamos construir um corpo cada vez mais distante do corpo real, um corpo inalcançável, imortal, que escapa à castração: "a rede desobriga imperativos de identidade, livrando o indivíduo de seu corpo" (Le Breton, 2003, p. 175). O corpo é um acessório a ser retificado, um anacronismo indigno, um vestígio arqueológico que deve ser levado a desaparecer para se alcançar a perfeição tecnológica, longe da doença, da morte, da deficiência (Le Breton, 2003). Sabemos que, mesmo nas interações virtuais, o sujeito permanece preso a um corpo real, que sente fome, frio, adoece e envelhece. Além do mais, as experiências virtuais têm efeitos sobre o corpo, o afetam. Mas esse tratamento dado às fotos pessoais pelas jovens é uma forma de evitarem o confronto com a inexistência da relação sexual, adiando o encontro com o outro sexo.

A oferta da escuta às adolescentes produziu efeitos, segundo as próprias adolescentes. Cada adolescente pôde falar da própria dificuldade, nomeando-a. A palavra possibilitou dar um contorno ao excesso pulsional sem sentido, desregulado e ininterrupto, diminuindo a angústia. Algumas adolescentes comentam sobre a importância das conversações para elas: "Aqui eu falei de coisas que eu não falava com ninguém, nem com a minha mãe", "Sentimos confiança em você e no grupo. Por mais que a gente soubesse dessas coisas, a gente não conversava sobre isso". "Antes, sem celular eu me sentia 'um nada'". "Quando a gente fica sem internet é que percebe que tem pai e mãe", "Foi a melhor coisa que me aconteceu".

Referências bibliográficas

Bauman, Z. *Amor líquido: sobre a fragilidade dos laços humanos*. Rio de Janeiro: Jorge Zahar, 2004.

Brodsky, G. *Epidemias actuales y angustia.* La Clínica Psicoanalítica. Seminário Internacional. Clocción Grulla. Publicación del CIEC. Centro de Investigaciones y Estudios Clínicos. Fundación Asociada al Instituto del Campo Freudiano, 2011.

Brousse, M.-H. A psicose ordinária à luz da teoria lacaniana do discurso. *Latusa digital*, 6, 38, setembro 2009.

Coelho dos Santos, T. Sobre a clínica da psicanálise de orientação lacaniana: dos impasses da sexuação à invenção do parceiro-sinthoma. *Ágora: Estudos em Teoria Psicanalítica*, 12, 1. Disponível em <http//www.scielo.br/scielo.php?pid=S1516--149820090001&script=sci_arttex>. Rio de Janeiro, 2009.

Lacadèe, P. O *despertar e o exílio. Ensinamentos psicanalíticos da mais delicada das transições, a adolescência*. Rio de Janeiro: Contra Capa, 2011.

Lacadée, Ph. Da norma da conversação ao detalhe da conversação. In: Lacadée, Ph. & Monnier, F. (Orgs.). *Le pari de la conversation*. Institut du Champs Freudien: CIEN-Centre interdisciplinaire sur l'Enfant. Paris, 1999-2000.

Lacan, J. (1967). Alocução sobre as psicoses da criança. *Outros escritos*. Rio de janeiro: Jorge Zahar (Campo Freudiano do Brasil), 2003.

————. (1969). Nota sobre a criança. *Outros escritos*. Rio de janeiro: Jorge Zahar (Campo Freudiano do Brasil), 2003.

————. (1970). Radiofonia. *Outros escritos*. Rio de Janeiro: Jorge Zahar (Campo Freudiano do Brasil), 2003.

————. (1972-1973). *O seminário, livro 20: mais, ainda*. Trad. M. D. Magno, texto estab. por Jacques-Alain Miller. 2 ed. Rio de Janeiro, Jorge Zahar, 1985.

————. (1973). Televisão. *Outros escritos*. Rio de Janeiro: Jorge Zahar (Campo Freudiano do Brasil), 2003.

————. (1974). Prefácio a *O despertar da primavera*. *Outros escritos*. Rio de janeiro: Jorge Zahar (Campo Freudiano do Brasil), 2003.

————. (1973-1974). *Séminaire, Livre XXI, Les non-dupes errent*. Disponível em <http://gaogoa.free.fr/>.

————. (1974-1975). *Le Séminaire, Livre XXII, RSI*. Disponível em <http://gaogoa.free.fr/>.

Laurent, E. Sintoma e Nome Próprio. In: *Prática Lacaniana. Nota sobre a honra e a vergonha. Opção Lacaniana. Revista Brasileira Internacional de Psicanálise*, 38, 2003.

————. *A sociedade do sintoma. A psicanálise hoje*. Rio de Janeiro: Contra Capa, 2007.

————. A ordem simbólica no século XXI. Consequências para o tratamento. Papers n. 1. VIII Congresso Associação Mundial de Psicanálise. A ordem simbólica no século XXI. Não é mais o que era. Que consequências para a cura? 23 a 27 de abril de 2012. Disponível em <http://www.congresoamp.com/Papers/Papers-001.pdf>. Buenos Aires, 2012.

Le Breton, D. *Adeus ao corpo. Antropologia e sociedade*. Campinas, S.P.: Papirus, 2003.

Lima, N. L. *A escrita virtual na adolescência: uma leitura psicanalítica*. Belo Horizonte: Editora UFMG (Humanitas), 2014.

Miller, J.-A. *El Otro que no existe y sus comités de ética*. Seminario en colaboración con Éric Laurent. 1ª ed. Buenos Aires: Paidós, 2006.

————. A prática da conversação. In: *Conferências portenhas*. Tomo 3. Desde Lacan. Buenos Aires: Paidós, 2010.

————. O Outro sem o Outro. In: *Boletim da Escola Brasileira de Psicanálise. A Diretoria na Rede*. Disponível em <http://www.diretorianarede.com.br/orientacao/orientacao005.asp>, 2013.

————. O real no século XXI. Apresentação do tema do IX Congresso da Associação Mundial de Psicanálise. Disponível em <http://wapol.org/pt/articulos/Template.asp?intTipoPagina=4&intPublicacion=38&intEdicion=13&intIdiomaPublicacion=9&intArticulo=2493&intIdiomaArticulo=9>, 2014.

Santiago, A. L. O mal-estar na educação e a Conversação como metodologia de pesquisa-intervenção na área da psicanálise e educação. In: Castro, L. R. & Besset, V. L. *Pesquisa – intervenção na infância e na juventude*. Rio de Janeiro: Trapera/Faperj, 2008.

Wajcman, G. *El ojo absoluto*. Manantial: Buenos Aires, 2011.

Parte III

A ciência entre a lei e a norma

O sujeito da ciência e a distinção feminina*

Éric Laurent

Psicanalista, AME da École de la Cause Freudienne; Membro da Associação Mundial de Psicanálise; Doutorado 3ème Cycle – Departamento de Psicanálise Paris VIII; Professor da Seção Clínica de Paris-Saint Denis. E-mail: ericlaurent@lacanian.net

Resumo

Se a máscara do narcisismo mundano do ego é comum aos dois sexos, o que é particular à posição feminina é o narci-

* Tradução do artigo "Le sujet de la science et la distinction féminine", primeiramente publicado em: La Cause du désir, numéro 84, Navarin Editeur, maio de 2013, por Flávia Lana Garcia de Oliveira. Revisão técnica de Tania Coelho dos Santos. Nossos agradecimentos ao autor pela autorização de publicá-lo em português.

sismo do desejo, para além do amor do desejo, uma forma de desejo do desejo que, para além do falo, vem nomear a solução feminina. Lacan descreve a confluência dos dois narcisismos, do desejo e do ego, e situa a posição feminina por meio de uma formulação – que deixou em seguida de lado, antes de retomá-la a partir das fórmulas da sexuação: "entre uma pura ausência e uma pura sensibilidade". A destruição feminina se exerce muito finamente nesta diferença entre a forma dos dois corpos, o corpo narcísico e o corpo substancial. Essa destruição se manifesta também na histeria, na qual o corpo do sujeito histérico feminino faz o laço do sintoma.

Palavras-chave: ciência; feminino; depressão; gozo do corpo.

Abstract

The subject of science and the feminine distinction

If the mask of the mundane narcissism of the ego is common to the both sexes, what is particular to the feminine position is the narcissism of desire, the desire of a desire, a form of desire that, beyond the phallus, comes to name the female solution. Lacan describes the confluence of the two narcissisms, of the desire and of the ego, and situates the female position by means of a formulation – which he left aside before resuming it into the formulas of sexualization "between a pure absence and a pure sensibility". Women's destruction is exercised very finely in this difference between the form of the two bodies, the narcissistic body and substantial body. Such destruction

is also revealed in hysteria, where the body of the female hysterical subject is what ties the symptom.
Keywords: science; female; depression; enjoyment of the body.

Résumé

Le sujet de la science et la distinction féminine

Si le masque du narcissisme mondain de l'ego est commun aux deux sexes, ce que est particulier à la position féminine, c'est le narcissisme du désir qui est au-delà de l'amour du désir, une forme de désir qui vient au-delà du phallus nommer l'issu féminine. Lacan décrit la confluence des deux narcissismes du désir et de l'ego, et situe la position féminine dans une formulation qu'il laissera ensuite de côte avant de reprendre à partir des formules de la sexuation: "entre une pure absence et une pure sensibilité". La destruction féminine s'exerce très finement dans cette différence entre la forme de deus corps, le corps narcissique et le corps substantiel. Cette destruction se manifeste aussi dans l'hystérie où le corps du sujet hystérique féminin fait le lien du symptôme.
Mots-clés: la science; femelle; la dépression; la jouissance du corps.

Em seu "Ato de fundação" (Lacan, 2001a), Lacan advertia contra os efeitos de ilusão produzidos pela aliança entre o universal científico e a política, especialmente os sonhos que este universal autorizava, sonhos de condicionamento dos sujeitos absorvíveis em um conformismo sem limites. Ele contava então, em meados dos anos sessenta, com as afinidades com certas disciplinas, misturando ciências "humanas" e logo ciências para contra-atacar as ambições universalizantes de uma má política. As "ciências conjecturais" (Lacan, 2001a, p. 232) deveriam prover a fundação de recursos suficientes para sustentar o esforço da psicanálise propriamente dita, restaurada no fio cortante de seu discurso e de sua prática. Restava dar consistência a essas ciências e fazer ressoar as afinidades delas com a *práxis* da psicanálise: "faz-se necessária uma *práxis* da teoria, sem a qual a ordem das afinidades desenhada pelas ciências que chamamos conjecturais ficará à mercê desta deriva política que se alça da ilusão de um condicionamento universal" (Lacan, 2001a, p. 232).

Onde estamos hoje em relação a isso, já que as afinidades com as ciências conjecturais não demonstraram sua solidez, para além da amarração do inconsciente nas logociências? Hoje, onde estamos, no *a posteriori* do último ensino de Lacan, que situou de forma completamente diferente do texto citado as relações entre a psicanálise e as ciências, não mais a partir de suas afinidades apenas com o saber da incompletude do Outro, mas a partir do lugar do gozo que resta não inscritível no Outro, já que não há relação sexual?

Responderemos a esta questão desenvolvendo a contribuição irredutível da ciência ao singular enquanto discurso, à possibilidade mesma do acaso e da contingência. Mostraremos, em seguida, como o novo lugar dado às mulheres no discurso da civilização vem dar lugar a uma inscrição inédita da particularidade do gozo nas falhas abertas por esta contingência afirmada.

O sujeito da ciência e o acaso

O "sujeito da ciência" é um conceito proposto por Lacan como uma das consequências da ascensão ao zênite, na civilização, tanto da ciência, quanto do objeto *a*. A ciência propriamente dita surgiu na civilização no século de Gênio, o século XVII. Ela se afirmou primeiramente pela física, para em seguida penetrar em todos os domínios e em todos os aspectos desta civilização. Lacan batizou esta extensão de "desencadeamento" (Lacan, 1986) de uma ruptura com todas as cadeias com as quais o discurso do mestre havia tentado colocar limites à abordagem científica do mundo. Temos exemplos históricos destes limites impostos com o imperador da China, interditando toda produção de sal para além das cifras estabelecidas pela prática divinatória, quaisquer que fossem os argumentos dos mandarins que suplicavam pelo máximo de produção em nome da possibilidade técnica. Ou ainda, no próprio século de Galileu, quando o Estado florentino podia regrar rigorosamente as relações entre o próprio Galileu e a corporação dos construtores de fontes para tentar experiências de perfuração mais profundas.

A ruptura dessas cadeias fez com que agora o discurso da ciência seja o único que impõe seus limites ao poder. Vimos a transformação acelerada do que restava do discurso marxista na China a partir do momento em que o "ateliê do mundo" passou a ser a escola de produção técnica mais avançada. Desde que a ciência dita sua lei aos outros discursos, as consequências são duplas. Uma é propriamente a promoção do "sujeito da ciência" em todos os domínios, ou seja, um sujeito vazio de saberes anteriores ao da ciência, vazio de tradição e dos imperativos morais. Lacan sublinha uma consequência fundamental disso. O sujeito da ciência é desencarnado, isento de toda encarnação em um ou vários corpos. No momento em que se deseja encarná-lo, se produzem "obstáculos epistemológicos" (Bachelard, 1938). Para que a ciência conserve seu potencial de elucidação, ela deve manter este regime do sujeito novo, um sujeito vazio tal como é produzido pela operação da dúvida hiperbólica de Descartes. Neste sentido, o artigo de 1931 de Gödel faz valer a impossibilidade de encarnação deste sujeito em um sistema de regras formais sem que isso deixe um resto. Restam, nos sistemas formais, as proposições indecidíveis que não se podem reduzir. Especificando os limites da axiomática, Gödel (1989) precisa o impossível que inscreve nos sistemas simbólicos o puro sujeito da dedução.

O outro efeito da ciência, à parte este sujeito desencarnado, é introduzir no discurso a categoria do acaso em uma acepção inteiramente renovada. Antes da física matemática, a partir da física de Aristóteles já se funda a categoria da contingência e do acaso. É a partir da introdução da categoria da causa que se pode pensar a contingência, a *tiquê*. É preciso que haja causas discerníveis para que se possa apreender o que não obedece a elas. No livro II, capítulo 7, da *Física*, Aristóteles afirma que o físico deve considerar precisamente quatro tipos de causas: a essência, o movimento, a finalidade e a matéria. "É então manifesto que há causas, e que o número dessas causas é tal como nós o estabelecemos, já que a busca da causa abraça precisamente esse número de questões" (Aristóteles, 1990, p. 149). Em seu escrito "A ciência e a verdade", a propósito da introdução do conceito de causa material em psicanálise para qualificar a materialidade do significante, sua *motérialité**[1], Lacan coloca na epígrafe (em grego) esta citação do livro II da *Física* e sublinha: "esta física não deixa de ser marcada por um logicismo, que guarda ainda o saber e a sapiência de um gramaticismo original" (Lacan, 1966a, p. 876). Gramaticismo que deve ser escutado aí no registro da instância da letra.

Um pouco antes, no capítulo 5 do livro II, Aristóteles introduz o acidental em oposição à causa.

> Por exemplo, alguém certamente iria ao mercado para receber seu dinheiro de volta se soubesse que podia suprimir o valor de sua dívida; mas ele não foi nessa intenção; é acidentalmente que ele foi, e fez o que precisava para pegar seu dinheiro. Encontrar seu devedor e se colocar neste lugar não era para o credor nem um ato ordinário, nem uma necessidade. Aqui a finalidade, isto é, a recuperação do dinheiro, não é de modo algum uma das causas da coisa em si mesma; é um ato de preferência refletida e de inteligência; e, neste caso, dizemos que o indivíduo foi ao mercado por acaso. Mas se ele foi de propósito deliberado e para este objetivo especial, ou se ele for sempre ou muito ordinariamente para recuperar dívida, não se pode mais dizer que é por acaso que ele foi ao mercado (Aristóteles, 1990, p. 138-139).

---

* N.T.: Na língua francesa, o neologismo se serve da homofonia para aglutinar os termos materialidade (*materialité*) e palavra (*mot*).

[1] *Cf.* Lacan, J. "Conférence à Genève sur le symptôme", 1985, p. 11: "É, se vocês me permitem empregar pela primeira vez este termo, neste *motérialisme* que reside a consideração ao inconsciente".

Esta introdução desenha um trocadilho próprio do lugar da causa na ação humana.

A vida humana como consequência de uma sucessão de encontros ao acaso não se evidencia senão em relação ao lugar das causas na física da natureza. Não há acaso sem a ciência e isto se verifica mais ainda no século XVII, no momento em que a física se introduz no mundo. Uma das consequências disso será o discurso de Pascal, este grande gênio "louco", no sentido amplo que damos a este termo. Ele introduz sua aposta como a inclusão do acaso da probabilidade cifrado na existência. É o século de uma verdadeira obsessão pelo determinismo mecânico. Mas, justamente: "A Europa começou a compreender os conceitos de aleatório, de probabilidade, do acaso e da expectativa, no momento preciso de sua história em que as opiniões teológicas sobre a premonição divina se encontravam reforçadas pelos surpreendentes sucessos dos modelos mecanicistas" (Hacking, 2002, p. 27). A aposta de Pascal nos faz perceber aquilo que, da vida humana, pôde ser calculado quando o estatuto de Deus foi deslocado. Face ao silêncio do espaço infinito[2], expressão que ele inventou, ele fez a aposta numa restauração de Deus. A partir de sua teoria do cálculo das probabilidades em uma partida de jogo de azar, ele se apoia nesse Deus novo para cifrar a existência humana como um desafio.

A exigência de renúncia do Deus de Pascal, no contexto do início da cifragem da existência, implica em calcular aquilo a que o sujeito renuncia: "a aposta de Pascal [...] ilustra

---

[2] *Cf.* Pascal, B. Pensamento 206, *Pensées*, 1972, p. 105: "O silêncio eterno desses espaços infinitos me assusta".

excelentemente a relação da renúncia com o gozo na dimensão da aposta. A vida em sua totalidade reduziu a si mesma a um elemento de valor" (Lacan, 2006, p. 18). A existência do sujeito se torna então definida por este objeto precioso e cifrado ao qual é pedido que o sujeito renuncie. O sujeito não se define mais, como em Descartes, pela certeza de seu pensamento. Ele se define pela certeza do valor do que ele renuncia: "Não se trata estritamente de outra coisa, senão, justamente, do *Eu**. Passa seu tempo a se perguntar se Deus existe, como se realmente fosse uma questão. Deus é, não se tem nenhuma espécie de dúvida, isso não prova absolutamente que ele existe. A questão não se coloca. Mas é preciso saber se *Eu* existo" (Lacan, 2006, p. 103-104).

Para se chegar a isolar este acaso renovado, é preciso primeiramente que o cristianismo elimine a fatalidade antiga pela ideia de uma *natureza submissa às leis da razão divina que criou todas as coisas com ordem*[3], assim como a crítica à noção de milagre. Em seguida surge o caráter duplo deste acaso renovado pela ciência. Ao mesmo tempo que possui algumas propriedades matematizáveis, ele tem um lado imprevisível. O acaso matemático duplica, imita, o imprevisível da contingência. Ele o acompanha como sua sombra. "Há entre o acaso imitado e o acaso em estado selvagem a mesma diferença que há entre um autômato e um ser vivente" (Saint-Sernin, 1968, p. 257).

---

* N.T.: Eu no sentido de *Je* (eu em posição de sujeito do inconsciente), em contraponto a *moi* (eu como função imaginária).

[3] *Omnia creavit in pondere, et numero et mensura* (cf. Descartes, R., *Discours de la méthode*, 2000).

Técnicas de mestria do acaso

A interpretação da teoria dos jogos e de uma conjectura sobre a ação humana sofre uma inflexão decisiva no século XX. Enquanto que, para Pascal, a consideração do infinito e o fundamento da existência do *Eu* no objeto de sua perda mantinha o lugar da incerteza humana, trata-se, adiante, de expandir o regime da certeza. O sujeito, então, não é mais considerado em sua relação com o Deus de Pascal. Ele é um valor na rede em que se resolve a interação dos agentes da produção. O isolamento do indivíduo na rede, ou mesmo sua redução a um ponto na rede, pôde induzir à utopia de pensar esta civilização-rede pela via de um modelo matemático aplicado da teoria dos jogos, e por meio da redução do real do sujeito em um modelo matemático, dissolvendo este real em um cálculo sem limites. A tentação de uma abordagem cognitiva do campo psíquico é excluir o impossível dessa relação. Pela teoria dos jogos, ela tenta produzir uma teoria da decisão governada por um princípio de utilidade máxima "segundo a qual o agente escolhe, dentre as ações que lhe são abertas, a que lhe garante a probabilidade de maior utilidade [...] ponderada pelas probabilidades subjetivas, às quais ele vincula a eventualidade das consequências das diferentes ações" (Andler, Fagot-Largeault & Saint-Sernin, 2002, p. 770).

As consequências desta tentação de redução cognitiva do laço social à teoria dos jogos foram bem estudadas pelo filósofo inglês Philip Mirowski (2002). Este mostra como os modelos matemáticos utilizados pelo "complexo militar-industrial", segundo dizia Eisenhower, foram transmitidos como método de gestão da administração militar à administração civil. Quando as democracias ocidentais se confrontaram, por um lado com o modelo comunista – que até então ainda não tinha retornado ao estatuto de hipótese –, por outro lado com seus demônios internos, desigualdades e racismo, os modelos da *Rand Corporation* garantiam que mesmo em um modelo não-cooperativo um equilíbrio podia ser alcançado. A respeito disso, os modelos propostos por John Nash foram um ponto de apogeu. Um filme notável[4] colocou em imagem a luta empreendida pelo brilhante matemático para conquistar um melhor equilíbrio mental e uma relação pacificada com suas alucinações. O que este filme mostra bem é que toda teoria subjacente ao "equilíbrio de Nash" (Nash, 1996) é uma teoria propriamente paranoica. Ela assegura que, em um jogo absolutamente não cooperativo, onde cada um se encontra sozinho contra todos, um equilíbrio pode ser alcançado. Sem criar a hipótese de solidariedade alguma, de nenhuma espécie, entre os jogadores, fornecia a arma absoluta para a hipótese democrática. Mesmo em caso de caos social, de desconfiança total de cada um com cada um, um tipo de laço social foi mantido. A evaporação dos corpos em conflito das pulsões antagonistas era, aparentemente, atingida.

O esquecimento do acaso matemático como imitação do imprevisível irredutível da ação humana é uma dimensão do uso do sujeito suposto saber que nos é contemporâneo. Uma outra dimensão particular é a da biopolítica, definida

---

[4] Uma mente brilhante [Um homem de exceção], filme de R. Howard, 2001. Também será de interesse: *The trap. What Happened to Our Dream of Freedom*, série de três documentários de A. Curtis, BBC, 2007, acessível no site YouTube.

por Michel Foucault a partir da mudança no discurso do mestre, que introduziu o *welfare state* (Foucault, 2004).

O Estado-providência pode ser entendido segundo duas definições. Uma, no sentido amplo, o define como o Estado intervencionista que se institucionaliza após a Segunda Guerra mundial; a outra, em um sentido mais restrito, como aquele que intervém para assegurar o suporte coletivo das funções de solidariedade (Merrien, 1997). O Estado-providência, em suas duas acepções, carece de um giro em sua concepção de Estado moderno. Ele se afasta de suas restritas funções soberanas para se interessar pelo bem-estar social de seus cidadãos. É a passagem de um "*Vaterstaadt* no sentido hegeliano, encarnação de uma ordem paterna coercitiva, a um *Mutterstaadt* benevolente e atencioso" (Chevallier, 2007). É através de sua administração que o Estado vai efetuar essa transformação e, pela constituição de um campo regulamentar sempre mais extenso, vai ser autorizado a adotar políticas públicas concernentes ao domínio econômico e social, assim como à saúde. É a partir de 1930 que o Estado-providência se institucionaliza e se torna o meio para promover a paz social e a democracia. Os relatórios redigidos por Beveridge em 1942 e 1944, *Social Insurance* e *Allied Services* e *Full employment a free society*, vão permitir colocar sob a forma de políticas públicas as teorias de Keynes.

As crises que o modelo do Estado-providência conhece desde os anos setenta sob a pressão do choque energético, da crise do endividamento, da ascensão das ideias neoliberais apenas reforçam a nova definição do Estado. Ele não é mais somente a instância que pode enviar seus sujeitos à morte – mas a instância que garante sob a forma de "fazer viver" as populações que dele dependem. As burocracias sanitárias permanecem como o instrumento privilegiado da elaboração das novas disciplinas do "fazer viver", transformadas em políticas de saúde pública e em elaborações cada vez mais complexas das categorias nas quais se enquadra a população para melhor geri-la.

Pânico das classificações

Parece que atravessamos, setenta anos após o estabelecimento do sistema, um momento de crise dos instrumentos de classificação ou de planejamento no que concerne à saúde. Assistimos a uma tamanha multiplicação do número das etiquetas classificatórias e do número de cidadãos que caem sob estas etiquetas que o sistema parece deixar em pânico o discurso do mestre em todos os países, e por toda parte ameaçá-lo de ruína. Sabe-se da inflação dos transtornos distinguidos nas diferentes edições do DSM (*Diagnostic Statistical Manual of Mental Disorders*, publicado pela Sociedade Americana de Psiquiatria). Havia cem categorias no *DSM I*, quatrocentas no *DSM IV* e haverá quinhentas no *DSM V*. Uma regra simples consiste então em multiplicar por cem o número do index do *DSM* para obter o resultado final.

Aliás, se interessa o número de sujeitos que são classificados nessas etiquetas, o aumento delas não é menos inquietante. Uma autora muito advertida sobre a evolução dos instrumentos da medicina nos EUA, Marcia Angell, que ocupou com seu marido, o doutor Arnold J. Relman, de 1977 a 2000, as posições-chave no *New England Journal of Medicine*, até se tornar a influente editora-chefe[5], observa em um artigo particularmente impressionante do *New York Review of Books*:

> Parece que os americanos estão no meio de uma epidemia de doença mental que gera raiva, ao menos se nós a avaliamos com base no aumento do número daqueles submetidos a tratamento. O número daqueles que são considerados como suficientemente inválidos por problemas mentais para se beneficiar da renda suplementar de segurança (*Supplemental Security Income*) ou da Garantia de segurança social para o deficiente (Social security Desability Insurance) aumentou duas vezes e meia entre 1987 e 2007, de um americano em 184 para um em 76. Para as crianças, o número é ainda mais impressionante, aumentando 35 vezes nas mesmas duas décadas. A doença mental é agora a causa principal de invalidez nas crianças, bem à frente dos comprometimentos físicos como as paralisias neurológicas ou a síndrome de Down para os quais os programas federais foram criados[6].

Essa inscrição massiva das crianças de todas as idades sob as rubricas patológicas mais diversas conduziu a uma redefinição do estatuto da infância em nossa civilização. Para além das crianças, a multiplicação dos sujeitos com uma patologia tem o poder de arruinar o sistema e isso ganhou ainda mais

---

[5] *Cf.* Zuger, A. "Liberal doses of Strong cures", *International Herald Tribune*, 21 de março de 2012.

[6] Angell, M. The epidemic of mental illness: why?. *The New York Review of Books*, 23 de junho de 2011 [traduzido pelo autor].

importância, pois a crise não toca somente a Europa continental ou a Inglaterra, mas também os EUA, no mesmo momento em que se implementa o *Obamacare*. O artigo de M. Angell reúne de todo modo três comentários de publicações críticas em um mesmo relatório, publicado em duas remessas, com títulos provocantes: *The epidemic of mental illness: why?**, em seguida *The illusions of psychiatry***[7]. A crítica que ela efetua ao modelo psiquiátrico *standard* (um transtorno = um medicamento) é particularmente apropriada. M. Angell, que permanece como professora em Harvard, parte para uma guerra contra a maneira pela qual a psiquiatria universitária americana contemporânea se deixa corromper pelo *marketing* da *Big Pharma* sem exercer seu espírito crítico. Ela dá assim um eco retumbante ao livro de Irving Kirsch, *Antidépresseurs. Le grand mensonge****[8], ao de Robert Whitaker, Anatomy of a

* N.T.: "A epidemia da doença mental: por quê?".

** N.T.: "As ilusões da psiquiatria".

7 [Títulos traduzidos pelo autor]. *Cf.* Angell, M, "The illusions of psychiatry", The New York Review of Books, 14 de julho de 2001 e Angell, M., "The epidemic of mental illnesse: why?". O leitor francófono poderá ler também: Angell, M. "À qui profitent les psychotropes?", *Books*, nº 29, fevereiro de 2012, p. 25-36; Angell, M. "La corruption de la science médicale américane", *Books*, nº 4, março de 2009, publicado no dossiê "Le scandale de l'industrie pharmaceutique", p. 15-20. Seu livro *The Truth about the Drug Companies. How They Deceive Us and Do about It* foi traduzido em francês por Philippe Evin (*La vérité sur les compagnies pharmaceutiques. Comment elles nous trompent et comment les contrecarrer*, Montebello, Le Mieux-Être, 2005).

*** N.T.: "Antidepressivos. A grande mentira".

8 *Cf.* Kirsch, I. *The Emperor's New Drugs. Exploding the Antidepressant Myth*, traduzido com o título: Antidépresseurs. Le grand mensonge. Champs-sur-Marne, Music and Entertainment, Books, 2010.

Epidemic[9]... e ao de Daniel Carlat, *Unhinged. The trouble with psychiatry*[10].

Assistimos também a um certo pânico mesmo daqueles que deviam elaborar estas etiquetas no seio da poderosa Associação Americana de Psiquiatria (APA). Christopher Lane, professor da universidade de Chicago, assistiu duas reuniões de elaboração do DSM como observador durante dez anos. Além disso, ele obteve o livre acesso aos arquivos da APA e observava em 2010:

> A Associação Americana de Psiquiatria [...] sem dúvida realmente não se deu conta do que os arquivos realmente contêm, quando ela me permitiu, assim como a meu editor, a autorização ilimitada de citar tudo o que eu pudesse descobrir. Mas tudo o que eu encontrei, mais ou menos por acaso, era tão surrealista quanto inquietante – até argumentos científicos justificando o reconhecimento oficial dos novos transtornos mentais, a partir algumas vezes do comportamento de um único paciente [...]. Mesmo um menino de 5 anos coraria com as querelas das quais fui testemunha entre os universitários, discutindo quais de suas pesquisas e conclusões deveriam figurar em um dos manuais de diagnóstico mais influentes do mundo. Acompanhei

---

9 *Cf.* Whitaker, R., *Anatomy of an Epidemic. Magic Bullets, Psychiatric Drugs, and the Astonishing Rise of Mental Illness in America* [Anatomia de uma epidemia. As munições mágicas, os psicotrópicos e a surpreendente ascensão da doença mental na América], New York, Broadway Paperbacks, 2010.

10 *Cf.* Carlat, D., Unhinged. The trouble with psychiatry. A doctor's revelations about a profession in Crisis [Escangalhado. Doença na psiquiatria. As revelações de um medico sobre uma profissão em crise], New York, Free Press, 2010.

> as discussões, para as quais os eminentes psiquiatras escreviam a seus detratores ou adversários para diagnosticar neles os próprios transtornos que tentavam validar [...]. Encontrei argumentos utilizados para dar reconhecimento a transtornos mentais que faziam referência ao romance de Lewis Carroll, *Alice no País das maravilhas*, mas que davam igualmente a impressão, tal como em Alice, de ser uma queda livre em um terreno de coelhos intelectuais, ou de assistir a um *Tea Party* na casa do Chapeleiro Louco[11].

Ele denuncia o fato de que o presidente do grupo de trabalho do *DSM III*, Robert Spitzer, estabeleceu em alguns minutos os critérios de definição de dois transtornos mentais. Mesmo seus colegas, que ficaram estupefatos, não retornaram a isso. Que o gigante anglo-americano *GlaxoSMithKline* tinha gasto no ano de 2000 mais de noventa e dois milhões de dólares em uma campanha de publicidade destinada a diagnosticar a fobia social que não era mais do que ficção. A campanha era intitulada: "Imagine que você é alérgico aos outros".

Mais seriamente, ele notava como, em 2008, o *New England Journal of Medicine*, antes das publicações do Instituto nacional da saúde mental, que aconteceram em 2009, mostrava que toda a longa história de dezoito anos dos antidepressivos inibidores seletivos na captura de serotonina tinha sido tendenciosa no fato de que todos os dados negativos tinham sido deformados ou minimizados. Este fator é um dos que de-

[11] Lane, C. "Intervention de Christopher Lane pour la cérémonie du prix Prescrire 2010 et le débat organisé à cette occasion", 7 de outubro de 2010. Disponível no site: christopherlane.com.

sempenham papel importante na argumentação preocupante do número de sujeitos entrando na categoria de deprimidos. Os números publicados no fim de 2012 pela Organização mundial de saúde (OMS) afirmam que há trezentos e cinquenta milhões de deprimidos no mundo[12].

As mulheres e a depressão

Este número testemunha um quádruplo pânico do mecanismo de produção dessas etiquetas em uma confiança cega no sujeito suposto saber das burocracias sanitárias.

Sem preocupar-se com qualquer hipótese etiológica, produz-se uma compressão de uma ordem nova. O que podia ser distinguido ao longo do "continuum ansiodepressivo" entre tristeza em um polo e melancolia no outro[13] agora é integrado no mesmo transtorno.

> A palavra "depressão" recobre um conjunto heterogêneo de estados que vão de uma simples tristeza do humor aos transtornos depressivos mais graves. Os primeiros são fisiológicos, porque as emoções humanas são flutuantes, os outros são considerados como

---

[12] Nota do Centro das mídias da OMS em Genebra em 9 de outubro de 2012, "A OMS incentiva a facilitar o acesso ao tratamento da depressão e a colocar fim na estigmatização", disponível no site: www.who.int.

[13] Em oposição, podemos nos reportar ao artigo de George Dumas publicado próximo ao século XX debatendo com Jules Séglas sobre a oportunidade de separar, ou não, melancolia com ou sem delírio, para ter uma abordagem diferencial: Dumas, G, La tristesse et la joie, 1900, republicado em Hersant, Y. (s./dir.), *Mélancolier. De l'Antiquité au XXe siècle*, 2005.

> patológicos. Há uma grande variedade de transtornos depressivos: a distimia, a fase depressiva do transtorno bipolar, o episódio depressivo maior (EDM), que corresponde à depressão no sentido médico corrente. Estes EDM são eles próprios tipos variáveis em função de sua severidade, de sua característica sazonal, de sua expressão semiológica (sintomática), de sua aparição em um contexto particular (por exemplo, no pós-parto)[14].

Deve-se integrar aí aquilo que hoje é reunido nos transtornos bipolares? Qualquer que seja a resposta dada, ela apenas se acrescentará aos números da OMS.

A segunda extensão é aquela autorizada pelo desenvolvimento de ensaios clínicos aleatórios (ECR), permitindo, por um lado, uma constante extensão das indicações de emprego dos antidepressivos e, por outro, a extensão da autorização de pôr no mercado substâncias originalmente não destinadas ao tratamento da dita depressão (Pingnarre, 2001). A última extensão datada permite a extensão do Risperidal ou Risperidona, limitado durante quinze anos aos campos da esquizofrenia e dos transtornos bipolares. Para mensurar a novidade desta extensão, podemos nos referir ao livro de Andrew Lakoff[15] que descreve, de um ponto de vista sociológico, a oposição dos dois campos de medicação.

---

[14] *Cf.* Institut national de la santé et de la recherché médicale (INSERM), "Dépression", março de 2013, acessível no site: www.inserm.fr

[15] *Cf.* Lakoff, A. *Pharmaceutical reason: knowledge and value in global psychiatry*, Cambridge University Press, 2007, traduzido sob o título: *La raison pharmaceutique*, Paris, Seuil, 2008.

A terceira extensão é a da língua epidemiológica global, permitindo a adoção pelas culturas que até então eram estrangeiras da categoria de "depressão". Assim, a metáfora energética era estranha às culturas asiáticas; os países que especialmente utilizam agora a farmacopeia igual aos países ocidentais são: a China, o Japão e a Coreia. No Japão, especialmente quando esta categoria era inexistente, as pessoas se suicidavam, mas não se sentiam deprimidas. Antes do esgotamento absoluto, o *karoshi*, o *burn-out* no trabalho, poucas categorias eram acessadas. O *marketing* farmacêutico inventa a categoria de "frio da alma". Esta invenção metafórica permite acrescentar ao vocabulário comum esta descrição de si mesmo que permite distanciar a experiência da "depressão" da severidade da depressão endógena ou melancólica. O fato de que o rumor, durante os últimos anos do século XX, difundiu a suspeita de que a Princesa Imperial Masako tinha sofrido de depressão e que ela tinha sido tratada com antidepressivos tem, sem nenhuma dúvida, contribuído para tornar familiar essa nova abordagem entre os japoneses (Watters, 1010, p. 228).

Nós tocamos aí em um ponto crucial que não abordamos ainda: a disposição feminina à depressão. As três extensões da categoria da depressão consideradas até aqui não dão muita conta do gosto e do desejo que os sujeitos têm de se dizerem "deprimidos" para descrever sua resistência à pressão identificatória geral do discurso do mestre. Este defende uma "mobilização infinita" de cada uma e de cada um para ser realmente eficiente como empreendedor de si mesmo e de seus desejos. Há uma tendência a resistir a esta nova pressão conformista pela rejeição. Esta rejeição também toma formas diversas segundo as culturas. Na Europa, Alain Ehrenberg fala da "fadiga de ser si mesmo", em um livro de 1998 que possui esse título. No Japão, uma forma original de retirada é fixada em um termo que transcende todas as categorias clínicas: "Hikikomori" designa a enfermidade, a retirada. É uma patologia em que se reconhecem aproximadamente trezentas mil pessoas[16] e que inclui todos os tipos de gente. Encontrei no Japão um professor de psicanálise na Universidade que teve como colega o presidente atual da Associação Japonesa dos Hikikomoris. Esta associação milita pelos direitos dos "retirados" (Sloterdijk, 2000).

Este sujeito, que agora é presidente, fechou-se durante dez anos antes de conseguir sair disso e se fazer porta-voz dos que os perderam. Os "retirados" contariam com 70% de homens e 30% de mulheres, mas vários autores relatam uma sub-representação feminina nas estatísticas[17]. Questões semelhantes à sub-representação das mulheres poderiam ser desenvolvidas quanto à depressão no Japão (Kitanaka, 2011). Esta dificuldade de ter em conta a "depressão" ou a "retirada" feminina é grandemente devida à diferença do lugar dado aos discursos dos homens e das mulheres no Ocidente e na Ásia. O que é constatado ainda hoje[18]: que as mulheres têm duas vezes mais riscos de ter depressão que os homens já constava nas primeiras grandes classificações psiquiátricas do século XIX. Às vezes, Freud o atribui ao fracasso do *Penisneid* frente

---

[16] *Cf.* o artigo "Hikikomori" no site Wikipédia.

[17] *Cf.* Dziesinski, J. M., "*Hikikomori as a gendered issue. Analysis on the discourse of acute social withdrawal in contemporary Japan*", University of Hawai Manoa, 2004, disponível on line.

[18] Estudos e resultados, Direction de la recherche des études de l'évaluation et des statistiques (DRESS), dezembro de 2006. Acessível no site: www.doctissimo.fr.

ao rochedo da castração. Assim, escreve ele em "Luto e melancolia": "Em uma série de casos, é manifesto que ela pode ser, ela também, reação à perda de um objeto amado; nas outras circunstâncias desencadeantes, pode-se reconhecer que a perda é de natureza mais ideal. O objeto não morreu realmente, mas ele foi perdido enquanto objeto de amor (caso, por exemplo, de uma noiva abandonada)" (Freud, 1994, p. 265). E em "Análise terminável e interminável": "Em nenhum momento do trabalho analítico se sofre mais de um sentimento opressivo de repetir os esforços sem sucesso e da insidiosa impressão de que 'prega-se ao vento' do que quando queremos levar as mulheres a abandonar seu desejo de pênis como impossível de se realizar [...] desta fonte provêm os acessos de depressão grave devido à certeza interior de que o tratamento analítico não servirá em nada e que qualquer ajuda só pode trazer a doença" (Freud, 2010, p. 54).

Esta sensibilidade feminina poderá ser incluída, em Freud, pela satisfação pulsional do "masoquismo feminino". Lacan retoma a questão a partir da loucura feminina. O que quer que seja, o fato de que há ao menos duas vezes mais mulheres deprimidas que homens pesa sobre todas as tentativas de contabilização dos sujeitos que entraram na categoria. Neste sentido, podemos dizer que um fator desconhecido do aumento dos casos de depressão é a maior atenção que agora é concedida ao dizer feminino. As mulheres se fazem escutar mais, e a extensão da depressão é um efeito disso que Jacques-Alain Miller chamou da "feminização do mundo"[19]. Ela está

[19] Laurent, É., Miller, J.-A. "L'orientation lacanienne. L'Autre qui n'existe pas et ses comités d'éthique", ensino proferido no quadro do Departamento de psicanálise da Universidade Paris VIII, lição de 21 de maio de 1997, inédito.

em relação com o ilimitado, o regime do *não-todo* que estende sua influência ao próprio interior das classificações patológicas. "O simples fato da multiplicidade incompleta, inventiva, segundo a lógica de Lacan da sexuação, está já do lado do feminino", indica ele. "O múltiplo e o inventivo, a abertura do campo sintomático, isso responde muito mais à posição feminina que à posição masculina e, portanto, de uma certa maneira, isso inscreve também o declínio do viril e a promoção da lógica do não-todo que comporta multiplicidade e abertura"[20].

Estrutura da objeção feminina

Em todas as tentativas de uniformização, de "empuxo à identificação" às etiquetas forçadas propostas pelo discurso do mestre, o discurso feminino introduz uma objeção da particularidade que não pode se reduzir ao individualismo de massa. O discurso filosófico universitário americano e feminista produziu um conceito para dar conta, o de *care* (cuidado). A relação entre o feminismo e a ética do cuidado (*care*) não é óbvia porque o combate das feministas consistiu, essencialmente, em desconstruir uma representação da mulher naturalmente conduzida a cuidar dos outros, representação que contribuía para aprisioná-la nos papéis sociais tais como o de esposa e o de mãe. As críticas mais radicais destas virtudes essencialistas foram formuladas pelas feministas a partir da construção so-

---

[20] *Ibid.*, citado por Marret-Maleval, S, "Le pas-tout sans le ravage", artigo disponível on line no site: www.lacan-universite.fr.

cial do *gender*. A ética do *care* apareceu como uma retomada, através da crítica do gênero, das supostas virtudes femininas enfocando o cuidado e o concreto[21].

O cuidado (*care*) designa o centro de uma reflexão sobre o lugar da preocupação com os outros (solicitude, cuidado, coração, atenções, prevenção são alguns tantos termos que fazem imperfeitamente a polissemia da palavra *care* na ética, em oposição às éticas fundadas nos princípios abstratos. Carol Gilligan cria a noção de *care* como uma preocupação ética situada e fundada sobre a deliberação, o cuidado e a conservação da relação com as outras pessoas. Com efeito, como indica o título de seu ensaio fundador, *In a Different Voice** (Gilligan, 2008), a palavra e a relação estão no coração desta ética que se reduziria a um conjunto de preceitos abstratos aplicáveis em todas as circunstâncias. O cuidado (*care*) questiona o fundamento desta identidade moral atrelada ao gênero feminino somente, o lugar que lhe é dado na sociedade: os trabalhos realizados tentam propor uma nova ética questionando as concepções dominantes dos poderes públicos, por muito tempo pensadas exclusivamente pelos homens, e introduzem novas questões éticas na política. Cada um é, ou pode se tornar, um "ajudante"[22].

Como diz Sandra Laugier, na origem de todos esses trabalhos e em seus diferentes autores se encontra uma crítica feminista às teorias morais e políticas majoritárias, entre as quais a mais conhecida é a da justiça de Rawls. O interesse

---

[21] *Cf.* Laurent, D. "Le *care* ou... y faire", Intervenção no VII Congresso da AMP, "Semblantes e Sintoma", Paris, abril de 2010, inédito.

* N.T.: "Em uma voz diferente".

[22] *Cf.* o artigo "*Care*" [ciências sociais] no site Wikipedia.

desses críticos é de fazer aparecer no campo moral e político as vozes subalternas, até então desqualificadas. Essas vozes não são somente as das mulheres, mas de todas as categorias sociais desfavorecidas, etnizadas, racializadas, etc. "São as vozes de todas as pessoas que realizam majoritariamente o trabalho de cuidado (*care*) na esfera doméstica e na instituição de saúde, ou seja, que se ocupam praticamente mais das necessidades dos outros que das delas mesmas"[23].

Aquém da política, a ética do cuidado (*care*) tenta definir uma posição "feminina" como uma relação particular com o corpo do outro que escapa ao individualismo de massa. Do ponto de vista do discurso psicanalítico, podemos tomar essas indicações como a nomeação de um sintoma. Para nós, a particularidade da posição feminina e seu laço com a singularidade passa pelo "estilo" erotômano do amor feminino. Este implica, com efeito, que as palavras que são endereçadas ao sujeito não sejam palavras de amor em geral, mas visem "esta" mulher em particular, a partir da particularidade do amante. Este estilo erotômano se diferencia do fetichismo masculino. É se apoiando sobre este estilo fetichista, compatível com o fetichismo da mercadoria, que se solidifica o individualismo de massa. É muito mais difícil industrializar o estilo erotômano, coletivizar as palavras demandadas ao ser amado. O cuidado (*care*) é uma tentativa de generalizar a particularidade do cuidado com o outro, deixando de lado a exigência da palavra de amor.

---

[23] Laugier, S., Molinier, P., Paperman, P. "Politique du care contre société du soin", Blog de S. Laugier, Mediapart, 21 de abril de 2010.

É preciso acrescentar uma destruição a mais a essa primeira diferenciação feminina. Se o *sinthoma* em geral é um acontecimento de corpo, resta saber de que corpo (Lacan, 1966b, p. 733). Este não é o corpo especular, é antes um corpo que tem a consistência de gozo. A posição da mulher na relação com o sinthoma a deixa mais livre em relação ao corpo especular, do narcisismo. É o paradoxo do narcisismo "feminino" que Lacan preferiu chamar uma vez de "narcisismo do desejo" (Lacan, 1966b, p. 733), em um aparente oximoro.

Se a máscara do narcisismo mundano do ego é comum nos dois sexos, o que é particular à posição feminina é o narcisismo do desejo, para além do amor do desejo, uma forma de desejo do desejo que vem, para além do falo, nomear a solução feminina. Lacan descreve a confluência dos dois narcisismos, do desejo e do ego, e situa a posição feminina por meio de uma formulação que deixou em seguida de lado, antes de retomá-la a partir das fórmulas da sexuação: "entre uma pura ausência e uma pura sensibilidade" (Lacan, 1966b, p. 733). Nas fórmulas da sexuação, ele partirá da ligação feminina direta com o gozo do Outro, que a figura da mística testemunha e que faz, explicitamente, a experiência de interferência do Outro divino em seu corpo. A destruição feminina se exerce muito finamente nesta diferença entre a forma dos dois corpos, o corpo narcísico e o corpo substancial. Essa destruição se manifesta também na histeria, na qual o corpo do sujeito histérico feminino faz o laço do sintoma.

É necessário dar um passo suplementar para passar do registro do corpo histérico, no qual o corpo fala, à posição do corpo feminino como tal. Lacan desenvolve esta distinção a partir do Seminário XXIII. Lacan pode dizer em "Joyce, o sintoma": "Deixemos o sintoma no que ele é: um acontecimento de corpo ligado a que: a gente o tem [...]. Assim, os indivíduos que Aristóteles toma como corpos podem não ser nada além de sintomas, eles próprios, em relação a outros corpos. Uma mulher, por exemplo, é sintoma de um outro corpo" (Lacan, 2001b, p. 569). Essa frase define a posição feminina como "o antissintoma histérico". Essa definição da posição feminina permite diferenciá-la da histeria. Se este não é o caso, "ela permanece sintoma dito histérico [...]. Seja, paradoxalmente, por não interessá-la senão outro sintoma [...]" (Lacan, 2001b, p. 569). Era, de fato, o caso de Dora, que não estava interessada senão em outro sintoma, o de seu pai. Ela se identificava com seu pai, estava identificada com a impotência de seu pai apresentando-se afônica. Lacan continua a precisar a oposição entre corpo-indivíduo segundo Aristóteles e o corpo reduzido ao sintoma. É uma possibilidade para uma mulher, porque ela é mais livre quanto ao falo que o homem tem. "Joyce não se toma por mulher, vez por outra, senão por se consumar como sintoma" (Lacan, 2001b, p. 569). Uma mulher pode se realizar como sintoma de um corpo-outro, sem representação endopsíquica, de um corpo do lado de fora.

Esta distinção feminina, esta possibilidade de ser o sintoma de um outro corpo é um obstáculo à redução da posição feminina no individualismo de massa. O individualismo do sujeito moderno repousa sobre um *habeas corpus* particular. Não somente um *habeas corpus* jurídico, pelo qual o juiz inglês obriga aquele que detém um prisioneiro a apresentá-lo "em corpo", perante a ele, para poder ser julgado. Essa garantia é a base da regra da justiça e introduziu uma obrigação de não desaparecer com o prisioneiro, nem de torturá-lo a ponto de impedi-lo de comparecer. O *habeas corpus* do sujeito do consumo de massa repousa na crença de que este sujeito tem seu corpo como sintoma e nenhum outro. A experiência de ser o sintoma de um outro corpo se opõe, especialmente, à experiência feminina de ser o sintoma do corpo de um homem. J.-A. Miller fez a França rir dando a entender que nosso Presidente, que passa uma imagem suave, "normal", sem sintoma, tinha escolhido, por duas vezes, mulheres cujo comportamento era manifestamente fora das normas, numa dimensão que se reconhecia como sintomática de alguma coisa, sem que se pudesse pinçá-la de forma unívoca.

Esta articulação entre o corpo e o parceiro-gozo que se acha fora do corpo pode equivaler à distinção entre o orgasmo clitoridiano, localizado em um órgão, e o orgasmo vaginal, deslocalizado. Um livro recente testemunha isso que se passa quando o parceiro sexual se torna, propriamente falando, o parceiro orgasmo. Este livro apresenta a tentativa do autor de recuperar um orgasmo vaginal evanescente através de terapeutas, amantes e cirurgiões de maneira muito convincente (Wolf, 2012).

Sintomas e devastações de um outro corpo

Se as mulheres podem ser ditas sintomas de um outro corpo, o do parceiro sexual por exemplo, isso contrasta com o fato de que os homens são facilmente a *devastação* de um corpo de um outro sexo. Tudo o que agora se nomeia como "violência de gênero" ou "feminitude" testemunha o fato de que, efetivamente, os homens batem, maltratam, assassinam o corpo das mulheres. Neste sentido, a oposição entre uma mulher sintoma de um corpo e um homem devastação do corpo de uma mulher é particularmente clara.

Isso nos reenvia principalmente ao fato de que, à medida que o discurso das mulheres irrompe no discurso da civilização, as mulheres mudam as regras do jogo. Elas fazem escutar sua particularidade a partir da dessimetria dos gozos e, ao mesmo tempo, se mantêm assinantes do inconsciente. Isso é manifesto nas novas leis que foram criadas em diferentes países do mundo para proteger as mulheres e seu "acesso à fala".

Em janeiro de 2013, ao apresentar seu programa de ação, a ministra dos Direitos das Mulheres, porta-voz do governo, Najat Vallaud-Belkacem, fala da "terceira geração dos Direitos das mulheres", após o reconhecimento dos direitos civis à liberação e os direitos econômicos e sociais dos anos setenta e oitenta. Trata-se, em seguida, de definir os direitos portadores da igualdade real que constituirão a terceira geração desses direitos: a luta contra a violência de gênero, a luta contra o sexismo e contra a não igualdade real na vida cotidiana e profissional. O projeto de lei revogando no Código penal o artigo que pune o delito do recrutamento público, adotado em 28 de março no Senado, é um dos elementos da política "abolicionista" da prostituição, lutando contra os abusos infligidos ao corpo feminino. "Uma política abolicionista repousa sobre dois pilares: a firmeza penal e a inserção social [...]. A França não é um país que acolhe a prostituição [...]. Somos guiados por uma convicção, a convicção de que a prostituição é uma violência"[24].

---

[24] Vallaud-Belkacem, N. "La ministre définit les élements d'une politique abolitionniste", discurso pronunciado no Senado em 28 de maio de 2013, disponível no site do Ministério dos Direitos das Mulheres: femmes.gouv.fr.

Trata-se de um vasto empreendimento para legislar sobre o inconsciente em suas manifestações da pulsão de morte. Esta legislação talvez não produza efeitos extraordinários como esperam os promotores, porque não é fácil legislar sobre o inconsciente. É ele que se revela, bem frequentemente, o verdadeiro mestre. A pedagogia para domesticar o inconsciente encontrará seus limites. Trata-se aí de outra coisa quando isso diz respeito aos direitos fundamentais e à dignidade das mulheres. A lei que deu o direito de voto às mulheres permitiu que, quando os direitos das mulheres foram atacados – como na ocasião da última eleição americana, quando os candidatos incluíram explicitamente em seus programas a abolição do direito ao aborto e das conquistas dos anos setenta –, o voto feminino sustentassem massivamente Obama. Podemos de um lado sublinhar o limite da pedagogia das boas intenções e, ao mesmo tempo, constatar que os direitos fundamentais das mulheres agora fazem parte do discurso do inconsciente. Lacan sublinhava que os afetos e os bons sentimentos não são eternos. São as leis que fixam o limite dos bons sentimentos. De modo similar, o discurso comum pôde acolher Freud e incluir a psicanálise na "amadura dos bons sentimentos" (Lacan, 2011, p. 232).

Sobre as proposições legais que são atualmente criadas dos dois lados do Atlântico sobre a violência de gênero, podemos concluir que elas darão um lugar novo à fala feminina, com os paradoxos que observa e que vive Marcela Iacub em suas crônicas de *Libération** e em seu romance *Belle et bete*** (Iacub, 2013).

---

* N.T.: Jornal de opinião diário publicado em Paris.

** N.T.: "Bela e fera".

Essas leis testemunham a manutenção das mulheres como assinantes do inconsciente, de maneira cada vez mais próxima das leis. As leis não podem se pretender universais apenas de forma abstrata. Os direitos das mulheres reforçam o nó entre a lei e o inconsciente que se instaurou com o discurso religioso, e a relação com a lei segundo São Paulo: "Convém, com efeito, distinguir a culpa e a relação com a lei. Há uma relação do sujeito com a lei. Quanto à culpa, ela nasce sem nenhuma espécie de referência a esta lei. [...]. O passo ingênuo da dialética da relação do pecado à lei foi-nos articulado na palavra de São Paulo, a saber, que é a lei que produz o pecado" (Lacan, 1998, p. 496).

O que permanece é a culpa, a lei por sua vez deve evoluir. A consideração do inconsciente no discurso da civilização passa, no século XXI, por uma dupla separação em relação ao inconsciente abstrato. Face à deriva cientificista que fabrica para toda coisa um universal a partir da ciência propriamente dita, devemos lembrar o irredutível da contingência tal como a ciência nos fez perceber. Face ao pânico das categorias massivas no qual o discurso do mestre vem enquadrar o sujeito do inconsciente, a particularidade da abordagem feminina do gozo produz uma diferenciação, uma destruição que faz obstáculo à extensão do regime conformista do individualismo de massa.

Referências bibliográficas

Andler, D., Fagot-Largeault, A. & Saint-Sernin, B. *Philosophie des sciences*, tome II. Paris: Gallimard, 2002.

Aristóteles. *Leçons de physique*. Paris: Presses Pocket, 1990.

Bachelard, G. *La formation de l'esprit scientifique*. Paris: Vrin, 1938.

Carlat, D. *Unhinged. The trouble with psychiatry. A doctor's revelations about a profession in crisis*. New York: Free Press, 2010.

Chevallier, J. *Science administrative*. Paris: PUF, 2007.

Descartes, R. *Discours de la méthode*. Paris: Flammarion, 2000.

Ehrenberg, A. *La fatigue d'être soi. Dépression et société*. Paris: Odile Jacob, 2008.

Foucault, M. *Naissance de la biopolitique*. Cours au Collège de France (1978-1979). Paris: Seuil, 2004.

Freud, S. Deuil et mélancolie. *Œuvres complètes. Psychanalyse*, v. XIII. Paris: PUF, 1994.

————. L'analyse finie et l'analyse infinie. *Œuvres complètes. Psychanalyse*, v. XX. Paris: PUF, 2010.

Gilligan, C. *Une voix différente: pour une éthique du care*. Paris: Flammarion, 2008.

Gödel, K. *Sur les propositions formellement indécidables des* Principia Mathematica *et des systèmes apparenté I'*, *Le théorème de Gödel*. Paris: Seuil, 1989.

Hacking, I. *L'émergence de la probabilité*. Paris: Seuil, 2002.

Iacub, M. *Belle et bête*. Mayenne: Floch, 2013.

Kirsch, I. *Antidépresseurs. Le grand mensonge*. Champs-sur--Marne: Music and Entertaiment Books, 2010.

Kitanaka, J. *Depression in Japan. Psychiatry cures for a society in distress*. Princeton: Princeton University Press, 2011.

Lacan, J. La science et la vérité. Écrits. Paris: Seuil, 1966a.

————. Propos directifs pour un congrès sur la sexualité féminine. *Écrits*. Paris: Seuil, 1966b.

————. Conférence à Genève sur le symptôme. *Le Bloc notes de la psychanalyse*, n. 5, 1985.

————. Segunda conferência dada na faculdade universitária Saint-Louis em Bruxelas, em 10 de março de 1960. *Psychoanalyse*, n. 4, revue de l'École belge de psychanalyse, 1986.

————. *Le Séminaire, livre V, Les formations de l'inconscient*. Paris: Seuil, 1998.

————. Acte de fondation. *Autres écrits*. Paris: Seuil, 2001a.

————. Joyce le Symptôme. *Autres écrits*. Paris: Seuil, 2001b.

————. *Le Séminaire, livre XVI, D'un Autre à l'autre*. Paris: Seuil, 2006.

————. *Le Séminaire, livre XIX, ... ou pire*. Paris: Seuil, 2011.

Lakoff, A. *Pharmaceutical reason: knowledge and value in global psychiatry*. Cambridge, UK: Cambridge University Press, 2007.

————. *La raison pharmaceutique*. Paris: Seuil, 2008.

Merrien, F.-X. *L'État-providence*. Paris: PUF, 1997.

Mirowski, P. *Machine dreams. Economics becomes a cyborg science*. Cambridge, UK: Cambridge University Press, 2002.

Nash, J. *Essays on game theory*. Cheltenham: Edward Elgar, 1996.

Pascal, B. Pensamento 206. *Pensées*. Paris: Le livre de poche, 1972

Pingnarre, O. *Comment la dépression est devenue une épidémie*. Paris: La Découverte & Syros, 2001.

Saint-Sernin, B. Hasard. *Encyclopaedia Universalis*. Paris: Encyclopaedia Universalis S.A., 1968.

Sloterdijk, P. *La mobilization infinite. Vers une critique de la cinétique politique*. Paris: Christian Bourgois, 2000.

Watters, E. *Crazy like Us. The globalization of the American psyche*. New York: Free Press, 2010.

Whitaker, R. *Anatomy of an epidemic. Magic bullets, psychiatric drugs, and the astonishing rise of mental illness in America*. New York: Broadway Paperbacks, 2010.

Wolf, N. *Vagina, a new biography*. New York: Harper Collins books, 2012.

Da ciência do Real à escrita do Real

Marta Regina de Leão D'Agord

Psicanalista, Psicóloga, Mestre em Filosofia, Doutora em Psicologia; Professora do Depto. de Psicanálise e Psicopatologia e do PPG em Psicologia Social e Institucional e do PPG Psicanálise: Clínica e Cultura – Instituto de Psicologia – UFRGS. E-mail: mdagord@terra.com.br

Vitor Hugo Couto Triska

Psicanalista, Psicólogo, Mestre e Doutorando em Psicologia Social e Institucional (UFRGS) – Instituto de Psicologia-UFRGS. E-mail: vitortriska@yahoo.com.br

Resumo

Este trabalho apresenta o conceito de Real a partir do matematicamente impossível, colocando uma questão sobre o valor epistemológico da lógica-matemática, enquanto ciência do Real, para a psicanálise de Lacan. As fórmulas da sexuação, que apresentam a impossibilidade da relação sexual, assim como o uso da cadeia borromeana, de onde será inventado o *sinthome*, serão consideradas tentativas de escrita do Real. É através da invenção dessa ferramenta metodológica que Lacan pode relançar a questão do Nome-do-Pai e problematizá-la em relação à ordem de ferro, o que permite pensar a clínica psicanalítica na contemporaneidade e a relação da interpretação com o Real como ex-sistente ao sentido.

Palavras-chave: impossível; Real; escrita.

Abstract

From de science of the Real to the Real's writing

This paper presents the concept of Real through the mathematically impossible, raising a question on the epistemological value of logical-mathematical, the science of the Real, for Lacan's psychoanalysis. The sexualization formulas, which presents the impossibility of sexual relation, as well as the use of borromean chain, from which the *sinthome* is invented, are attempts to build the writing of the Real. It is the invention of this methodological tool that makes possible to Lacan to review the concept of the Name-of the-Father and to problematize it in relation to the order of iron. This allows the thinking of the contemporary psychoanalytic practice and the interpretation's relation with the Real as *ex-sistant* to sense.

Keywords: impossible; Real; writing.

Résumé

De la science du Réel a l'écriture du Réel

Cet travaille présente le concept de Réel par le mathématiquement impossible, en posant une question sur la valeur épistémologique de la logique mathématique, la science du Réel, pour la psychanalyse de Lacan. La construction de les formules de la sexuation, qui représentent l'impossibilité du rapport sexuel, ainsi que l'utilisation de la chaîne borroméen, qui permet l'invention du *sinthome*, sont considérées des essaies d'un écrit du Réel. C'est grâce à l'invention de cet outil méthodologique que Lacan peut relancer la question du Nom-du-Père et la problématiser dans son rapport à l'ordre de fer, ce qui permet de penser la clinique psychanalytique dans la contemporanéité et le rapport de l'interprétation avec le Réel en tant que ex-sistant au sens.

Mots-clés: impossible; Réel; écrit.

Introdução

Consideremos o Real *impossível* um conceito extraído por Lacan do campo da lógica-matemática. Entender, portanto, o impossível matemático permitirá uma compreensão de algumas fundamentais elaborações lacanianas, por vezes tão aforísticas quanto enigmáticas, como, por exemplo, a própria equiparação do Real ao impossível, assim como a impossibilidade ou não-existência da relação (*rapport*) sexual. A partir dessa questão – e de seu alcance epistemológico que coloca a psicanálise em relação com a lógica-matemática – este trabalho busca, primeiramente, lançar luz nos fundamentos do conceito de Real como impossível e, finalmente, investigar a maneira como a inserção da cadeia borromeana – uma escrita do Real? – e o conceito de *sinthome* podem servir para pensar o que Lacan chamou de *ordem de ferro*, a saber, uma modalidade de nomeação que prescindiria do Nome-do-Pai. Trata-se de algo que podemos situar historicamente? Será preciso retomar a diferença entre matemática *pura* e *aplicada* para, mais do que confirmar ou negar a hipótese histórica, contemplar o alcance dessa questão. Durante o percurso, perceberemos como Lacan introduzirá o tema da interpretação a partir da ex-sistência ao sentido, ou seja, articulada ao Real.

O Real como impossível

Considerar o lugar das ciências formais no ensino de Lacan permitirá compreender a maneira como o psicanalista propõe o Real. Com Koyré, Lacan aprendera que o real – o da física, não ainda o da psicanálise – poderia ser acessado pela precisão do método. A física galileana substituiu a realidade empiricamente conhecida por modelos matemáticos, estabelecendo a primazia da teoria sobre os fatos (Koyré, 2011, p. 77). Isso promove uma ruptura entre o conhecimento a partir da teoria – no caso, a matemática – e o conhecimento que se dá a partir da matéria. "[...] os corpos que se movem em linha reta num espaço vazio infinito não são corpos reais que se deslocam num espaço real, mas corpos matemáticos que se deslocam num espaço matemático" (Koyré, 2011, p. 186). A primazia da teoria leva Koyré a defender que "o conhecimento intelectual, e até *a priori*, é nosso único e exclusivo meio de apreender a essência do real" (Koyré, 2011, p. 191). O filósofo da ciência insiste: "A boa física é feita *a priori*. A teoria precede o fato. A experiência é inútil porque, antes de toda experiência, já possuímos o conhecimento que buscamos" (Koyré, 2011, p. 212).

Kasner e Newman, em *Mathematics and the imagination* (1940/2001), um livro contemporâneo de Lacan e provavelmente por ele conhecido, sugerem uma diferença entre matemática *pura* e a *aplicada*:

> Uma geometria que trata do espaço da experiência é matemática *aplicada*. Se ela não diz nada sobre esse espaço – se, em outras palavras, é um elemento composto de noções, elementos e classes abstratos, com regras de combinação que obedecem leis da lógica formal, é matemática *pura* (Kasner & Newman, 1940/2001, p. 114; tradução nossa).

Lacan trabalha com a cadeia borromeana ao longo de vários anos de seu ensino, buscando as mais diversas formas de construí-la, escrevê-la e desenhá-la. Há lições nas quais pouco ou nada é dito a respeito de qualquer conceito. Há também momentos em que articulações da cadeia borromeana com os conceitos ocorrem de maneira incipiente, sem se repetirem ou serem levadas adiante nas lições seguintes. Interpretamos da seguinte forma: antes de buscar uma *aplicação* da cadeia borromeana e suas variáveis à teoria psicanalítica, Lacan trabalha de maneira *pura*, isto é, investiga as particularidades de sua estrutura sem tratar do "espaço da experiência" – o que, no contexto da psicanálise, seria o campo onde se articulam os conceitos psicanalíticos. Isso significa que não espera resultados específicos, que não sabe o que pode encontrar e, tal qual Picasso, não procura – acha. Por isso sublinhamos a influência de Koyré e das matemáticas no que diz respeito à primazia da teoria sobre a experiência sensível, isto é, primeiro a investigação abstrata de acordo com as regras e leis estabelecidas, depois sua aplicação, quando ela involuntariamente se revela. Então, o espaço abstrato no qual Lacan busca incluir os conceitos psicanalíticos:

> Não descreve o espaço acessível aos nossos sentidos, o qual explicamos em termos de visão e toque. Fala de pontos que não têm dimensões, linhas que não têm largura e planos que não têm espessura – todos abstrações e idealizações que não se parecem com nada que já experimentamos ou encontramos (Kasner & Newman, 1940/2001, p. 117).

Devemos lembrar que Lacan não se apropria de saberes alheios à psicanálise sem modificá-los e fazê-los servir a objetivos aos quais não foram inicialmente designados. O real exterior ao qual a matemática pura pode ser aplicada não será o Real lacaniano. O real exterior opõe-se à abstração e, em privilegiados momentos, demonstra estar submetido a leis *a priori* encontradas matematicamente. O Real da psicanálise, em vez de externo, será interno à teoria e nomeará o impossível encontrado no próprio tecido lógico-matemático.

> O Real de que eu falo é inabordável, a não ser por uma via matemática[1]. Para situá-lo, não há outro caminho

[1] Aqui já temos uma referência à ciência galileana, e mais especificamente à origem da abordagem lógico-matemática do Real que Lacan encontrará em Frege e Cantor.

> senão [...] aquele que defino como discurso analítico [...]. Por uma hiância, a que se exprime pela temática da castração, esse discurso permite ver por onde se assegura o Real de que ele se sustenta como discurso. Para que haja discurso de analista, é necessário que uma determinada operação, chamada experiência psicanalítica, tenha feito o objeto *a* vir no lugar do *semblante* (Lacan, 2011b, p. 63-64).

Lacan observa que para demonstrar o impossível é preciso tomar o fundamento de fora: "Pour démontrer donc l'*impossible*, il faut prendre *fondement ailleurs*" (Lacan, 1973-1974/s.d.: lição de 6 de 15 de janeiro de 1974). Organizemos as referências acima: para *demonstrar* o impossível é preciso um fundamento estrangeiro e esse fundamento é a matemática, a via de abordagem do Real. O que é uma impossibilidade matemática?

Um conhecido problema matemático, considerado inclusive o mais famoso de todos, trata de tentar estabelecer a quadratura do círculo. Trata-se de um bom exemplo do que é o impossível matemático. Kasner e Newman (1940/2001, p. 68) afirmam que o impossível matemático não é como o impossível da técnica, pois este último só revela as limitações de uma época: "*Impossível* em matemáticas significa *teoricamente* impossível, e não tem nada a ver com um estado atual de conhecimento". Assim, a descoberta realizada pelo matemático alemão Lindemann, que estabelece que Pi é um número transcendental, significa também "o fim de toda esperança de provar esse problema clássico da maneira desejada [com régua e compasso]. Eis a *impossibilidade matemática*" (Kasner & Newman, 1940/2001, p. 79; nosso grifo). Sendo Pi transcendental, ele "não é a raiz de uma equação algébrica de primeiro – ou segundo – grau" (Kasner & Newman, 1940/2001, p. 79), tampouco a raiz de qualquer equação algébrica com coeficientes inteiros e, portanto, a fórmula $A = r\sqrt{\pi}$ não pode ser resolvida. "A área da mais simples de todas as figuras geométricas, o círculo, não pode ser determinada por meios finitos (euclidianos)", concluem Kasner e Newman (1940/2001, p. 80). Isso não quer dizer que ainda não sabemos resolver o problema, que ainda não possuímos o conhecimento ou a técnica para tanto, mas que descobrimos uma impossibilidade incontornável dentro da própria matemática.

Associar o Real ao que é matematicamente impossível, o que *não cessa de não se inscrever*, não é caracterizá-lo como aquilo que ao Simbólico escapa, mas como uma impossibilidade irredutível no próprio Simbólico. O Real é o impossível que o próprio Simbólico encontra, de maneira correlata ao impossível que a matemática encontra no problema da quadratura do círculo. São numerosos os usos de ferramentas formais na obra de Lacan que buscam demonstrar isso. É preciso novamente lembrar que Lacan se apropria dessas ferramentas, isto é, não obedece às leis "naturais" nas quais elas foram concebidas e as faz servir para seus próprios fins. Na topologia das superfícies, por exemplo, é possível construir um *cross-cap* no espaço tridimensional, mas será apenas uma representação imperfeita desse objeto, pois ele tem quatro dimensões e é impossível reduzi-lo a três. O objeto material não respeitará a estrutura real do *cross-cap*, ou seja, as relações de continuidade do conjunto de pontos não podem ser mantidas em três dimensões. Da mesma maneira, podemos desenhá-lo sobre um plano bidimensional qualquer, como uma folha de papel, inclusive apontando esquematicamente com setas os pontos por onde as linhas devem se interpenetrar, expressando como seria a estrutura desse objeto quadridimensional. Ainda que esquematicamente representado em duas dimensões ou construído materialmente em três, é *impossível* criar uma imagem adequada do *cross-cap*, um objeto essencialmente abstrato. O Real é o nome de uma impossibilidade, e Lacan busca apoio nas mais diversas ferramentas formais para tentar demonstrá-la.

O fato de Lacan lidar com abstrações não significa que não esteja tratando de ideias muito precisas. A matemática, por lidar de maneira precisa com entes abstratos – nossos mais conhecidos são os próprios números –, serve a Lacan como uma ferramenta ideal para trabalhar os conceitos psicanalíticos, igualmente abstratos e não-substanciais. A afirmação da não-existência da relação sexual encontra suporte justamente nas fórmulas da sexuação – a maneira de escrita lógico-matemática encontrada por Lacan para demonstrar a impossibilidade inerente do encontro entre homem e mulher (que são aqui entidades lógicas, não gêneros). Não há relação sexual porque, em tudo o que é da ordem do sexo, há a mediação do semblante, isto é, do que "é chamado" um homem ou uma mulher.

Assim, o impossível de suportar seria lido como a inexistência da relação sexual, a inexistência de uma proporção entre os gozos. Não pela diferença sexual, enquanto diferença entre os sexos, mas pelo desencontro entre o Real do sexo e suas formas simbólicas, isto é, os semblantes de homem e mulher. É desse hiato entre o Real e o Simbólico que Lacan se ocupava quando se encontrou com a cadeia borromeana, que lhe serviu como um anel no dedo, tal como ele nos relata no *Seminário 19*, "... ou pior", em 09/02/72.

A castração também será comparada à estrutura de uma lógica. É nisso que o conceito matemático de uma operação de gerador (Lacan, 2011b, p. 65). O Falo será esse operador. Também a linguagem escrita se importa com operadores, tanto é que se usam os três pontos como "o que marca ou cria um lugar vazio" (Lacan, 1971-1972/2012, p. 11). A comparação que Lacan realiza é com a operação de castração, que instaura o objeto *a* neste vazio, a falta. Mas é um vazio enquanto semblante, o oco, o conjunto vazio em linguagem matemática. A relação entre o operador lógico, o falo que cria a falta, e o quantificador universal, "para todo", delimita que para todos os elementos postos em relação pelo enunciado o operador atuará. Essa relação universal com a falta é comparada ao que, em lógica, é o "necessário".

Assim, encontramos no Seminário *Les non-dupes errent* (1973-1974/s.d.), as seguintes proposições elaboradas a partir de uma leitura da lógica por Lacan.

Necessário: é o que não cessa de se escrever (*ce qui ne cesse pas de s'écrire*). A referência fálica como semblante da castração.

Possível: é o que cessa de se escrever (*ce qui cesse de s'écrire*). É aqui que Lacan situa *lalangue*, quando tudo é possível pelas palavras, mas com a condição de que não haja mais sentido.

Impossível: o que não cessa de não se escrever (*ce qui ne cesse pas de ne pas s'écrire)*. A relação sexual como o que não existe.

Contingente: é o que cessa de não se escrever. O falo, como causa do desejo, é uma contingência. "A experiência analítica cessa de não escrevê-lo" (Lacan, 1972-1973/1985, p. 126). "A aparente necessidade da função fálica se descobre ser apenas contingência" (Lacan, 1972-1973/1985, p. 127).

Nas proposições acima, há um corte entre o que se fala, *lalangue*, e o que se escreve, a letra. Tanto o impossível como o necessário articulados logicamente são abordados pela letra e não pela fala (Lacan, 1973-1974/s.d.: lição de 08 de janeiro de 1974). Enquanto o que se fala pode perder o sentido, o que está escrito não tem sentido. Por isso, ele vai ser tratado como borda ao Real.

A escrita do Real

Nessa busca de aproximar método de acesso ao Real com o Real mesmo, Lacan iniciara, desde o *Seminário 18, De um discurso que não fosse semblante*, um estudo da letra, distinguindo-a do significante. "A escrita, a letra, está no real, e o significante, no simbólico" (Lacan, 1971/2009, p. 114). Essa definição nos remete ao movimento de encadeamento do Simbólico sobre o Real e do Real sobre o Simbólico. A letra é a relação do Simbólico sobre o Real, restando a letra como marca, como efeito do simbólico no Real. Já o significante é o resto do Real no Simbólico, o ressoar, por exemplo, o que continua sempre no mesmo lugar, essa mesma fala que poderá continuar a ser escutada, esse resto de Real no Simbólico.

Esse objeto *a* extraído, esse rombo, é o que fornecerá o enquadre para a realidade, para a tela, ou seja, resta uma borda. Em nota de rodapé acrescentada ao escrito "De uma questão preliminar a todo tratamento possível da psicose", Lacan observara que o sujeito barrado do desejo suporta o campo da realidade, o qual se sustenta aqui pela extração do objeto *a*, que no entanto lhe fornece o enquadre. Por isso a topologia de superfícies. O não encontro entre desejo e demanda equivale à extração do objeto *a* na estrutura clínica que engloba neurose e perversão. A não extração do objeto *a* equivaleria, estruturalmente, à psicose.

Essa borda será agora nomeada de letra. Paradoxalmente, os dois "não cessa", a saber, o necessário da castração e o impossível da relação sexual, serão abordados pela letra, pelo matema, pelo que pode ser lido. "A formalização matemática é a escrita, mas que só subsiste se eu emprego, para apresentá-la, a língua que uso" (Lacan, 1972-1973/1985, p. 161).

O conceito de necessário, em Lógica, será traduzido como o que não cessa de se escrever (Lacan, 1972-1973/1985). Em oposição, o impossível, enquanto Real, será o que não cessa de não se inscrever, ou seja, está sempre se dando, mas nunca se inscrevendo. Podemos comparar ao trajeto por uma superfície tal como uma Banda de Moebius. Dado o Real da superfície moebiana, a qual, segundo as convenções topológicas, é não orientável, um ser infinitamente plano que sobre ela se deslocasse não teria balizas que permitissem constatar definir sua localização ou o sentido de seus movimentos. Um corte específico, porém, modificaria a estrutura topológica da superfície, tornando-a orientável. O corte – simbólico – revela a estrutura da superfície ao mesmo tempo que a modifica.

Encontramos essa questão metodológica quando pensamos nas estruturas clínicas, as quais seriam confundidas com entidades existentes (ônticas). Esquece-se que são metodológicas, isto é, um método para a escuta da transferência: se há ou não falta no Outro. É pela topologia que conhecemos o inconsciente. Estabelece-se, assim, que a teoria das estruturas não é uma classificação de tipos clínicos cuja existência independe dessa teoria. Da mesma forma, a topologia não é um modo de demonstração dos conceitos psicanalíticos, mas um modo de inventá-los.

A escrita do Real em Joyce

A cadeia borromeana vai ser o suporte, no sentido figurado e literal, para a escrita do Real nos anos derradeiros de seu ensino. Em 1974, no *Seminário 21*, *Les non-dupes errent*, Lacan explicita que a cadeia borromeana é como um modo de escrita, um presentificar o Real, pois somente a escrita suporta o Real:

> É do lado da escrita que se concentra o que eu tento interrogar como isso que é do inconsciente quando eu digo que o inconsciente é alguma coisa no Real. De outro lado, eu disse saber, mas eu sublinhei que essa dimensão do saber toca as bordas do Real, que é apreender, brincar com isso que eu chamarei de os vincos, as bordas do Real, é por isso que acredito que somente a escrita suporta como tal esse Real (Lacan, 1973-1974/s.d.: lição de 21 de maio de 1974)[2].

[2] A tradução é nossa a partir do registro do *Seminário 21* de Lacan, *Les non-dupes errent* (1973-1974), [inédito], disponível em staferla.free.fr.

Chegamos a um marco metodológico: a cadeia borromeana como escrita do Real articula dois propósitos em continuidade um com o outro. De um lado, mostrar o inconsciente sem recorrer a uma representação; de outro lado, mostrar como a psicanálise opera, sem recorrer a uma interpretação. No Seminário R.S.I. (1974-1975), Lacan convida seus alunos a serem *dupes* do enlace borromeano, a se deixarem levar pela cadeia borromeana. Ele próprio o faz, não deixando de se equivocar, sendo *dupe* da cadeia borromeana, ensaiando formas diferentes de enlaçar. É nesse sentido que comparamos a investigação teórica lacaniana com a da matemática pura, no sentido de que se deixa percorrer o conhecer as particularidades da estrutura topológica para que alguma aplicação se revele.

Acompanhamos então uma novidade no campo da psicopatologia. Se a heresia de Joyce era contra o catolicismo, a heresia de Lacan se manifesta contra a instituição, incluindo aquela que implica na separação diagnóstica entre neurose e psicose. Para dar conta da experiência analítica, a sua heresia será a de propor, pela escrita da cadeia borromeana, um *se nouer autrement* (enodar-se de outra maneira): "Enodar-se de outra maneira, é isso que faz o essencial do complexo de Édipo e é precisamente nisso que opera a análise ela mesma" (Lacan, 1974-1975/s.d.: lição de 14 de janeiro de 1975)[3].

O encontro faltante entre o sujeito e o Outro era apresentado topologicamente, através de dois toros enlaçados, no *Seminário A identificação*, de 1961-1962. Essa era uma descri-

---

[3] A tradução é nossa a partir da versão disponível em staferla.free.fr: *Se nouer autrement, c'est ça qui fait l'essentiel du complexe d'OEDIPE, et c'est très précisément ce en quoi opère l'analyse elle-même.*

ção do funcionamento da estrutura clínica da neurose, mostrando que a demanda do Outro era traduzida como desejo inconsciente no sujeito. A inserção da cadeia borromeana no ensino lacaniano não trata de apresentar novas imagens que apenas apresentem os já conhecidos conceitos sem modificá-los, mas opera relançando questões e produzindo novos conceitos. As estruturas clínicas neurose, psicose e perversão, por exemplo, caracterizadas a partir do conceito Nome-do-Pai, têm sua consagrada articulação posta em questão diante da invenção dos conceitos de *sinthome* e *père-version*.

Lacan destaca os modos de encadeamento entre o Real, o Simbólico e o Imaginário. Os três enlaces se sustentam na forma de "ao menos dois encadeados por um terceiro" ou um a-mais. O Real é esse terceiro que sempre está lá, o gozo do qual nos separamos, seja porque é expropriado, seja porque é inacessível. Não se trata de impedir ou ordenar o gozo, pois o gozo é o que se produz no encadeamento, o qual ainda se mantém de diferentes formas: o neurótico amarra os nós com o inconsciente e a sexualidade, enquanto que o psicótico amarra com o ego. Assim, Lacan fará do encadeamento borromeano uma escrita do Real enquanto gozo do sem sentido. O Real é o mesmo. O que muda é a forma como se goza do sem sentido: literalmente ou equivocadamente.

Gozar do sem sentido literalmente é esvaziar o sentido das palavras, por exemplo repetindo-as, como fazia o personagem de Stephen Herói: "Ele as repetia para si mesmo até que perdessem todo significado corriqueiro e se tornassem vocábulos fantásticos" (Joyce, 2012, p. 23). Gozar do sem sentido enquanto equívoco é se deixar parasitar pelo gozo fálico. Extrair das palavras o gozo é calcinar o terreno do Outro. O que seria um parasita, isto é, uma palavra imposta, ou seja, as palavras que vêm do Outro, poderá ser tomado equivocadamente: este será o trabalho de uma psicanálise.

A operação de um outro enodamento é também o que Lacan extrairá de sua análise da obra e da biografia de Joyce. Sua leitura pode ser assim resumida: a obra de Joyce escritor teria sido como um novo enodamento na vida de Joyce. Mas esse estudo da obra não é sem efeitos para o pesquisador Lacan, que mostra que também aprendeu com Joyce a brincar com as línguas.

Assim, encontramos um uso do método joyceano na busca por um "matema que não seja bilíngue", tal como declara Lacan aos participantes de sua escola na Jornada sobre o matema em novembro de 1976, quando ele antecipa o matema que fornece o título para o Seminário que iniciaria em alguns dias: *L'insu que sait de l'une-bévue s'aile à mourre*. Passa também a buscar um conceito de inconsciente que não se esgote na interpretação; pelo contrário, busca o resto não interpretável, o fora do sentido.

O *Seminário 24*, 1976-1977, é parte dessa trajetória de uma escrita do Real. Essa busca se iniciara com a concepção de matema enquanto o que é passível de transmissão escrita ou o que pode ser universalmente lido. Antes de iniciar este Seminário, Lacan escrevera sobre a diferença entre inconsciente e sentido (interpretação). Abaixo os textos em francês e português:

> Quand l'esp d'un laps, soit puisque je n'écris qu'en français: l'espace d'un lapsus, n'a plus aucune portée de sens (ou interprétation), alors seulement on est sûr

> qu'on est dans l'inconscient. On le sait, soi (Ornicar?, 1977, nº 12/13).
> Quando o esp de um laps – [NÃO É ou seja É SEJA!) – visto que só escrevo em francês, o espaço de um lapso – já não tem nenhum impacto de sentido (ou interpretação), só então temos certeza de estar no inconsciente. O que se sabe, consigo (*Outros escritos*, p. 567).

Poderíamos traduzir essa parte final do texto em francês, *On le sait, soi*, por um simples: "Se sabe" de modo a destacar que esse "se" não aponta para um sujeito gramatical, mas para a ausência de sujeito. Teríamos um verbo, saber, sem agente e também sem objeto. Considerando que o Real inconsciente não é pleno, apesar de nada lhe faltar.

Esse é o contraintuitivo do conceito de Real. Lacan observou em certo momento, essa dificuldade: "Diz-se que o real é sempre pleno. Eu nunca disse isso. O que eu disse é diferente. É que ao real não falta nada" (Lacan, 1962-1963/2007, p. 205).

O que não se supõe se inventa: o fazer aí com seu sintoma

Com a cadeia borromeana, foi possível ir mais longe do que o circuito gozo, corpo e morte associados ao Real, Imaginário e Simbólico, respectivamente. Lacan mostra que o próprio Real é três: gozo, corpo e morte enquanto enodados por esse impasse inverificável do sexo[4]. A equiparação de Real,

---

[4] Lacan, J. *Les non-dupes errent* (Seminário inédito), 12/03/74: "os três do Real, na medida em que o *Real* é ele mesmo três, a saber: o gozo, o corpo e a morte,

Simbólico e Imaginário a ex-sistência, furo e consistência, respectivamente, demonstra inclusive um deslizamento do interesse de seu ensino.

Esse jogar com a cadeia borromeana vai se tornar o "fazer aí com seu sintoma". É quando Lacan vai propor o sinthoma como um uso, o que se pode usar. Em oposição ao sintoma como o que deve cair. Essa transformação da concepção de sintoma, a passagem de algo que cai para algo que se usa indica que o Real como obstáculo pode se tornar um Real do uso, do com que se goza. Saber fazer é o sinthoma: *Joyce sait y faire, c'est le sinthome.* Lacan durante o *Seminário O sinthoma* (1975-1976/2007, p. 125).

Dialogando com Aubert, Lacan retoma o seu embaraço com Joyce: "O ponto fulcral no qual permaneço em suspenso é o de saber a partir de que momento a significância, ao ser escrita, distingue-se dos simples efeitos de fonação" (Lacan, 1975-1976/2007, p. 74). Joyce, através da escrita, decompõe as palavras e destrói a identidade fonatória. Não há mais uma língua e seus fonemas, logo, não há um Outro que possa antecipar um sentido.

O desafio a que Lacan se lança, de criar um matema que não seja bilíngue, inspira-se nesse "método"? Seria propor um matema que não se enquadrasse em um sentido antecipado, que não se detivesse no imaginário. Mas que pudesse ser usado, pudesse ser meio para a produção de um sentido que

---

enquanto eles estão enodados, enodados apenas, bem entendido, por esse impasse inverificável do sexo". [a tradução é nossa a partir da versão disponível em staferla.free.fr]: "les trois du *Réel*, en tant que le *Réel* lui-même est trois à savoir: *la jouissance, le corps, la mort,* en tant qu'ils sont noués, qu'ils sont noués seulement, bien entendu, par cette impasse invérifiable du sexe".

ainda não ocorreu. Tratava-se de destacar o processo. Assim como o chiste, o lapso do nó envolve a economia. Isto é, algo que nos retém pela própria forma e não pelo conteúdo. Rimos do caminho, do percurso pelo significante, o inútil; e não do destino, a significação, o útil. O sinthoma de cada um é um matema que não se presta à interpretação. Não é bilíngue. Não pode ser traduzido. Só se presta ao jogo da equivocação.

> O incrível é que Joyce [...] só conseguiu encontrar esta solução: escrever *Finnegans Wake*, ou seja, um sonho que, como todo sonho, é um pesadelo [...]. Com a diferença [...] de que o sonhador não é nenhum personagem particular desse livro, mas o próprio sonho.
> É nisso que Joyce desliza [...] até Jung, desliza até o inconsciente coletivo. Que o inconsciente coletivo seja um sinthoma, não há melhor prova que Joyce, pois não se pode dizer que *Finnegans Wake*, em sua imaginação, não participa desse sinthoma.
> Então, o sinal de meu impedimento é de fato Joyce, justamente porque o que ele afirma, e de maneira plena e especialmente artística, pois tem *savoir-faire* nisso, é o sinthoma, e sinthoma tal que não há nada a fazer para analisá-lo (Lacan, 1975-1976/2007, p. 121-122)[5].

Uns matam o pai simbolicamente. Joyce mata a língua e assim, metonimicamente, mata o pai. Ao desmontar, por assim dizer, a língua inglesa, Joyce se insurge contra a do domi

---

[5] Em francês: "il sait y faire, c'est le *sinthome*. Et *sinthome* tel qu'il n'y ait rien à faire pour l'*analyser*".

nador britânico que impusera seu idioma à Irlanda, ao mesmo tempo que suprimira a língua local, o gaélico.

Não há o que analisar pois ele já fez a análise. O sintoma da carência de pai foi deslocado, não há carência, não há imaginário, o que há é uma fluidez dos significantes, um desliza sobre o outro. É o gozo do fora do sentido, do significante no seu auge, nunca tão bem utilizado. É a morte da gramática, de todas as gramáticas, não apenas a da língua inglesa. Joyce se deixa levar pelo gozo fálico, o gozo que parasita sobre os outros gozos. Não seria por isso que esse autor dispensaria o psicanalista?

Do nome-do-pai e do ser nomeado-para

O Lacan que falava como analisante está nos transmitindo sua experiência, este é o seu passe. Hoje podemos situar assim: de Freud a Lacan, do inconsciente produtor de sintomas que aguardam por uma interpretação ao L'insu da equivocidade, a psicanálise chega ao século XXI com o desafio de pensar a clínica do Real. Nascida no século XX, a clínica psicanalítica trabalhava com o recalcado e o retorno do recalcado em continuidade, e o sintoma era uma mensagem a ser interpretada. Assim como a moral burguesa era o correlato do recalque, o que não pode ser falado e o que a ideologia tinha por função ocultar. Mais do que considerar Lacan um autor mais atual e por isso mais adequado para interpretar o mal-estar na contemporaneidade, deveríamos entender seu ensino como produto de seu contexto, isto é, uma época "pós-freudiana"?

Agora, no século XXI, encontramos uma ideologia ou um moral social que seja um correlato para o inconsciente como resto? Tudo pode ser revelado pois também não há nada a esconder. As formas de dominação no social exercem-se massivamente sobre todos os consumidores, não importa o credo e o nível socioeconômico. A ideologia desapareceu pois a dominação não precisa mais ser encoberta, a adesão ao mercado capitalista é tão universalizante que não requer cooptação. E quanto maior é a facilidade de acesso a uma mercadoria no mercado de serviços digitais, é algo de nós, os consumidores, que é a mercadoria que está sendo vendida (nossas informações pessoais, do que gostamos, nosso gozo passa a ser o objeto que circula). O que continua se extraindo é um a-mais. Se antes era a mais-valia, um a-mais obtido pela expropriação da força de trabalho, agora se extrai a informação sobre como se goza, quando os perfis nas redes sociais se tornam mercadorias que podem gerar mais valor para quem as detém. O sujeito contemporâneo não mais se produz a partir de uma predicação universalizante, é convocado pela globalização a uma uniformização pelo consumo (Jullien, 2009).

A cadeia borromeana, ou seja, esse contexto "joyceano" do ensino lacaniano, trata de uma questão situada historicamente, ou seja, trata da questão da contemporaneidade? Ora, se pensarmos que Lacan maneja a cadeia tal qual um matemático o faria – de maneira "pura" –, concluiremos que de forma alguma o psicanalista procura apenas uma forma de demonstrar uma resposta que já obteve. No contexto lacaniano de pesquisa, a descoberta e a demonstração compõem um e mesmo método – a primeira não antecede a segunda. Sendo assim, analisemos o seguinte trecho do *Seminário 21*, quando Lacan trabalha a cadeia borromeana desconstruindo o Nome-do-Pai (de *Nom-du-Père* para *non-dupes errent*). Lacan mostra que o social poderia passar na frente da função do Nome-do-Pai:

> Ser nomeado-para alguma coisa, eis o que pontua em uma ordem que se encontra efetivamente por se substituir ao Nome do Pai. Nisso que se aproxima, geralmente a mãe se basta por si mesma para designar o projeto, esboçá-lo e indicar o caminho. Se o desejo do homem eu o defini por ser o desejo do Outro, é bem aí que isso se designa na experiência. E mesmo no caso onde – assim como por acaso, enfim – acontece que por um acidente ela não está mais aí, é mesmo assim ela, seu desejo que designa a sua criança a esse projeto que se expressa pelo nomear-para. Ser nomeado-para alguma coisa, eis o que, para nós, nesse momento da história em que nós estamos, tem preferência – eu quero dizer efetivamente preferir, passar antes de – em relação ao Nome do Pai. É de fato estranho que aí o social tome a prevalência de nó e que literalmente faça a trama de tantas existências, é o que detém o poder de nomear-para, ao ponto que depois de tudo se restitua a ordem que é de ferro (Lacan, 1973/1974/s.d.: lição de 19 de março de 1974)[6].

---

[6] [a tradução é nossa a partir da versão staferla.free.fr] Être nommé-à quelque chose, voilà ce qui point dans un ordre qui se trouve effectivement se substituer au Nom du Père. À ceci près qu'ici, la mère généralement suffit à elle toute seule à en désigner le projet, à en faire la trace, à en indiquer le chemin. Si le désir de l'homme je l'ai défini pour être le désir de l'Autre, c'est bien là que ça se désigne dans l'expérience. Et même dans les cas où *– comme ça, par hasard, enfin – il se trouve que par un accident elle n'est plus là, c'est quand même elle, son désir, qui désigne à*

Como Lacan chegou a essa conclusão de que há uma ordem de ferro que substitui aquela estabelecida pelo Nome-do-Pai? Conforme pudemos retomar a partir de Koyré, a teorização lacaniana não se dá a partir da experiência, mas da investigação das ferramentas formais tal qual se opera em matemática pura. Portanto, é do trabalho com a cadeia borromeana, suas formas de encadeamento e demonstração que Lacan pode encontrar um ponto de aplicação da teoria a um momento situado historicamente ("à ce point de l'histoire où nous sommes"). Extraímos daí uma lição epistemológica: Lacan faz as suas aplicações da teoria dependerem do trabalho puro com as ferramentas formais por ele apropriadas (lógica, topologia etc). Os anos de trabalho constante com a cadeia borromeana atestam de maneira suficiente o quanto a investigação pura precede a descoberta ou invenção do conceito.

Se com o discurso do capitalista Lacan percebeu que estava em questão um Superego (Supraeu) que ordenava o gozo, agora não apenas há um imperativo de gozar, mas também de dar a ver como se goza. Diante dessa exposição global e em tempo real do como se goza não haveria mais o que interpretar, não haveria mais um saber que não se sabe? Caso ainda haja um saber que não se sabe, então é preciso localizar onde está a falta no campo do Outro? E, para situar o sujeito falante

---

son moutard ce projet qui s'exprime par le nommer-à. Être nommé-à quelque chose, voilà ce qui, pour nous, à ce point de l'histoire où nous sommes, se trouve préférer – je veux dire effectivement préférer, passer avant – ce qu'il en est du Nom du Père. Il est tout à fait étrange que là, le social prenne une prévalence de noeud, et qui littéralement fait la trame de tant d'existences, c'est qu'il détient ce pouvoir du nommer-à, au point qu'après tout, s'en restitue un ordre, un ordre qui est de fer (Lacan, *Seminário 21*, 19/03/1974).

em relação a essa falta no campo do Outro, a topologia estrutural (Triska & D'Agord, 2013) seria ainda nosso método?

Quando Lacan se interroga sobre a fala como parasita, ele subverte a psicopatologia dos diagnósticos, pois, ao invés de interrogar pelo fenômeno em um indivíduo, ele se interroga sobre um fenômeno que se abate sobre todos os sujeitos:

> Como é que todos nós não sentimos que as falas das quais dependemos são, de algum modo, impostas? É justamente por isso que o que chamamos de doente vai algumas vezes mais longe do que o que designamos como um homem saudável. A questão é antes saber por que um homem dito normal não percebe que a fala é um parasita, que a fala é uma excrescência, que a fala é uma forma de câncer pela qual o ser humano é afligido. Como pode haver quem chegue inclusive a senti-lo? É certo que Joyce nos dá uma pequena suspeita disso (Lacan, 1975-1976/2007, p. 92).

Na clínica, não sabemos como a relação com o Discurso do Outro, com as palavras e a fala do outro se opera nesse que nos procura. Há um saber no Real que funciona sem que nós possamos saber como se faz a articulação, enquanto que religião e a metafísica supõem um pensamento ordenador[7].

---

[7] Lacan, J. "[...] há saber no Real que funciona sem que nós possamos saber como a articulação se faz nisso que estamos habituados a ver se realizar. Não seria disso que se trata e que seria preciso admitir como provindo de um pensamento ordenador? É a posição que tomam religião e metafísica, que nisso estão do mesmo lado: elas se dão a mão nas suposições que elas ordenam ao ser. Então o que eu quero dizer é que o saber inconsciente, aquele que Freud supõe, se distingue desse saber no Real". *Seminário 21* (1973-1974), *Les non dupes errent*, em 21/05/74. [a tradução é nossa a partir da versão Staferla, disponível em staferla.free.fr.] "[...] *il y a du savoir*

Pela experiência analítica, supomos que o que está em jogo na fala (dizer) seja o inconsciente. Mas esse inconsciente que se supõe, esse saber inconsciente, seria o inconsciente freudiano. Lacan então propõe distingui-lo do saber no Real.

O discurso do psicanalista é o único que permite operar um pacto que parte do reconhecimento do agente como "a"; antecipa apenas isso, que não sabe quem lhe fala, que sabe que quem lhe fala também não sabe do que fala. Assim, ao se colocar como aquele que não sabe, é possível que as metáforas se produzam desde o lugar daquele que fala?

Referências bibliográficas

Joyce, J. *Stephen herói*. São Paulo: Hedra, 2012.

Jullien, F. *O diálogo entre as culturas: do universal ao multiculturalismo*. Rio de Janeiro: Jorge Zahar, 2009.

Kasner, E. & Newman, J. (1940/2001). *Mathematics and the imagination*. Mineola, N.York: Dover Science.

Koyré, A. *Estudos de história do pensamento científico*. 3 ed. Rio de Janeiro: Forense, 2011.

Lacan, J. (1961-1962). *L'Identification, Séminaire 1961-1962* [inédito]. Publication hors commerce. Document interne à L'Association Freudienne Internationale, 1996.

---

dans le Réel, qui fonctionne sans que nous puissions savoir comment l'articulation se fait dans ce que nous sommes habitués à voir se réaliser. Est-ce de cela qu'il s'agit et qu'il nous faudrait bien admettre, n'est-ce pas, comme relevant *d'une pensée or donnatrice* ? C'est le parti que prennent religion et métaphysique, qui sont en cela du même côté : elles se donnent la main dans les suppositions qu'elles ordonnent à l'être. Alors ce que je veux dire, c'est que le *savoir inconscient*, celui que suppose Freud, se distingue de ce *savoir dans le Réel*".

———. (1962-1963). *O seminário, livro 10: a angústia.* Rio de Janeiro: Jorge Zahar, 2007.

———. (1969-1970). *O seminário, livro 17: o avesso da psicanálise.* Rio de Janeiro: Jorge Zahar, 1992.

———. (1971). *Le Séminaire: livre XVIII. D'un discours qui ne serait pas du semblant.* Paris: Seuil, 2006.

———. (1971). *O seminário, livro 18: de um discurso que não fosse semblante.* Rio de Janeiro: Jorge Zahar, 2009.

———. (1971-1972). *O seminário, livro 19: ... ou pior.* Rio de Janeiro: Jorge Zahar, 2012.

———. De uma questão preliminar a todo tratamento possível da psicose. *Escritos.* Jorge Zahar: Rio de Janeiro, 1998.

———. (1972-1973). *Le Séminaire, livre XX: Encore.* Paris: Seuil, 1975.

———. (1972-1973). *O seminário, livro 20: mais, ainda.* Rio de Janeiro: Jorge Zahar, 1985.

———. (1973-1974). *Seminário 21, Les non-dupes errent.* [inédito]. Version Staferla. Disponivel em: www.gaogoa.free.fr., s.d.

———. (1974-1975). *O Seminário XXII, R.S.I.* [inédito]. Versión crítica para circulación interna de la Escuela Freudiana de Buenos Aires, s.d..

———. (1974-1975). *Le Séminaire, livre XXII: R.S.I.* [inédito]. Version Staferla. Disponivel em: www.gaogoa.free.fr., s.d.

———. (1975-1976). *Le Séminaire, livre XXIII: Le sinthome.* Paris: Seuil, 2005.

———. (1975-1976). *O seminário, livro 23: o sinthoma.* Rio de Janeiro: Jorge Zahar, 2007.

————. (1976-1977). *Le Séminaire, livre XXIV: L'insu que sait de l'une-bévue s'aile à mourre.* [inédito]. Publicação não comercial da Association Freudienne Internationale, Paris, (1998).

————. Clôture de Journées de l'École freudienne de Paris: "Les mathèmes de la psychanalyse". Paru dans les Lettres de l'École, 1977, n. 21, pp. 506-509. Disponível em <http://www.ecole-lacanienne.net/fr/p/lacan, 1977>.

————. Prefácio à edição inglesa do Seminário 11. *Outros escritos.* Rio de Janeiro: Jorge Zahar, 2003.

————. *Je parle aux murs. (Entretiens de la Chapelle de Sainte-Anne).* Paris: Seuil, 2011a.

————. *Estou falando com as paredes: conversas na capela de Sainte-Anne.* Rio de Janeiro: Jorge Zahar, 2011b.

Triska, V. H. C. & D'Agord, M. R. de L. (2013). A topologia estrutural de Lacan. *Psicologia Clínica,* 25 (1), p. 145-161. Disponível em <http://www.scielo.br/pdf/pc/v25n1/10.pdf>, 2013.

Método científico, normatividade social e sintoma psicanalítico

Andréa Martello

Psicanalista, Membro do ISEPOL – Instituto Sephora de Ensino e Pesquisa de Orientação Lacaniana. Bolsista do PNPD no Programa de Pós-Graduação em Teoria Psicanalítica da Universidade Federal do Rio de Janeiro; Professora da Faculdade de Educação da UNIRIO, Doutora em Teoria Psicanalítica (PPGTP-UFRJ), Mestre em Teoria Psicanalítica (PPGTP-UFRJ), Especialista em Atendimento Psicanalítico em Instituição pelo Instituto de Psiquiatria da Universidade Federal do Rio de Janeiro (IPUB/UFRJ). E-mail: deamartello@gmail.com

Resumo

Este trabalho aborda a questão do tratamento dispensado pela psicanálise de orientação lacaniana aos sintomas que demandam sua intervenção numa sociedade guiada por práticas normativas. De acordo com Foucault, as técnicas "psi" se afirmam não por um desenvolvimento interno da ciência e do método científico que finalmente poderia abarcar os objetos humanos e sociais, mas por uma conveniência com a nova estrutrura produtiva que exige dispositivos finos de disciplinarização dos corpos e dos indivíduos. Como podemos localizar a psicanálise nesta questão? Sua relação com a ciência se reduz a ser uma ciência útil aos moldes do que Foucault enuncia? Estaria ela a serviço da normatividade? Se não, como disso ela se destaca?

Palavras-chave: psicanálise; sintomas; sociedade disciplinar; prática normativa.

Abstract

Scientific method, social normativity and psychoanalytic symptom

This paper will highlight the issue of the treatment by Lacanian psychoanalysis of symptoms that require it to intervene in a society guided by normative practices. According to Foucault, the "psy" techniques are asserted not by an internal development of science and the scientific method that could ultimately encompass the human and social objects, but by an alignment with the new production structure that requires fine structure devices of disciplining bodies and individuals. How can we situate psychoanalysis in this matter? Is its relation to science to be reduced to be a useful knowledge along the lines of what Foucault states? Is it in the service of normativity? If not, what is it that makes it stand out?

Keywords: psychoanalysis; symptoms; disciplinary society; normative practices.

Résumé

Méthode scientifique, normativité sociale et symptôme psychanalytique

Ce travail mettra l'accent sur la question de la réponse par la psychanalyse lacanienne aux symptômes qui demandent sont intervention dans une société guidée par des pratiques normatives. Selon Foucault, les techniques psy ne s'affirment pas par un développement interne de la science et la méthode scientifique, qui pourrait finalement englober les objets humains et sociaux, mais par une relation de convenance avec la nouvelle structure de production qui nécessite de dispositifs fins de promotion de la discipline des corps et individus. Comment pouvons-nous situer la psychanalyse dans cette question? Sa relation avec la science est-elle réduite à être un savoir utile à l'instar de ce que Foucault affirme? Est-elle au service de la normativité? Si ce n'est pas le cas, quelle est sa distinction?
Mots-clés: psychanalyse; symptômes; société disciplinaire; pratiques normatives.

O presente trabalho destacará a questão do tratamento dispensado pela psicanálise de orientação lacaniana aos sintomas que lhe demandam intervenção numa sociedade guiada por práticas normativas.

Foucault apresenta uma leitura da constituição das ciências humanas e das técnicas "psi" que interessa ao acentuar que seus surgimentos estão vinculados a uma mudança na estrutura de poder. As técnicas "psi" se afirmam não por um desenvolvimento interno da ciência e do método científico que finalmente poderia abarcar os objetos humanos e sociais, mas por uma conveniência com a nova estrutura produtiva que exige dispositivos finos de disciplinarização dos corpos e dos indivíduos. Como podemos localizar a psicanálise nesta questão? Sua relação com a ciência se reduz a ser uma ciência útil aos moldes do que Foucault enuncia? Estaria ela a serviço da normatividade? Se não, como disso ela se destaca? Na busca por respostas a estas perguntas seguimos com o artigo.

A ciência representou um pilar importante para a estruturação da teoria lacaniana e recorreremos a algumas reflexões que localizam a posição de Lacan em relação às ciências humanas, em relação à ciência de modo geral e mais especificamente em relação ao fazer ciência que é o que interessa. Veremos que Lacan tanto quanto Foucault insiste na ligação das ciências humanas com as práticas de normatividade, localizando o modo como a psicanálise pode aí se situar. A formulação do conceito de objeto *a* pôde ser construída a partir da prática psicanalítica e entre outras coisas se presta a designar o efeito das práticas normativas no modo de constituição subjetiva. Da soberania à disciplina, no lugar do sujeito da razão e do direito o indivíduo é tomado como um corpo real. Os efeitos desta operação que faz do homem um objeto é justamente o que a psicanálise acolhe em sua clinica.

Governo, normatização social e ciências humanas

Os códigos de normatização proliferam através de práticas necessárias ao bom funcionamento da sociedade liberal produtiva e à gestão de suas populações nos mais variados campos. Foucault desenvolve uma análise sobre a sociedade moderna e contemporânea que nos interessa visitar. Em sua reflexão desenvolve a lógica de uma mudança na estrutura social devido a uma transformação no exercício do poder. O poder soberano da Antiguidade Clássica e da Idade Média cede espaço a um poder exercido de forma disciplinar no qual a lei simbólica dá lugar a normas e regras de conduta desenvolvidas cientificamente (Foucault, 2010). Essa disciplinarização no entanto se estabelece, mais do que pela força, aliada às ciências da vida e do homem que trabalharão em prol do funcionamento da sociedade. Essa mudança na estrutura de poder que, segundo Foucault, fomenta o surgimento das ciências humanas no fim do século XVIII.

No lugar das ideologias que acompanham as monarquias ou democracias o que Foucault destaca como aparelhos de poder são "os instrumentos efetivos de formação de acumulação de saber, são métodos de observação, técnicas de registro, procedimentos de investigação e de pesquisa, são aparelhos de verificação" (Foucault, 2010, p. 29). E completa: "Isto quer dizer que o poder, quando se exerce em seus mecanismos finos, não pode fazê-lo sem a formação de uma organização e sem pôr em circulação um saber, ou melhor, aparelhos de saber que não são acompanhamentos ou edifícios ideológicos" (Foucault, 2010, p. 29-30).

O autor defende que o poder não deve ser analisado em termos de Estado e de soberania jurídica mas sim a partir de técnicas e táticas de dominação. Tanto o Antigo Regime feudal baseado no poder régio quanto os representantes parlamentares baseados no poder do povo na democracia usam a teoria da soberania como referência. Ambos discutem o poder em termos de soberania como estabelecendo uma mecânica geral do poder. Essa mecânica abrange a totalidade do corpo social nos moldes da relação soberano/súdito.

Foucault (1992, p. 279) assinala que *O príncipe* (1513) de Maquiavel é aquele que apresenta uma relação de exterioridade, de transcendência com o principado – com os súditos, os laços que os unem são de tradição e violência. O objetivo do exercício de poder é manter e proteger o principado entendido como propriedade do príncipe, seu território. Trata-se de legitimar o uso do poder a partir da soberania do príncipe sobre a terra, os súditos são secundários.

No mercantilismo, com os Estados-Nação encontramos a autoridade soberana do príncipe vinculada à utilidade pública e aos regimes disciplinares, como o exército por exemplo. Um conjunto estruturado de leis estabelece os regimes de contrato social. A finalidade da soberania é promover o bem comum. Príncipes e súditos estão vinculados por laços de necessidade recíproca e no lugar da força há o respeito à lei. A finalidade da soberania aqui é circular, deslocada da questão de propriedade do território, ela visa o território enquanto Nação, ou seja considerando as populações que nele habitam, fazendo valer uma lei jurídica que, mesmo ao reduzir o lugar do soberano, mantém a ideia de soberania nacional. O "bem comum" portanto se define pelo cumprimento das leis contratuais: "o bem comum é essencialmente a obediência à lei: seja do soberano terreno seja a do soberano absoluto, Deus" (Foucault, 1992, p. 284). Pelo cumprimento das leis se estabelece o bem comum e o bem comum é a obediência às leis, estabelecidas portanto num regime de pacto simbólico que inclui direitos e deveres.

O que deve ser ressaltado é que há um deslocamento deste funcionamento político estabelecido pelas leis jurídicas que garantem a administração do bem comum no modelo de soberania. À revelia da estrutura de soberania, as questões relativas às populações se impõem como questões que ultrapassam seu alcance. Caracteriza-se aqui o que Foucault chama de Governo, diferente do soberano, que passa a ter como objetivo não apenas fazer cumprir as leis para ao bem comum mas também lhe são atribuídas algumas finalidades especificas às quais deve responder de modo eficiente – alimentação, moradia, riqueza, saúde. Para que seja possível governar tantas funções o Governo precisa dispor das coisas de modo a conduzi-las a objetivos e soluções adequadas.

Nesse momento, segundo Foucault, se destaca uma mudança na forma de exercício do poder, que passa a se aliar aos campos de saber. Se no primeiro caso lei e soberania estavam indissociavelmente ligadas, agora o governo não impõe as leis aos homens, utiliza táticas para fazer por vários meios com que determinados objetivos possam ser atingidos. Trata-se aqui de um rebaixamento da lei à norma, pois o que interessa é a eficiência da solução para as questões governamentais impostas a partir das populações. Fora da referência soberano/súdito vem à tona a percepção de que as populações têm características próprias e fenômenos que não se reduzem ao âmbito das famílias: grandes epidemias, mortalidade endêmica, deslocamentos populacionais, organização de recursos.

Foucault (1992) propõe uma história da governamentabilidade para defender que a arte de governar se mistura com os referentes do poder soberano até certo ponto, mas alcança de fato o desenvolvimento na medida em que dele se desenlaça. A arte de governar será desenvolvida em conexão com a emergência do problema das populações e terá na ciência um instrumento de realização.

Foucault assinala que no regime antigo a economia era uma função da família e não do Príncipe ou do Estado, cuja função era defender o território e comandar a ordem política. Este regime se altera na medida em que o Estado, enquanto governo, localiza no plano da economia um problema relativo à população e toma para si a incumbência de gerenciá-lo. Neste contexto surge a Economia Política como uma ciência do governo e a estatística como principal fator técnico. Assim "o problema do governo será pensado, sistematizado e calculado fora do quadro jurídico da soberania" (Foucault, 1992, p. 288). A economia política se desenvolve como ciência na medida em que se desenvolve um governo que intervém no campo da economia e da população. O regime soberano das leis dá lugar às técnicas de governo. A partir dos séculos XVII e XVIII se estabelece uma aparelhagem diferente e incompatível com as relações de soberania. No lugar do soberano, a vigilância contínua. A família como modelo de bom governo irá desaparecer e, passada para um plano secundário interior à categoria de população, será um instrumento fundamental para a gerência da população.

Essa nova mecânica do poder incide muito mais sobre os corpos do que sobre a terra e a riqueza (Foucault, 2010, p. 31). Ela é a base da sociedade burguesa e um dos instrumentos fundamentais da implantação do capitalismo industrial. Não é um poder soberano sobre a terra, é um poder disciplinar sobre os corpos. Sem a domesticação dos corpos não haveria sociedade industrial e é para seu desenvolvimento que o regime disciplinar se exerce.

Foucault (2010, p. 32) indaga por que, neste contexto, a teoria e a ideologia da soberania persistiram como princípio organizador dos grandes códigos jurídicos. Acredita que durante um tempo serviam de instrumento crítico para afastar as monarquias enquanto se desenvolvia o regime disciplinar. Mas para além disso vê a necessidade de sobrepor aos mecanismos de disciplina um sistema de direitos cuja função seria a de apagar o uso desses mecanismos como instrumentos de dominação.

Assim se constitui um direito público articulado a partir de uma soberania coletiva que garante a cada um exercer, através da soberania do Estado, seus próprios direitos soberanos. Chama a atenção o fato de que essa democratização da soberania se encontrasse lastreada em profundidade pelos mecanismos de coerção disciplinar numa estrutura dividida que nos interessa ressaltar:

> Temos, pois, nas sociedades modernas, a partir do século XIX até os nossos dias, de um lado uma legislação, um discurso, uma organização do direito público articulados em torno do principio da soberania do corpo social e da delegação, por cada qual, de sua

> soberania ao Estado; e depois temos, ao mesmo tempo, uma trama cerrada de coerções disciplinares que garante, de fato, a coesão desse mesmo corpo social. Ora, essa trama não pode de modo algum ser transcrita nesse direito, que é, porém, seu acompanhamento necessário. Um direito da soberania e uma mecânica da disciplina: é entre esses dois limites, creio eu, que se pratica o exercício de poder (Foucault, 2010, p. 33).

Foucault propõe diferenciar o regime soberano e o regime disciplinar do que denomina governamentabilidade. O governo diz respeito ao fato de que o poder se utiliza de aparelhos específicos desenvolvidos no âmbito do saber para auxiliá-lo numa forma complexa de exercício; a governamentabilidade se exerce na prática de um conjunto de saberes, procedimentos, cálculos, táticas que têm como alvo a população, ela escapa muitas vezes ao âmbito jurídico do Estado.

A questão se coloca no fato de que nesta forma de governo técnico e tático o problema da soberania se acentua ao invés de desaparecer, e o regime disciplinar se aprofunda mais do que nunca. A governamentabilidade não supera a questão da soberania e da disciplina, acentua sua heterogeneidade, e para o historiador é preciso olhar para o aparelhamento do Estado com os saberes científicos.

As disciplinas científicas, completamente heterogêneas ao discurso jurídico da lei, têm discurso próprio segundo Foucault. Elas criam saberes, aparelhos de saberes e campos múltiplos de conhecimento que servem de referência à norma:

> O discurso da disciplina é alheio ao da lei; é alheio ao da regra como efeito da vontade soberana. Portanto,

> as disciplinas vão trazer um discurso que será o da regra; não o da regra jurídica derivada da soberania, mas o da regra natural, isto é, da norma. Elas definirão um código que será aquele, não da lei, mas da normalização, e elas se referirão necessariamente a um horizonte teórico que não será o edifício do direito, mas o campo das ciências humanas. E sua jurisprudência, para essas disciplinas, será a de um saber clínico (Foucault, 2010, p. 33).

Foucault desenvolve uma análise minuciosa das condições de nascimento do saber clínico mas o que interessa destacar de suas reflexões é a transformação na estrutura soberana e centralizada do poder. Isso é pertinente por nos permitir articular essa transformação do exercício do poder com as questões de estruturação do grande Outro tal como abordado por Lacan. O rebaixamento da lei, entendida como ordenadora do pacto social, à norma natural cientifica que ordena o social fora de qualquer possibilidade de pacto apresenta efeitos para o modo de constituição subjetiva. Que mudanças se operam aí?

Lacan parte da divisão subjetiva teorizada por Freud a partir do inconsciente e do sintoma psicanalítico e localiza elementos que ajudam a conferir inteligibilidade ao que afeta a subjetividade contemporânea. Localiza questões referentes à divisão entre o registro do imaginário e do simbólico na constituição subjetiva e se debruça insistentemente sobre a estrutura de organização do simbólico. Se há algo que afeta a constituição subjetiva na modernidade é o fato de que a estrutura de organização do simbólico foi alterada. Como vimos com Foucault, uma mudança sensível que se operou não apenas no campo da produção do saber como também no campo do mecanismo do poder. Interessa destacar disto que o grande Outro tal como pensado por Lacan ao longo de seu ensino decai de sua forma soberana; essa questão se articula em termos lacanianos como declínio da função paterna. O avanço de seu ensino só fez formular os efeitos deste declínio da estrutura paterna da mestria, localizando duas categorias estritamente ligadas a isso: o objeto *a* e o S(Ⱥ), significante de inscrição da falta no Outro.

A pegada na Lua

O trovão, a montanha, a lua, o fogo e muitos outros fenômenos naturais foram objeto de imensa curiosidade humana desde sempre e foram importantes na constituição de uma dinâmica libidinal que localizava o lugar do homem no mundo natural. Tratados como parceiros sexuais ou divinos, os sentimentos e pensamentos mágicos, poéticos, afetivos e religiosos a eles devotados precisavam ser expurgados para que a ciência nascesse.

Os processos de construção do conhecimento pela ciência foram marcados por um esvaziamento de libido, Bachelard inclusive a designa como um dos obstáculos epistemológicos a ser superado na construção do espírito científico (Bachelard, 1977). O conhecimento adquirido na experiência libidinal (mágica e religiosa) com o mundo se mostrou equivocado e a era moderna marca-se pela necessidade de uma racionalização do real por meio de hipóteses experimentais, instrumentos e matematização que garantem no uso da razão o alcance da verdade.

Do esvaziamento de satisfação libidinal com o mundo natural o homem adquire conhecimento e domínio para em 20 de julho de 1969 pisar na lua e lá deixar a sua pegada. Aproximadamente dois anos depois, em junho de 1971, no seminário *De um discurso que não fosse semblante* (1971/2009, p. 140), Lacan dirá que "é preciso compreender que a pegada na lua é a realização do significante do A barrado de meu grafo, S(A̸)".

O grafo do desejo proposto no início da década de 60 (1966/1998, p. 831) localiza este matema S(A̸) no encontro do sujeito com o imperativo de gozo da pulsão no que ela ultrapassa a estrutura da fantasia e da demanda de amor inconscientes. É um significante da intervenção analítica.

Desde a década de 50 do século passado, corrigindo boa parte dos freudianos, Lacan insiste que o sujeito de que se trata no inconsciente é diferente da estrutura narcísica do eu. O sujeito não advém do corpo próprio, não faz Um com o corpo, a pulsão que o anima não é uma energia vital, orgânica ou física. Isso significa que o sujeito do inconsciente pode ser afetado pela memória de algo que ele nunca viveu. A memória inconsciente que afeta o sujeito é lógica e não fisiológica e determina importantes efeitos para o campo do eu e do corpo. Em resumo, fazer advir o sujeito do inconsciente ajuda a desvendar os enigmas do corpo.

Os dois andares do grafo do desejo fornecem inteligibilidade ao fato de que no primeiro andar, inferior, o campo do Outro é tomado primeiramente a partir dos signos numa estruturação que localiza o eu na relação biunívoca e especular com o outro e com o mundo, caracterizando assim o registro do imaginário. Neste nível imaginário de funcionamento da linguagem, ligado à estrutura narcisista do eu e seus modos de constituição e satisfação, o campo do Outro é organizado como o campo da língua na linguística, se rege por leis de uma ordem fechada e por isso se apresenta como um todo coerente (A) que garante, a partir dos signos, a significação e consequentemente a satisfação. O segundo andar do grafo, o superior, é o andar inaugurado pelo sujeito da ciência ou inconsciente no que ele deve se haver com a castração no campo do Outro e da linguagem para promover a dimensão do significante. Esta operação é a mesma que por um lado produz ciência e por outro lança o sujeito na dimensão do desejo. Isso se dá na medida em que o sujeito busca a significação de seu próprio desejo num mundo onde, graças à ciência, Deus fez a sua retirada – e isso lança o sujeito numa condição de desamparo em relação às significações sexuais, ou significações que garantam a satisfação sexual. Essa castração simbólica da significação no campo do Outro, A̸, tem na fantasia uma defesa veemente ($◊a). Foi essa defesa fantasmática que Freud evidenciou com o complexo de Édipo e toda a questão sexual que se ordena em torno da figura do pai como agente da castração.

Temos então que o corte operado pela retirada de Deus do mundo é a condição para o surgimento da ciência, mas tem como consequência promover a existência do inconsciente, que tem no regime fálico e paterno ordenadores substitutivos que através da fantasia orientam a formação dos sintomas neuróticos como sintomas passíveis de serem interpretados por um outro.

Apesar de fundamental para o advento do pensamento cientifico, o encontro do sujeito com a barra do Outro evidencia-se como uma questão sexual. É um problema sexual o sujeito não encontrar no campo da linguagem a possibilidade de executar o gozo exigido pela pulsão.

A pegada na lua tal como Lacan a designa se refere ao corte científico, às façanhas permitidas pela ciência que marcam de forma significante o fato de que o Outro, parceiro amoroso, natural ou religioso, Outro completo, parceiro da relação sexual no plano do imaginário, foi barrado pela ciência. A lua, por mais que em sonho a toquemos, enquanto Outro do gozo, só a alcançamos mediante os escafandros da linguagem (Lacan, 1971/2009, p. 139).

A ciência desconstrói o mundo cósmico guiado por Deus que garantia a consistência do Outro simbólico, parceiro do sujeito numa linguagem que normalmente estabelecia a relação (sexual) entre ele e a natureza. O advento da ciência anula essa parceria libidinal entre o homem e a natureza, ou entre o homem e Deus, que apesar de satisfatória não lhe garantia o conhecimento verdadeiro. Lacan diz que "a relação sexual falta no campo da verdade" (1971/2009, p. 139). Essa é uma das marcas da subjetividade moderna, a perda dos referentes tradicionais, agrícolas, celestes e religiosos em última instância, que a lançam numa condição mais evidente de angústia e desamparo.

Para Lacan, com a ciência se opera uma mutação decisiva no mundo e no modo de constituição da realidade, por isso ele insiste que "o sujeito sobre o qual a psicanálise opera é o sujeito da ciência" (Lacan, 1966/1998, p. 873). O sujeito da psicanálise e o sujeito que faz ciência são o mesmo, é um modo de operação que se afirma; seja para fazer ciência ou produzir as formações do inconsciente, o regime significante do grande Outro que aí se revela é o mesmo. Sublinhamos que na modernidade há uma mudança no próprio *modo* de constituição da realidade em que o sujeito da ciência não se confunde com uma individualidade empírica orientada pelos signos naturais ou simbólicos que têm como função garantir a relação sexual. Lacan define o princípio de realidade freudiano como "uma linha de experiência que o sujeito da ciência sanciona" (Lacan, 1965/1998, p. 871) assinalando que não se trata de uma função natural do organismo ou dos indivíduos, mas da operação de um sujeito que sanciona uma experiência mediante o uso do significante. Como já dissemos o advento do sujeito da ciência é um modo de operação significante que barra a estrutura completa do grande Outro cósmico, e as consequências disso a psicanálise recolhe em forma de sintomas que evidenciam um circuito atrapalhado de satisfação erótica.

Inscrever a barra no grande Outro é uma operação científica de suspensão dos signos e do advento do significante. Barrar o grande Outro do saber, da tradição, dos signos naturais para adquirir um saber mais consistente da natureza baseada no entanto em números e artifícios de linguagem, é relevante por ser antilibidinal, por cortar com circuitos de satisfação pulsional que sustentam o grande Outro como completo. Foi graças a este corte com a libido que se constitui a ciência. Essa é a operação que permitiu ao homem tocar a lua e lá deixar sua pegada.

Em entrevista, Miller (2013)[1] nos diz sobre o final de análise que:

---

[1] *O Outro sem Outro*, entrevista publicada em <http://www.diretorianarede.com.br/orientacao/orientacao005.asp>.

> Ele [Lacan] afastou o final da análise pelo Nome-do-Pai, o final da análise que seria a revelação do Nome-do-Pai de vocês como designando a lei do ser de vocês. Ele igualmente cogitou que o final da análise pudesse ser a assunção do nada, da falta designada pelo Ⱥ. Um final de análise no qual se revelaria que só se pode assumir a falta e saber que não se pode confiar, que nada garante o sujeito quanto à verdade da boa fé do Outro. Cabe dizer que esse é um final possível da análise. É precisamente o que Lacan chamará, mais tarde, o final da análise que faz do sujeito um não-tolo. O não-tolo é o sujeito que se satisfaz com o grande A barrado, com a inconsistência do Outro.

Nesta entrevista sobre o seminário de Lacan *O desejo e sua interpretação,* Miller acentua que o S(Ⱥ), no alto à esquerda do grafo do desejo, designa "a resposta última esperada de uma análise", a "revelação em que ela culmina". Neste momento da década de 50, dada a teoria da autonomia do significante, o desejo é interpretado em termos de falta-a-ser. No fim de uma análise trata-se de poder inscrever que o Outro, parceiro do sujeito, é barrado, é inconsistente; como diz Miller, insubstancial. Nesse sentido a inscrição do S(Ⱥ) é uma operação analítica. Designá-lo na pegada da lua é uma interpretação de Lacan no sentido de apontar para a inscrição de uma falta no Outro. Miller acentua que um outro fim de análise é explorado por Lacan daí por diante, a questão se desloca da interpretação do desejo para formalização das relações entre desejo e fantasia.

A psicanálise faz parte das ciências humanas?

Em 1969, no contexto do seminário *De um Outro ao outro*, Lacan dirá que:

> O capitalismo reina porque está estreitamente ligado à ascensão da função da ciência. Mas até esse poder, esse poder camuflado, esse poder secreto e, também cabe dizer, anárquico – ou seja, dividido contra si mesmo, sem a menor dúvida –, por seu aparelhamento com a ascensão da ciência, está agora mais atrapalhado com isso do que um peixe com uma maçã, porque, de todo modo, do lado da ciência, acontece alguma coisa que vai além da sua capacidade de controle (Lacan, 1968-1969/2008, p. 233).

A ciência é para Lacan a condição de possibilidade da psicanálise. Isso no entanto quase não a diferencia de uma psicologia que como disciplina científica só pôde ser formalizada ao cumprir rigorosamente os parâmetros do método científico. A história da psicologia se marca por um embate com categorias antigas como alma, espírito e psique, impossíveis de serem abordadas objetivamente, que cedem lugar a categorias como sensação, comportamento, memória, representação, aprendizagem, que permitem eleger um objeto e instrumentalizar um método para abordá-lo.

A relação que Lacan estabelece entre a psicanálise e a ciência não é para construir seu objeto aos moldes da psicologia científica. Lacan formaliza que a práxis psicanalítica incide sobre um tipo de sujeito que advém a partir da ciência. Neste sentido, dizer que o sujeito sobre o qual a psicanálise opera é o sujeito da ciência passa por um paradoxo na medida em que não podemos fazer do sujeito da ciência um objeto porque ele representa um modo de operação. Ele inaugura uma modalidade de pensamento (o científico) que toma a linguagem a partir dos significantes e não dos signos numa operação que retira Deus do mundo num ato que suspende as significações originais e inclui um sujeito, da razão, da ciência, que no entanto trará a marca do inconsciente e do desejo porque essa operação simbólica exclui a satisfação sexual. Isso trouxe perturbações para o campo da significação social, tirou as coisas de seus lugares, alterou o modo de ver o mundo e o lugar do homem e da mulher nele. Mas trouxe um avanço incrível em termos de metodologia científica, aquisição de conhecimento e intervenção no real cujos efeitos recolhemos cada vez mais.

Coube à psicanálise recolher os efeitos do avanço da ciência bem como da sociedade industrial na esfera da satisfação sexual que condena a subjetividade moderna, quer ela queira ou não, a uma condição desejante – e é esta condição que subjaz por trás dos sintomas na teoria freudiana. Freud foi o teórico do impasse sexual, descobriu uma diferença sexual que não encontrava no casamento uma resolução satisfatória, mas também foi um teórico do impasse civilizatório, marcado pelo desenvolvimento científico e industrial. Afirma que não há psicologia individual que não desemboque numa psicologia social (Freud, 1921/1996) e por isso foi um grande teórico dos processos individuais e coletivos ao ponto de nos permitir indiferenciá-los muitas vezes.

A metodologia *sui generis* de Freud sempre dispôs a psicanálise a severas críticas quanto a sua legitimidade entre as ciências. Assoun (1983) assinala que a psicanálise surge num momento em que ocorre uma ampla discussão acerca dos métodos científicos, a querela dos métodos. Devido à ascensão das ciências humanas e sociais (economia, linguística, antropologia, história, geografia, sociologia), autores ligados a estas ciências sugerem no século XIX considerar uma divisão entre as ciências da natureza (*Naturwissenschaften*) e ciências do espírito (*Geisteswissenschaften*). Busca-se afirmar a metodologia cientifica pertinente a um objeto que não é físico e sim humano. No lugar da explicação a compreensão, o entendimento, a interpretação. Freud se abstém de localizar a psicanálise entre as ciências do espírito ligadas à hermenêutica dos significados, alinhando-a na referência às ciências da natureza. Assoun (1983, p. 43) acentua que para Freud no entanto não há outra ciência que não as ciências da natureza.

A querela dos métodos se renova no século XX, separando metodologias específicas para as ciências humanas, ora nomotéticas tal como as ciências naturais, em que a economia ou a administração, se desenvolviam bem; ora idiográficas, relativas a uma especificidade de seu objeto de estudo que não encontra nos parâmetros nomotéticos uma forma adequada de investigação, como no caso da história, da etnologia e da antropologia. De todo modo a questão continua incidindo sobre a adequação dos métodos e a legitimidade das ciências humanas enquanto ciência.

Como já dissemos acima, o advento da ciência para Lacan importa por falar de uma operação significante. Sua epistemologia se alinha mais do lado daqueles que reiteram essa pressuposição. Milner (1996) em *A obra clara* defende que podemos encontrar em Lacan não questões sobre se a psicanálise é ou não é ciência, mas um verdadeiro doutrinal da ciência. Segundo Milner, o doutrinal da ciência que encontramos em Lacan se resume nos discriminantes de Koyré, epistemólogo que defende a matematização do real como critério de corte científico e o discriminante de Popper e sua *Lógica das revoluções científicas* que defende o caráter de refutabilidade no fazer científico. Não se trata tanto de quantificação como nas ciências do Governo, que visam o gerenciamento e controle das populações, mas o de uma alteração no funcionamento da linguagem, do simbólico, do grande Outro do sujeito.

Lacan se recusa a reconhecer a designação de "ciências humanas" para a psicanálise por justamente reconhecer nelas "a própria voz da servidão" (Lacan, 1966/1998, p. 873). A possibilidade de intervir no real que se abre com a ciência é apropriado pelo sistema de produção capitalista mas não se esgota nele. É o veículo por onde ele se sustenta. Mas, como diz Lacan, tem algo na ciência, no fazer científico e nos seus efeitos que o capitalismo não controla.

A *Weltanschauung* científica hoje

Freud com a mesma certeza que afirma que a psicanálise é uma ciência da natureza (*Naturwissenschaft*) e não uma ciência do espírito (*Geisteswissenschaft*), em "A questão de uma *Weltanschauung*" (1933), alinha a psicanálise a uma visão de mundo cientifica com a grande vantagem de esta ser mais claudicante do que a visão de mundo produzida a partir da religião, da filosofia, da arte ou da magia. A ciência trouxe a dimensão da certeza graças à dimensão da dúvida, é assim que Freud valoriza a *Weltanschauung* científica.

Relembremos a definição que Freud dá:

> A *Weltanschauung* é uma construção intelectual que soluciona todos os problemas de nossa existência, uniformemente, com base em uma hipótese superior dominante, a qual, por conseguinte, não deixa nenhuma pergunta sem resposta e na qual tudo o que nos interessa encontra seu lugar fixo (Freud, 1933/1996, p. 155).

E o que interessa a Freud na *Weltanschauung* científica é que ela já diverge muito dessa definição. Na verdade, o que interessa a Freud é o fato de que "uma *Weltanschauung* erigida sobre a ciência possui [...] principalmente traços negativos" (Freud, 1933/1996, p. 177).

As práticas baseadas em evidências, fomentadas por manuais, normas médicas, bases de dados e políticas públicas, veiculam por sua vez, a partir da ciência, um Outro consistente, rotineiro, seguro e normalizador. Questionamos se elas não respondem por um modo eficaz de transmissão de uma *Weltanschauung* científica.

Esses métodos baseados em evidências ganham cada vez mais espaço, começando pela medicina baseada em evidências e se estendendo pelo campo da psicologia, da educação e das políticas sociais. Trata-se de dispor de um banco de dados que reúna todas as evidências cientificas possíveis dando-lhe um tratamento estatístico para traçar uma rotina para diagnóstico, prognóstico, terapêutica ou intervenções sociais, como no caso do planejamento familiar. Trata-se de fundamentar as práticas nas evidências produzidas pela pesquisa científica. No caso da medicina, essas práticas vêm se opor à medicina tradicional baseada na experiência do médico.

A virulência deste método chama atenção por fazer parecer que finalmente conseguiremos normativizar, padronizar práticas terapêuticas e práticas sociais a partir das evidências científicas. Será que realizamos a utopia da *Weltanschauung* científica, que Freud dizia ser por natureza precária? Não viria antes esta metodologia responder a um dispositivo de gestão, mais do que a um dispositivo científico? Um dispositivo de gestão da vida das populações, dos problemas demográficos, da saúde, da educação, dispositivo necessário para a vida contemporânea das cidades, como mostrou Michel Foucault.

A questão é que se deposita no ordenamento científico da realidade que as normatizações prescrevem uma proteção frente ao desamparo; a decisão médica, por exemplo, no caso da medicina baseada em evidências. Talvez hoje, diferente do tempo de Freud, a *Weltanschauung* científica seja menos claudicante do que deveria.

O argumento proposto para esta coletânea incide sobre o rebaixamento da lei simbólica à norma social e busca refletir sobre os efeitos disto para a sociedade contemporânea marcada por uma aliança estreita entre ciência e capitalismo.

Por que a demanda de análise cresce nos dias de hoje apesar de todas as outras possibilidades de intervenção? Que tratamento psicanalítico dar aos sintomas atuais no âmbito de uma cultura em que proliferam as ofertas para tratamento do mal-estar psíquico e/ou somático? Que dimensão a medicina e as psicoterapias não tocam e da qual pode falar a psicanálise? Essa dimensão é a da falha da normatização, pelo fato de que ela não suspende o desencontro sexual. Os códigos normativos fazem funcionar corpos em sociedade e não um corpo afetado pelo inconsciente. Neste, o que prevalece é a divisão sexual.

Referências bibliográficas

Assoun, P.-L. *Introdução à epistemologia freudiana.* Rio de Janeiro: Imago, 1983.

Bachelard, G. *Epistemologia. Trechos escolhidos.* Rio de Janeiro, Ed. Zahar, 1977.

Coelho dos Santos, T. *A questão de uma Weltanschauung psicanalítica: transmissão e laço social da psicanálise.* Anuário Brasileiro de Psicanálise, ano 1, 1991. Disponível em <http://www.isepol.com/bibliotecavirtual/8weltanschauung.pdf>.

Coelho dos Santos, T. & Lopes, R. G. *Psicanalise: ciência e discurso.* Rio de Janeiro: Ed. Cia de Freud, 2013.

Foucault, M. *Microfísica do poder.* Rio de Janeiro: Graal, 1992.

————. *Em defesa da sociedade.* São Paulo: Martins Fontes, 2010.

————. *Ditos e escritos,* v. IV: Estratégia, poder-saber. Rio de Janeiro: Forense Universitária, 2012.

Freud. S. (1921). Psicologia das massas e análise do eu. *Edição standard brasileira das obras psicológicas completas de Sigmund Freud,* v. XVIII. Rio de Janeiro: Imago, 1996.

________. (1933). Novas conferências introdutórias sobre psicanálise: Conferência XXXV – A questão de uma *Weltanschauung. Edição standard brasileira das obras psicológicas completas de Sigmund Freud,* v. XXII. Rio de Janeiro: Imago, 1996.

Lacan, J. (1954-1955). *O seminário, livro 2: o eu na teoria de Freud e na técnica da psicanálise.* Rio de Janeiro: Jorge Zahar, 1985.

————. (1964). *O seminário, livro 11: os quatro conceitos fundamentais da psicanálise.* Rio de Janeiro: Jorge Zahar, 1990.

————. (1968-1969). *O seminário, livro 16: de um Outro ao outro*. Rio de Janeiro: Jorge Zahar, 2008.

————. (1971). *O seminário, livro 18: de um discurso que não fosse semblante.* Rio de Janeiro: Jorge Zahar, 2009.

————. *Escritos.* Rio de Janeiro: Zahar, 1998.

Miller, J.-A. *O Outro sem Outro.* Acessível em: <http://www.diretorianarede.com.br/orientacao/orientacao005.asp>. Versão em francês: <http://amp-nls.org/downloads/JAM_Athenes2013.pdf>. Acesso em 10/06/2014.

Milner, J. C. *A obra clara.* Rio de Janeiro: Ed. Zahar, 1995.

Diagnóstico e classificação: da ordem simbólica à ordem de ferro

Maria Elisa F. G. Campos

Doutora em Psicologia pela Universidade Federal de Minas Gerais; Psicanalista e Psicóloga Judicial do Programa PAI-PJ (TJMG). E-mail: elisafgcampos@yahoo.com.br

Resumo

Este trabalho se propõe discutir a diferença entre diagnóstico e classificação a partir do conceito de psicopatia. Para isso retornamos às origens da noção de psicopatia na psiquiatria clássica, principalmente aos aportes de Kurt Schneider, até chegarmos aos Manuais Diagnósticos e Estatísticos da psiquiatria contemporânea. Nesse percurso, as contribuições de George Canguilhem e Michael Foucault nos servem como substrato para verificar que as classificações, tal como aparecem nos referidos manuais, baseiam-se na normatização, isto é, na tentativa de enquadramento dos sujeitos na norma social vigente. Apoiados em tais autores, também é possível demonstrar a posição da psicanálise em relação à psicopatia. Longe de realizar classificações prescritas e normativas, a psicanálise leva em consideração a forma discursiva e a dinâmica de gozo apresentada pelo paciente para fazer um diagnóstico estrutural. Cabe-nos, ainda, investigar como a psicopatia pôde ser compreendida neste referencial.

Palavras-chave: psicopatia; antissocial; norma; diagnóstico; classificação.

Abstract

Diagnosis and classification: from the symbolic order to the order of iron

This work aims to discuss the difference between diagnosis and classification using the concept of psychopathy. To do so we go back to the origins of the notion of psychopathy in the classic psychiatry, especially to the contributions of Kurt Schneider until we get to the current Diagnostic and Statistical Manual of Mental Disorders. In that course the contributions of George Canguilhem and Michel Foucault were served as substrate to verify that classifications, as they appear on the referred manuals, are based in normalization, i.e, in the attempt of framing the individuals to the current social norm. Supported by those authors it is also

possible to demonstrate the position of psychoanalysis towards psychopathy. Far from making prescribed and normative classifications, it takes in consideration the discursive form and the joy (*jouissanse*) dynamic showed by the patient to do a structural diagnosis. It is up to us; still, to understand how can be understood by that reference.
Keywords: psychopathy; antisocial; norm; diagnosis; classification.

Résumé

Diagnostic et classification: de l'ordre symbolique à l'ordre de fer

Cet article vise à discuter de la différence entre le diagnostic et la classification, en partant du concept de psychopathie. Pour cela, nous revenons aux origines de la notion de psychopathie dans la psychiatrie classique, en particulier les contributions de Kurt Schneider, jusqu'au Manuel diagnostique et statistique de la psychiatrie contemporaine. Sur le chemin, les contributions de George Canguilhem et Michel Foucault servent de substrat à vérifier que les classements, tels qu'ils apparaissent dans les manuels mentionnés sont basés sur la normalisation, à savoir, dans une tentative d'encadrer le sujet à la norme sociale. Soutenu par ces auteurs, il est également possible de démontrer la position de la psychanalyse par rapport à la psychopathie. Loin de réaliser des classements prescrits et normatifs, la psychanalyse

prend en compte la forme du discours et la dynamique de la jouissance présentés par le patient pour faire un diagnostic structurel. Il nous revient également d'étudier comment la psychopathie peut être comprise dans ce cadre.
Mots-clés: psychopathie; antisocial; norme; diagnostic; classification.

Em nossa tese de doutorado (2014), intitulada *Da classificação ao diagnóstico: a psicopatia entre a norma e a subjetividade*, discutimos a diferença existente entre *classificar* e *diagnosticar* no âmbito da saúde mental. Para tal empreitada, utilizamo-nos de um diagnóstico que surgiu na psiquiatria clássica – a psicopatia. Atualmente, esse diagnóstico desapareceu e o uso do termo *psicopatia* é coloquial, sendo a classificação atualmente conhecida como Transtorno de Personalidade Antissocial, de acordo com os manuais diagnósticos vigentes. Faz-se imperioso observar, como veremos adiante, como o diagnóstico de psicopatia foi se transformando ao longo dos anos: de sua concepção inicial, como algo que excede determinadas características da personalidade, para um transtorno em que o comportamento antissocial e a criminalidade passam a ser as principais características. Para entendermos essa mudança, precisaremos retornar à psiquiatria clássica e, posteriormente, fazer um percurso pela contemporaneidade da classificação. Após essa *démarche*, discutiremos se realmente se trata de um diagnóstico, tal como formulado por Freud em relação a uma defesa diante da castração, ou de uma classificação a partir de um desvio ou ruptura com as normas sociais vigentes, buscando encontrar as bases discursivas que a constituem.

1 – A origem do termo psicopatia

A psicopatia enquanto diagnóstico surge no seio da psiquiatria. Não há um consenso em relação a quem foi o responsável por forjar o termo em questão. Há várias discussões centradas no fato de que, embora Joseph Koch tenha sido o primeiro a fazer uso do termo ao cunhar a nomenclatura "inferioridades psicopáticas" em 1891, outros autores, muito antes dessa data, falaram de um quadro semelhante à psicopatia. Tais autores se referiram à psicopatia em um sentido genérico, ou seja, empregaram tal termo em sua acepção ampla, referente à "doença mental". Controvérsias à parte, torna-se fundamental destacar que o termo psicopatia surge em um contexto embebido de julgamentos valorativos e moralistas. O maior tributário dessa concepção foi Morel (1857) que, embora não falasse propriamente em psicopatia, se referia a um quadro que lhe era próximo em alguns aspectos. Morel (1809-1873) não se distancia dos outros autores da época e, como sua referência básica era a religião, afirmava que se tratava de um desvio da perfeição de Deus (Vommaro, 2008), sendo que todo desvio (de Deus) seria uma degeneração. Para ele, a psicopatia consistiria em uma "depravação das tendências morais" e o psicopata seria um "maníaco instintivo" (Bercherie, 1989, p. 116).

Antes de Morel, temos também James Prichard que, em 1812, fala de "insanidade moral" para se referir àquelas pessoas incapazes de controlar as suas condutas, sendo indivíduos que, embora não exibissem uma doença mental, se comportavam de modo impulsivo e pervertido (Vommaro, 2008).

Fazendo jus à controversa aparição do termo, de acordo com Skiadaressis (2008), o termo psicopatia foi cunhado por Evon Fentchetersleben e aparece em 1845 como uma enfermidade mental que não deve ser deduzida nem da mente, nem do corpo, e sim da relação entre ambos. Desenvolveu-se tal nomenclatura para designar transtornos que não seriam nem delirantes, nem alucinatórios, com preservação da lucidez. Em sua ambiguidade, a psicopatia foi também conhecida como *loucura lúcida*. Para alguns autores, trata-se de transtornos não classificáveis, enquanto para outros possui um caráter genético, podendo ser descrita como estados lábeis que facilmente desembocam em crises agudas atípicas, onde não falta a agressividade como correlato da impulsividade (Skiadaressis, 2008, p. 153).

Inicialmente, com Pinel (1745-1826), também no século XIX, para quem a psicopatia aparecia entre as personalidades anormais, a sua causa seria "a falta de educação" (Pinel, 2007). Esse iminente psiquiatra francês colocava a causa no terreno sociocultural e seus escritos propunham que a cura passava por adequar essas pessoas às novas ideias da sociedade francesa pós-revolução. Ele estendeu essa proposta ao tratamento do sofrimento psíquico em geral. Sabe-se que foi a partir desse autor que se fixou a concepção de uma loucura moral, na qual também se enquadram os psicopatas. Seu discípulo, Esquirol, foi-lhe fiel também nestas considerações.

Dentre tantos psiquiatras adeptos da origem educacional, moral ou biológica da psicopatia, encontramos Kurt Schneider, autor de referência para o diagnóstico de psicopatia na psiquiatria clássica.

2 – Kurt Schneider e as personalidades psicopáticas

Conforme nos lembra Allonso-Fernandez (1979), apesar de Koch ter escrito o primeiro livro sobre a psicopatia, Kurt Schneider foi quem escreveu o melhor. Não há como traçar uma evolução histórica do conceito de psicopatia sem concedermos uma atenção especial aos aportes teóricos desse renomado psiquiatra alemão. Kurt Schneider (1887-1967) tornou-se, na psiquiatria clássica, autor de referência para as chamadas "personalidades psicopáticas". Podemos dizer que ele foi o responsável por inserir, propriamente, a psicopatia no terreno psicopatológico. Ele se desfez de nuances moralistas e abordagens religiosas por completo, esforçando-se, a todo momento, em possibilitar uma apreensão da psicopatia a partir de pressupostos estritamente psicopatológicos, havendo ainda um pronunciado ímpeto por parte do autor em relacionar suas construções teóricas à sua clínica. Essa constante retomada de casos clínicos por parte de Schneider demonstra um método preocupado com a fala do paciente, movimento que foi se perdendo no terreno psiquiátrico, no qual o sintoma observável e diagnosticável fala a respeito do sujeito, não o contrário.

Em sua *Psicopatologia clínica* (1966), Kurt Schneider faz uma minuciosa caracterização das chamadas "personalidades psicopáticas". Para além de uma simples descrição, Schneider realiza um verdadeiro escrutínio que visa delimitar os diversos tipos psicopáticos. O autor acaba delineando dez desses tipos, que, em razão de sua extensão, não podem ser aqui descritos. Sua conceituação é amplamente conhecida e atualmente, com a transformação do diagnóstico para Transtorno de Personalidade Antissocial, criticada. Para Schneider, as personalidades psicopáticas são "aquelas que sofrem com sua anormalidade ou que assim fazem sofrer a sociedade" (Schneider, 1966/1976, p. 43-44).

Importante ressaltar que esse autor descreve as "personalidades psicopáticas" a partir de traços de personalidade, trazendo a impressão de uma observação clínica mais ampla, que inclui traços obsessivos, depressivos, de insegurança, ou seja, traços comuns a várias categorias diagnósticas. Dessa maneira, não se verifica em Schneider uma polarização da psicopatia como entidade nosológica típica e, sim, como uma manifestação de personalidades diversas. Para esse autor, não se deve identificar as disposições com a disposição *hereditária*: "A maioria das divisões de personalidades psicopáticas se faz estabelecendo-lhes os tipos de acordo com as propriedades mais destacadas e dominantes em cada caso. Assim fez Kraepelin desde 1896" (Schneider, 1966, p. 45).

Concluindo suas considerações sobre as personalidades psicopáticas, Kurt Schneider (1966) nos adverte que os tipos psicopáticos *não são diagnósticos*, além de apontar para a relatividade permanente quando se fala dos tipos psicopáticos. O autor critica os diagnósticos, afirmando que se referem apenas a um determinado aspecto do homem.

É interessante verificar como o autor foi criterioso quanto ao diagnóstico e, principalmente, em relação ao que ele caracterizou como "personalidades psicopáticas". Ele notou que, na maioria dos psicopatas, o essencial é o conteúdo e que, sem ele, só se tem o invólucro, a casca: "E o conteúdo, a qualidade, só se pode mostrar nos casos individuais, *portanto*, casuisticamente" (Schneider, 1966, p. 66; grifo do autor). Para ele, é muito raro que uma só qualidade predomine e caracterize uma pessoa a ponto de se poder designá-la corretamente por ela.

Podemos perceber certo pioneirismo em Schneider, uma vez que ele aborda, já na década de quarenta – portanto, anteriormente à pluralização dos diagnósticos que passa a ocorrer com a chegada dos manuais –, a questão referente à classificação desenfreada e ao excesso de etiquetas diagnósticas. Estas, como ele destaca, impedem o profissional de "ver o conteúdo, as circunstâncias e os motivos psíquicos das oscilações e dos fracassos, o biográfico e, com isso, as possibilidades da ação psicoterapêutica" (Schneider, 1966, p. 69).

É possível observar que Schneider concebe as psicopatias como anormalidades que prejudicam as relações sociais, mas não são mórbidas, uma vez que não é possível associá-las a enfermidades ou más-formações. O psiquiatra alemão, ao caracterizar os vários tipos de personalidades psicopáticas, não demarca, necessariamente, os atributos comumente relacionados ao atual portador do Transtorno de Personalidade Antissocial. Em seu sistema, percebemos inúmeras manifestações que passam ao largo do engessamento do sujeito em uma etiqueta diagnóstica. Aliás, a questão relativa ao "diagnóstico pelo diagnóstico" é fortemente criticada pelo autor já na década de vinte, assim como também o foi por Jaspers (1973). Em dissonância com a atual prática psiquiátrica, Schneider nos alerta para o perigo desse diagnóstico, uma vez que o mesmo não seria capaz de abarcar o sujeito em toda a sua complexidade. Poderia também cegar o psiquiatra para outras manifestações do indivíduo que não se encontrem encerradas no diagnóstico em questão. Schneider sublinha que sempre irão existir espaços clínicos vazios, que não podem ser obturados pelo diagnóstico, posição esta que Jaspers também compartilha, uma vez que demonstra ser contrário ao processo diagnóstico que não inclua verificar a fala do paciente.

Vejamos em seguida, a partir de autores como Cleckley e Hare, como essas formulações de Schneider foram sendo deixadas de lado.

3 – Harvey Cleckley: a psicopatia como uma máscara de sanidade

O livro *The mask of sanity: an attempt to clarify some issues bout the so-called psychopathic personality* (1941/1976), do psiquiatra americano Harvey Milton Cleckley (1903-1984), é tido como um dos mais importantes trabalhos contemporâneos a respeito da psicopatia, a ponto de muitos estudiosos do tema o considerarem como uma espécie de divisor de águas neste terreno de estudos.

A delimitação da psicopatia como personalidade antissocial foi estabelecida pelos teóricos da psiquiatria anglo-saxônica moderna, sobretudo por Cleckley. Podemos dizer que sua concepção produz o estreitamento do conceito de psicopatia em torno da personalidade antissocial (Henriques, 2009, p. 288).

Cleckley (1941/1976), valendo-se de inúmeros casos clínicos, muitos deles relatados em seu livro, acaba por condensar os seus achados no delineamento de dezesseis características que estariam comumente presentes na psicopatia; são elas: 1- charme superficial e boa "inteligência"; 2- ausência de ilusões e outros sinais de pensamento irracional; 3- ausência de "nervosismo" ou manifestações psiconeuróticas; 4- inconfiabilidade; 5- falsidade e/ou insinceridade; 6- ausência de remorso ou vergonha; 7- conduta antissocial inadequadamente motivada; 8- fraco juízo crítico e incapacidade de aprender com a experiência; 9- egocentrismo patológico e incapacidade de amar; 10- pobreza geral nas reações afetivas importantes; 11- perda específica de *insight*; 12- falta de reciprocidade nas relações interpessoais em geral; 13- conduta extravagante e desagradável com e, às vezes, sem bebida; 14- raramente chega ao suicídio; 15 vida sexual impessoal, trivial e pouco integrada; 16- fracasso ao tentar seguir um plano de vida.

Cleckley (1941/1976) mostra um posicionamento interessante ao dizer que a psiquiatria deveria ser mais modesta, não se prestando como uma panaceia. O autor nos alerta que essa especialidade médica, caso se preste a esse lugar de onipotência, torna-se mais sujeita à manipulação legal e forense. Diante desse quadro, Cleckley (1941/1976) diz que há muito pouco o que se fazer, mas que é fundamental que seja compreendido que os psicopatas são radicalmente diferentes dos psicóticos e dos neuróticos e que, em função disso, faz-se necessário criar uma nova perspectiva na condução do tratamento. O autor diz que é imprescindível que os psicopatas sejam vistos como indivíduos que sofrem de uma séria anormalidade psiquiátrica e que eles raramente melhoram, a despeito de um rigoroso tratamento. Cleckley (1941/1976) afirma, ainda, que aceitar essa condição já é, por si só, um passo a ser dado. Podemos pensar, portanto, que para o autor uma etapa do tratamento seria aceitar a sua intratabilidade.

Naquela que é considerada a obra-prima a respeito da psicopatia, torna-se fundamental demarcar que não se observa em Cleckley uma associação inequívoca entre a referida afecção e a criminalidade. Este autor, apesar de demonstrar grande dificuldade quanto a diagnosticar um indivíduo como psicopata, não o engessa em uma categoria carregada pelo estigma da maldade e da antissociabilidade. É possível afirmar que tal associação se configura, de fato, com Robert Hare e as sucessivas edições do DSM, tal como será exposto a seguir.

4 – O giro do diagnóstico para a classificação

É possível perceber, ao se buscar as origens da transformação do diagnóstico original da psicopatia em Kurt Schneider até chegar à sua atual classificação de "Transtorno de Personalidade Antissocial", como o DSM foi fundamental para tal transformação.

O DSM-I, lançado em 1952, não fala de psicopatia ou de "Transtorno de Personalidade Antissocial", e sim de "Perturbação Sociopática da Personalidade". Nessa primeira edição fica bastante evidente que os chamados psicopatas são considerados "doentes" à medida que neles se observa uma inconformidade com o ambiente social e cultural. Nesse contexto, a má adaptação social é a tônica, bem como a importância dada aos autores do manual para que os profissionais se atentem à possível existência de transtornos primários como a psicose, uma vez que tal afecção poderia ter como sintoma o comportamento sociopático.

Na segunda edição do DSM (1968), há a modificação da terminologia "Perturbação Sociopática da Personalidade" para "Personalidade Antissocial". A má adaptação ao meio ambiente continua sendo o foco do transtorno. Contudo, não podemos deixar de destacar a importância da mudança terminológica: o termo antissocial passa a ser incorporado ao quadro, o que não vem sem repercussões. A grande importância dada a um padrão de repetidos conflitos com a sociedade e a valorização de atributos como o egoísmo e a falta de culpa e remorso começam a reforçar o aspecto antissocial do diagnóstico, culminando na profunda associação entre o chamado transtorno e a criminalidade nas próximas edições.

Já no DSM-III (1986), a psicopatia passa a ser classificada como "Transtorno de Personalidade Antissocial", nomenclatura que perdura até os dias de hoje no DSM IV-R, ainda em uso no Brasil. Nessa terceira edição, observamos significativas modificações em relação ao quadro, assim como uma profunda mudança metodológica no modo como esse manual é concebido. O ateoricismo e o descritivismo passam a vigorar no DSM-III, o que lhe rendeu inúmeras críticas. Muito poderíamos falar a respeito das consequências desse novo modo de *classificar*, contudo, por ora, iremos nos deter no diagnóstico representado pelo Transtorno de Personalidade Antissocial. No que diz respeito a este, é possível constatar que, no DSM--III, a infância e a adolescência passam a ser consideradas nos critérios para a confecção do diagnóstico em questão. Nesta terceira edição, continua sendo observada a premente associação com o comportamento antissocial e passam a ser descritas, pela primeira vez no histórico do manual, diversas condutas ilícitas relacionadas aos critérios de classificação, vinculando, inequivocamente, esse transtorno à seara legal e penal.

O DSM-IV-TR (1994), por sua vez, indica que a característica essencial do quadro chamado "Transtorno Antissocial da Personalidade" é um padrão geral de depreciação e violação do direito dos demais, que começa na infância (transtorno dissocial, normalmente relacionado ao transtorno de déficit de atenção e hiperatividade) ou no princípio da adolescência. Para o diagnóstico diferencial, o sujeito deve ter ao menos 18 anos e deve ter apresentado sintomas dissociais (agressão a pessoas e animais, incluindo os ataques com violência e crueldade, fraudes e furtos, violação grave das normas, etc.) antes dos 15 anos de idade e que persistam na vida adulta. Ademais, ressalta-se que o comportamento antissocial não deve manifestar-se exclusivamente no transcurso de uma esquizofrenia ou de um episódio maníaco. Aqui já se verifica uma ruptura da possibilidade de intercessão desse campo com a psicose, fator determinante para marcar a intencionalidade da ação do portador do referido transtorno.

Na Classificação Estatística Internacional de Doenças e Problemas Relacionados com a Saúde (CID-10), este transtorno é chamado de "Transtorno de Personalidade Dissocial" (Código: F 60.2). Essa publicação é a mais utilizada pelos médicos para fornecer diagnósticos no Brasil, mas os DSMs também são amplamente consultados em se tratando de saúde mental.

Para finalizar esse percurso pelos DSMs, gostaríamos de trazer à discussão o recém-lançado DSM-V (2013), no qual uma nova forma de medição se torna prevalente, principalmente no que tange ao "Transtorno de Personalidade Antissocial", nele mantido sob essa mesma alcunha. Além de o diagnóstico ser feito em termos categoriais, ou seja, concebido em relação à presença ou ausência de determinados "sintomas", passam a ser avaliadas também as diferenças de intensidade de determinado "sintoma" em diferentes categorias. Exemplos dessas dimensões podem ser encontradas, de acordo com os formuladores do manual, em classificações como o T.O.C ("Transtorno obsessivo-compulsivo"), no qual a compulsividade pode se apresentar em menor ou maior escala. Também nos transtornos alimentares, como a anorexia e a bulimia, poderá ser avaliada a forma de apresentação do transtorno de forma quantitativa.

A avaliação dimensional é certamente uma das características mais criticadas dessa nova e controversa edição. Allen Frances, um dos maiores críticos do DSM-V – apesar de, ironicamente, ter sido o editor chefe do DSM-IV – diz que tal método só irá criar maiores números de diagnósticos que irão engendrar, como consequência, uma ainda mais excessiva medicalização dos indivíduos. Outros críticos também acreditam que a avaliação dimensional é um "erro tremendo" (Greenberg, 2010, p. 9), uma vez que os testes concebidos para se avaliar a escala de patologia estão muito longe de poderem ser utilizados.

O DSM-V também defende uma nova bandeira, a saber, a intervenção precoce (Greenberg, 2010, p. 9), e novamente vêm à tona críticas em relação à hiperpatologização e medicalização da infância e da adolescência.

Como conclusão, é interessante extrair desse resgate da psicopatia nas distintas edições do DSM que há uma modificaçao constante caracterizada por um maior número de manifestações e o atrelamento destas à prevalência do comportamento antissocial. Se nos DSMs I e II prevalecia a caracterização da psicopatia como um transtorno que assinalava o desajuste do indivíduo com as normas sociais, no DSM-III essa concepção se altera: mesmo que o desajuste social se mantenha, passa a assumir maiores proporções, uma vez que há o seu atrelamento ao domínio da criminalidade. Tal ligação continua a se fazer presente no DSM-IV e no DSM-V, não havendo grandes modificações em relação ao modo como o transtorno aqui discutido é concebido.

5 – O estreitamento da vinculação da psicopatia com o comportamento criminoso

Seguindo nas pistas da transformação do diagnóstico da psicopatia em "Transtorno de Personalidade Antissocial", encontramos um autor de relevância que contribui enormemente para selar o estreitamento da vinculação da psicopatia ao comportamento criminoso: Robert Hare.

Robert Hare, assim como Harvey Cleckley, constitui-se como um dos mais importantes estudiosos a respeito da psicopatia. Ainda bastante atuante, Hare empreende grandes esforços para tratar a psicopatia a partir de um viés estritamente científico, o que culminou na construção do teste psicológico mais utilizado mundialmente para detectar e medir a psicopatia, a escala Hare (PCL-R).

Em *Psicopatia – Teoria e pesquisa* (1973), trabalho que antecede a construção do citado teste, Hare faz uma sistemática retomada bibliográfica de autores psiquiátricos com o intuito de conceituar a psicopatia. Valendo-se enormemente das contribuições de Cleckley, embora as extrapole, uma vez que insere uma série de novos sintomas no quadro, Hare se debruça sobre a psicopatia, inquietado com o funcionamento fisiológico e cerebral dos psicopatas, a sua inteligência, o modo como aprendem e como se socializam, aplicando uma série de testes para capturar tais aspectos.

Valendo-se de uma amostra de 143 homens brancos e encarcerados, de 18 a 53 anos, e estabelecendo uma média de idade de 26,3 anos, esse autor estabelece vinte e dois critérios para se pensar o diagnóstico de psicopatia; são eles: 1- loquacidade/charme superficial; 2- diagnóstico prévio como psicopata; 3- egocentrismo/superestima; 4- tendência ao tédio/baixa tolerância à frustração; 5- mentira patológica; 6 - manipulação/falta de sinceridade; 7- ausência de remorso ou culpa; 8- insensibilidade afetivo-emocional; 9- crueldade/falta de empatia; 10- estilo de vida parasitário; 11- pobre controle comportamental e temperamento explosivo; 12- promiscuidade sexual; 13- transtornos de conduta na infância; 14- ausência de metas realistas a longo prazo; 15- impulsividade; 16- comportamento irresponsável como pai; 17- problemas conjugais frequentes; 18- delinquência juvenil; 19- risco em caso de liberdade condicional; 20- fracasso em aceitar responsabilidades pelas próprias ações; 21- diferentes tipos de delito; 22- abuso de álcool ou uso de drogas sem ser necessariamente causado pelo comportamento antissocial. Estes itens também compuseram um teste psicológico adaptado à população brasileira por Hilda Morana (2003).

Revela-se, a partir dos itens elencados acima, o caráter apriorístico e subjetivo do teste criado por Hare, sendo que tais evidências não permitem configurar necessariamente um diagnóstico. Muitos dos critérios utilizados para definir um psicopata podem ser facilmente encontrados em outros tantos diagnósticos. Observa-se ainda a relevância dada ao aparecimento de elementos antissociais na infância e juventude, fator que pode levar à construção de políticas de ampla medicalização, bem como à exclusão (segregação) das pessoas aí classificadas.

6 – Psicopatia: diagnóstico ou classificação?

Após esse percurso e problematização do diagnóstico de psicopatia e a sua transfiguração em Transtorno de Personalidade Antissocial, resta-nos ainda indagar se podemos aqui falar de um diagnóstico com o rigor clínico utilizado anteriormente pela psiquiatria clássica, ou apenas de uma classificação, quando se lançam indivíduos para uma determinada classe a partir da contraposição destes à norma social. Para entendermos tal distinção, resta-nos percorrer alguns autores de referência para ampliarmos essa discussão. Iniciaremos com Freud e sua definição de defesa contra a castração, sendo este o elemento distintivo da estruturação psíquica, isto é, particular a cada estrutura.

Na leitura de Brousse (2009), será no texto "A negativa" (1925) que Freud liga as estruturas clínicas em psicanálise à negação. Essa negação poderá se dar de três formas: negação enquanto recalque, negação enquanto desmentido da castração e a negação enquanto forclusão (recusa). Com essa referência, verificamos que não se trata, na classificação do Transtorno de Personalidade Antissocial ou do psicopata, de levar essa categoria automaticamente para o campo da perversão, cuja negação se dá pelo processo do desmentido, a *Verleugnung* freudiana. Por se tratar de uma categoria em que o comportamento se destaca por atitudes antissociais e, muitas vezes, como vimos em Schneider, *faz sofrer aos outros*, tende-se automaticamente a levar a classificação para o campo da perversão ou perversidade.

Nossa experiência com a clínica das passagens ao ato criminosas nas psicoses nos permite inferir que muitos dos casos de indivíduos que cometem crimes, até mesmo graves, e são classificados como psicopatas na realidade são psicóticos. Verifica-se aí um apriorismo classificatório e uma tendência a se classificar pelo ato. Trata-se de tomar o ato como critério para determinar uma classe de sujeitos que devem ser segregados. O ato criminoso, por excelência antissocial, uma vez que rompe com o pacto de convivência em sociedade, reforça a categorização para o citado transtorno. Tal automatismo acaba por contribuir para uma recusa de tratamento para esses sujeitos, elencados nos manuais como sendo *perigosos* e *intratáveis*. Sem nos delongarmos em termos de comportamentos antissociais, veremos como a psicanálise pode contribuir para essa discussão.

7 – Da *Verleugnung* à *Verwerfung*: contribuições da psicanálise

Se tomarmos o título deste livro, *Os corpos falantes e a normatividade do supersocial*, podemos nos inserir nessa discussão pensando na passagem do diagnóstico à classificação como sendo aquela que sai da referência à lei simbólica (diagnóstico) para a normatividade da classificação. Com o passar do tempo – na época do Outro que não existe – e com o surgimento dos manuais diagnósticos (DSM e CID), o diagnóstico de psicopatia perde sua categorização de algo que excede determinada classe, como um traço que se exacerba, assim como vimos em Schneider anteriormente. Por que esse diagnóstico caminha no sentido da criminalidade e do comportamento antissocial? A que discurso interessa essa aproximação com a criminalidade?

Quando voltamos a Michel Foucault (1978/2006), podemos verificar que o surgimento da psiquiatria se dá em busca do seu reconhecimento como uma especialidade médica e de um campo de saber. Saber-poder a serviço da ordem social, como o autor também destaca em *A história da loucura na Idade Clássica* (1972/2010). Mais do que uma categoria a estudar, o tratamento da doença mental surge como forma de controle e higiene pública. A partir de Foucault, podemos inferir que se trata de um discurso médico a serviço do discurso jurídico, uma vez que é em torno do grande acontecimento criminal que a psiquiatria se propõe a desvendar que ela garante seu lugar nos tribunais. Como detentora do saber a respeito dos motivos dos crimes imotivados, ela conquista definitivamente seu lugar ao lado do aparato jurídico. A condição de *expert* lhe é assegurada por este último campo, que aceita se desvencilhar do doente mental, entregando-o à confiança do saber-poder médico.

A psicologia, nascida logo em seguida, também se propõe ocupar esse lugar de saber-poder ao oferecer respostas sobre o comportamento humano. Lembramos aqui os testes psicológicos e a tentativa de busca de cientificidade a partir destes pela psicologia. O discurso pedagógico também não se coloca fora desse campo, uma vez que, desde Pinel, aborda-se o tema da psicopatia como sendo de "falta de educação". Não precisamos ir muito longe para verificar que no sistema prisional utiliza-se o significante "reeducando" para tratar os presos de uma maneira geral. Trata-se aí de uma reeducação? Ou de uma falha na socialização? Ou tratar-se-ia, nessa classificação, de um déficit na assimilação dessa negativa, tal como ocorre na psicose?

Ainda que a psicopatia não possa ser considerada como um diagnóstico psicanalítico, o aporte teórico da psicanálise possui uma série de elementos que podem, em muito, auxiliar em sua elucidação. Como nos lembrou Brousse (2009), podemos dizer de certa recusa da psicanálise quanto a trabalhar com categorias intermediárias, por razões epistemológicas e éticas ao mesmo tempo: "fazer um diagnóstico é sempre considerado por Lacan como um ato que implica uma decisão que exige ser argumentada logicamente e confirmada do ponto de vista clínico" (Brousse, 2009, p. 2). A autora cita categorias como o *borderline* ou as chamadas "personalidades narcísicas" e nos propomos a incluir aí o transtorno de personalidade antissocial, uma vez que se trata de categorias que se revelam por si mesmas inoperantes do ponto de vista da psicanálise. Será a clínica do caso que nos dará elementos para a tessitura do diagnóstico.

Devemos lembrar que alguns trabalhos de orientação lacaniana recentes podem ser de grande auxílio na elucidação do problema representado pela psicopatia. Como postulou Jean-Claude Maleval (2010), o comportamento antissocial ou a atuação perversa podem ser compreendidos como uma espécie de tentativa de estabilização da psicose, sendo que muitos sujeitos psicóticos podem se valer de suplências perversas como um modo de amarração que os defende contra o desencadeamento da psicose.

À medida que aproximamos o Transtorno de Personalidade Antissocial do contexto psicanalítico, torna-se necessário tecer algumas considerações quanto ao estatuto desse transtorno. Há uma diferença entre concebê-lo como um quadro resultante de uma defesa erigida contra a castração e compreendê-lo como uma classificação orientada pela norma social. Há, portanto, a necessidade de distinguirmos a noção de diagnóstico daquela referente à classificação. Mais que isso, é preciso diferenciar o modo como se realiza o diagnóstico em psicanálise do modo como ele é feito atualmente pela psiquiatria. Essa empresa será realizada, mais adiante, a partir dos aportes advindos da obra de George Canguilhem (1943/2010) *O normal e o patológico*. Por ora, iremos nos concentrar na questão relativa à defesa contra a castração, uma vez que acreditamos ser possível nos debruçarmos sobre o Transtorno de Personalidade Antissocial servindo-nos do referencial teórico psicanalítico. Afinal, de que defesa se trata no transtorno em questão?

Muitos psicanalistas que buscam pesquisar o problema representado pela psicopatia defendem que ela seria uma manifestação da perversão. Não é incomum encontrarmos em teorizações de importantes autores, como Melanie Klein (1927), Ferenczi (1928) e Otto Fenichel (1945), certa relação de equivalência entre a perversão e a psicopatia. Assim, é importante resgatar que existem relevantes teóricos que inserem a psicopatia no bojo da perversão, bem como existem aqueles que a encaixam no âmbito da psicose, como Mellitta Schmideberg (1935) e Joseph (1959).

Se considerarmos a ideia de perversão, do ponto de vista metapsicológico, como uma estrutura clínica cuja posição frente à castração se faz observar na eleição por um fetiche, no sadomasoquismo e em seus efeitos discursivos na fala do sujeito, não podemos, de forma automática, reduzir a psicopatia ao domínio da perversão. É preciso dar um passo além para não criarmos equívocos que seriam frutos de uma imprecisão tanto epistêmica quanto clínica. Desse modo, faremos um breve delineamento do modo como Freud compreende a perversão, movimento necessário para complexificarmos a quase natural e frequente associação de equivalência entre psicopatia e perversão.

Para recobrarmos essa discussão sobre as diferentes formas de negativa faz-se necessário um retorno aos três termos freudianos que a ela se referem: *Verdrängung*, *Verleugnung* e *Verwerfung*. A partir desses termos estaremos ou diante da neurose, que tem como modo de defesa o recalque, ou da perversão, na qual o sujeito se defende pelo desmentido da castração, ou, ainda, diante de uma psicose, terceira forma de defesa, na qual o sujeito se recusa quanto a consentir com a castração.

É possível encontrar na obra freudiana alguns momentos que são fundamentais para demarcarmos como o psicanalista constrói o diagnóstico de perversão. O primeiro momento data de 1905 (1980), em seus "Três ensaios sobre a teoria da sexualidade", ocasião em que afirma que a neurose é o negativo da perversão. Nesse momento, observa-se uma aproximação entre as duas estruturas, neurose e perversão, e a delimitação que faz Freud diz respeito ao fato de as fantasias de cunho perverso aparecerem em ambas as estruturas, com a diferença de que na neurose ela é recalcada, enquanto na perversão é atuada.

Um segundo momento de suma importância para a questão da fantasia é aquele do artigo "Uma criança é espancada" (1919/1980), quando Freud parte da observação clínica de seis casos de pacientes para construir uma verdadeira gramática da fantasia. Esse texto é referência capital para ampliar a discussão sobre a gênese do masoquismo, posição perversa que será melhor trabalhada no artigo de 1924.

Se tomarmos o modelo freudiano para compreendermos a perversão estaremos diante da *Verleugnung*, do desmentido da castração. Contudo, o ponto mais importante em relação a esse modelo compreensivo é o fetichismo. Este também é o título de um artigo de 1927 (1980) no qual Freud elabora a ideia de que o fetichismo é um substituto para o pênis da mãe. A existência do pênis materno se articula como uma ideia na qual a criança acredita nessa presença até o momento em que se depara com a realidade da castração da mãe. Dessa maneira, diante de uma percepção terrificante, do vislumbre de uma realidade que põe a onipotência da mãe em risco, a criança pode se valer de um mecanismo que busca se contrapor ao choque por ela sentido, qual seja, o mecanismo da recusa da castração, pelo desmentido (*Verleugnung*). Desse modo, a percepção real se mantém, enquanto a afirmação inconsciente de que o pênis materno continua a existir faz com que a sua representação se desloque para outro objeto – o fetiche. Este significa "o triunfo sobre a ameaça de castração e uma proteção contra ela" (Freud, 1927/1980, p. 181). O fetiche acaba adquirindo, portanto, um papel nodal no gozo perverso. Na obra lacaniana encontramos inúmeros elementos para ampliar essa discussão sobre a perversão, mas nos limitaremos aqui à delimitação freudiana da defesa contra a castração.

Com esse conciso resgate a respeito do modo como a perversão foi concebida por Freud não encontramos elementos que nos autorizem a sustentar a corrente associação entre psicopatia e perversão. Torna-se necessário ampliar essa discussão e deixar essa classificação que aparece, a maior parte das vezes, associada a comportamentos antissociais e/ou criminosos para que possamos encontrar aí um sujeito que normalmente é obliterado quando se aplica a ele essa nomeação de psicopata ou portador de um Transtorno de Personalidade Antissocial. É preciso certo grau de cautela quando essa associação entre psicopatia e perversão se faz presente de forma natural e automática.

Nossa experiência com casos de psicóticos que cometem crimes nos permite inferir que o quadro representado pelo Transtorno de Personalidade Antissocial, quando lido a partir de pressupostos psicanalíticos, não é *necessariamente* um distúrbio resultante da *Verleugnung*, não se inserindo de modo inequívoco no terreno da perversão. Esta estrutura é marcada por uma desordem sexual na qual o fetiche e o sadomasoquismo são índices necessários.

Após esse distanciamento do aporte da *Verleugnung* para compreender o Transtorno de Personalidade Antissocial, podemos levar a discussão para um campo que muitas vezes nos surpreende na clínica dos casos de cometimento de crimes graves: a *Verwerfung* e suas implicações para o pacto social.

Retomando a referência citada anteriormente, verificamos que Marie-Hélène Brousse (2009, p. 9) se remete a Lacan em seu seminário dos anos de 1973-1974, *Les non-dupes errent* (inédito), para recobrar que é necessário que haja uma hiância entre a negação como princípio lógico e a negação enquanto ligada ao interdito: "Deve-se passar do princípio de negação que organiza a linguagem ao princípio do interdito, princípio social organizador". O Nome-do-Pai é o que vem velar essa hiância. Com essa indicação, podemos nos indagar: para compactuar com o pacto social não é fundamental a presença desse consentimento do sujeito ao interdito? Não é esse consentimento que nos coloca "de acordo com a lei"? Da mesma forma, a autora nos lembra de que quando esse foracluído do simbólico (NP) retorna no real os efeitos podem ser desastrosos, tal como se observou no caso de Schreber. O Nome-do-Pai foracluído, de acordo com Lacan, na aula de 19/03/1974 (Lacan, 1973-1974: inédito), retorna como normas sociais no discurso. Nessa aula de Lacan, ele fala de uma "ordem de ferro" para se referir à ordem social fundada não sobre a função do pai que nomeia, mas sobre a curva de Gauss cuja normalidade é mediana. Ela ocorre quando o sentido sexual se transforma em sentido social, sentido comum e comportamento ordinário (Brousse, 2009, p. 10).

Diante dessa "intuição fulgurante de Lacan" (Brousse, 2009, p. 10), não podemos de certa forma prever que os efeitos no social serão cada vez mais de passagens ao ato, quando se substitui o S1 do discurso do mestre pela cifra, pela média da norma? Para entendermos melhor essa assertiva será necessário que retornemos a George Canguilhem e toda a discussão que faz em termos da norma e da anormalidade, em sua célebre obra *O normal e o patológico* (2010). Este tema, considerando--se sua importância e extensão, será tratado num outro artigo.

Referências bibliográficas

American Psychiatric Association. DSM- I. Disponível em <http://dsm.psychiatryonline.org/data/PDFS/dsm-i.pdf>. Acesso em 15/06/2011, 1952.

American Psychiatric Association. DSM-II. Disponível em <http://dsm.psychiatryonline.org/data/PDFS/dsm-ii.pdf>. Acesso em 15/06/2011, 1968.

American Psychiatric Association. DSM-III. Disponível em <http://dsm.psychiatryonline.org/data/PDFS/dsm-iii-r.pdf>. Acesso em 15/06/2011, 1980.

American Psychiatric Association. (1995). *Manual diagnóstico estatístico de transtornos mentais – DSM-IV*. Porto Alegre: Artes Médicas, 2002.

American Psychiatric Association. DSM-V. Disponível em <http://dsm.psychiatryonline.org/data/PDFS/dsm-iii-r.pdf>. Acesso em 05/12/2013, 2013.

Alonso-Fernandez, F. Las personalidades psicopáticas. In: *Fundamentos de la psiquiatría actual* (Tomo II). Madrid: Editorial Paz Montalvo, 1979.

Bercherie, P. (1989). *Os fundamentos da clínica: história e estrutura do saber psiquiátrico*. Rio de Janeiro: Jorge Zahar.

Brousse, M.-H. A psicose ordinária à luz da teoria lacaniana do discurso. *Latusa Digital*, 6, 38. Disponível em <http://www.latusa.com.br/latusa_revista_digital_38.html>. Acesso em 16/06/2014, 2009.

Campos, M. E. F. G. (2014). *Da classificação ao diagnóstico: a psicopatia entre a norma e a subjetividade.* Tese de doutorado. Programa de Pós-Graduação em psicologia, Faculdade de Filosofia e Ciências Humanas, Universidade Federal de Minas Gerais. MG, 2014.

Canguilhem, G. (1943). *O normal e o patológico.* Rio de Janeiro: Forense Universitária, 2010.

————. (1963-1966). *Novas reflexões referentes ao normal e o patológico.* Rio de Janeiro: Forense Universitária, 2010.

Cleckley, H. (1941). *The mask of sanity: an attempt to reinterpret the so-called psychopathic personality.* St. Louis, MO: C. V. Mosby, 1976.

Fenichel, O. (1945). *Teoria psicanalítica das neuroses.* Rio de Janeiro: Atheneu.

Ferenczi, S. (1928). A adaptação da família à criança. In: *Obras completas,* v. II. São Paulo: Martins Fontes, 1992.

Foucault, M. & Motta, M. B. da. (2005). A vida, a experiência e a ciência. In: *Arqueologia das ciências e história dos sistemas de pensamento.* Rio de Janeiro: Forense-Universitária, 2005.

Freud, S. (1905). Três ensaios sobre a teoria da sexualidade. *Edição standard brasileira das obras psicológicas completas de Sigmund Freud,* v. VII. Rio de Janeiro: Imago, 1980.

————. (1919). Uma criança é espancada: uma contribuição ao estudo da origem das perversões sexuais. *Edição standard brasileira das obras psicológicas completas de Sigmund Freud,* v. XVII. Rio de Janeiro: Imago, 1980.

————. (1924). O problema econômico do masoquismo. *Edição standard brasileira das obras psicológicas completas de Sigmund Freud,* v. XIX. Rio de Janeiro: Imago, 1980.

————. (1925). A negativa. *Edição standard brasileira das obras psicológicas completas de Sigmund Freud*, v. XIX. Rio de Janeiro: Imago, 1980.

————. (1927). Fetichismo. *Edição standard brasileira das obras psicológicas completas de Sigmund Freud*, v. XXI. Rio de Janeiro: Imago, 1980.

Foucault, M. (1972). *História da loucura na Idade Clássica*. São Paulo: Perspectiva, 2010.

————. (1974-1975). *Os anormais*. São Paulo: Martins Fontes, 2001.

————. (1978). A evolução da noção de "indivíduo perigoso" na psiquiatria legal do Século XIX. In: *Ética, sexualidade e política*. Rio de Janeiro: Forense Universitária, 2006.

Greenberg, G. Inside the battle to define mental illness. In: *Wired Magazine*. Disponível em <http://www.wired.com/magazine/2010/12/ffdsmv/>. Acesso em 19/02/2014, 2014.

Hare, R. *Psicopatia: teoria e pesquisa*. Rio de Janeiro: Livros Técnicos e Científicos, 1973.

Henriques, R. P. De H. Cleckley ao DSM-IV-TR: a evolução do conceito de psicopatia rumo à medicalização da delinquência. *Revista Latinoamericana de Psicopatologia Fundamental*, v. 12, n. 2, p. 285-302, 2009.

Jaspers, K. *Psicopatologia geral*, v. 2. Rio de Janeiro: Livraria Atheneu S/A, 1973.

Joseph, B. (1959). Algumas características da personalidade psicopática. In: Feldman, M. & Barros, E. R. *Equilíbrio psíquico e mudança psíquica: artigos selecionados de Betty Joseph*. Rio de Janeiro: Imago, 1992.

Klein, M. (1927). Tendências criminais em crianças normais. In: *Contribuições à psicanálise*. São Paulo: Mestre Jou, 1981.

Lacan, J. (1962-1963). *O seminário, livro 10: a angústia*. Rio de Janeiro: Jorge Zahar, 1998.

————. (1967). Proposição de 9 de outubro de 1967 sobre o psicanalista da Escola. *Outros escritos*. Rio de Janeiro: Jorge Zahar, 2003.

————. (1973-1974). *Le Séminaire, livre XXI: Les non--dupes errent*. Inédito.

Maleval, J. C. (1996). Suplencia perversa en un sujeto psicótico. In: *La actualidad del sintoma*. Montivideo: Psicolibros Waslala, 2010.

Morana, H. C. P. (2003). *Identificação do ponto de corte para a escala PCL-R (Psychopatyc Checklist Revised) em população brasileira forense: caracterização de dois subtipos de personalidade; transtorno global e parcial*. Tese de doutorado. Faculdade de Medicina, Universidade de São Paulo. SP. Disponível em <http://www.teses.usp.br/teses/disponiveis/5/5142/tde-14022004-211709/pt-br.php>. Acesso em 02/05/2013.

Pinel, P. *Tratado médico-filosófico sobre a alienação mental ou a mania*. Porto Alegre: Ed. UFRGS, 2007.

Roudinesco, E. Georges Canguilhem: uma filosofia do heroísmo. In: *Filósofos na tormenta: Canguilhem, Sartre, Foucault, Althusser, Deleuze e Derrida*. Rio de Janeiro: Jorge Zahar, 2007.

Schmideberg, M. The psycho-analysis of asocial children and adolescents. *International Journal of Psycho-Analysis*, n. 16, p. 22-48, 1935.

Schneider, K. (1966). *Psicopatologia clínica*. São Paulo: Mestre Jou, 1976.

Skiadaressis, R. El diagnóstico de psicopatia. In: Miller, J.-A. et al. *Psiquiatría y psicoanálisis: perversos, psicópatas, antisocia-*

les, caracterópatas, canallas, v. 2. Buenos Aires: Grama Ediciones, 2008.

Vommaro, H. Las psicopatías. Una perspectiva. In: Miller, J.-A. et al. *Psiquiatría y psicoanálisis: perversos, psicópatas, antisociales, caracterópatas, canallas*, v. 2. Buenos Aires: Grama Ediciones, 2008.

Parte IV

A ordem de ferro e a violência

A psicose ordinária à luz da teoria lacaniana do discurso[1]

Marie-Hélène Brousse

Analista Membro da École de la Cause Freudienne (ECF); Membro da Escuela de la Orientación Lacaniana (EOL); Membro da New Lacanian School (NLS); Membro da Associação Mundial de Psicanálise (AMP).

Resumo

Mesmo se aceitamos que fazer um diagnóstico implica sempre um efeito arbitrário, ligado à própria lógica de qual-

---

[1] O presente artigo refere-se a um evento organizado por Marie-Hélène Brousse em julho de 2008, em Paris, a pedido de Jacques Alain Miller. Tradução realizada por Patrícia Cagnet e Adrian Price e revista pela autora. Texto originalmente publicado com o título "La psychose ordinaire à la lumière de la théorie lacanienne du discours". em *Quarto* n° 94/95. Revue de psychanalyse – ECF--Bruxelas, junho de 2009, p. 10-15. Tradução de Marcia Mello de Lima. Artigo primeiramente traduzido e publicado em *Latusa Digital*, ano 6, número 38, setembro de 2009.

quer classificação, mesmo se o real dos fenômenos clínicos apareça pelo viés da instauração de critérios seletivos que, por acréscimo, o organiza, a psicose tende hoje, ao mesmo tempo, a se desenvolver por um lado e a se modificar por outro. O segundo ponto é que a proliferação desses casos impossíveis de classificar indica um para-além da perspectiva estritamente estruturalista.

Palavras-chave: psicose ordinária; Nome-do-Pai; nomear-para; supersocial.

Abstract

The ordinary psychosis under Lacanian theory of the discourse view

Even if we accept that producing a diagnosis always involves an arbitrary effect linked to the logic of any rating, even if the real of clinical phenomena appears through the bias of the introduction of selective criteria that, will also organize it, psychosis tends Today, the same time, to develop on the one hand and to change on another. The second issue is the multiplication of cases that are impossible to rate, indicating a place beyond the purely structuralist perspective.

Keywords: ordinary psychosis; Name of the Father; to name; supersocial.

Résumé

La psychose ordinaire à la lumière de la théorie lacanienne du discours

Même si nous acceptons que faire un diagnostic implique toujours un effet arbitraire lié la logique même de toute classification, même si le réel des phénomènes cliniques apparait à travers l'instauration de critères sélectifs qui, en amont, l'organise, la psychose néanmoins tend aujourd'hui à la foi à se développer d'une part et à changer d'autre part. Le deuxième point c'est la prolifération de ces cas impossible à classer indique un au delà de la perspective strictement structuraliste.

Mots-clés: psychose ordinaire; Nom du père; nommer-à; supersocial.

Introdução

O termo psicose ordinária foi inventado e introduzido em nosso campo por Jacques-Alain Miller, em 1998, por ocasião de um dos encontros anuais das Seções Clínicas francófonas que fazem parte do Instituto do Campo freudiano. Esse termo se inscreve em um programa de pesquisa iniciado dois anos antes. O título do primeiro encontro era "Efeitos de surpresa nas psicoses" (Miller, 1997). O segundo, um ano mais tarde, os "Casos raros" (Miller, 1998), questionava as normas clássicas da clínica lacaniana da psicose tal como elas foram definidas no *Seminário 3* (Lacan, 1955-1956/1985) e no texto dos *Escritos* "De uma questão preliminar a todo tratamento possível da psicose" (Lacan, 1959/1998). Foi no curso do terceiro tempo (Miller et al., 2005) desse programa de pesquisa que Jacques-Alain Miller propôs o termo psicose ordinária e uma nova elaboração clínica e teórica a partir da constatação de que esses casos "raros" não eram assim tão raros; ao contrário, muito frequentes.

Nessa época tornou-se claro que convinha admitir que certo número de fatos clínicos escapava às categorias utilizadas. Primeiramente, em toda prática analítica em consultório particular ou em instituição era evidente o aumento do número de casos de psicose. Mesmo se aceitamos que fazer um diagnóstico implica sempre um efeito arbitrário, ligado à própria lógica de qualquer classificação, mesmo se o real dos fenômenos clínicos apareça pelo viés da instauração de critérios seletivos que, por acréscimo, o organiza, a psicose tende hoje, ao mesmo tempo, a se desenvolver por um lado e a se modificar por outro. O segundo ponto é que a proliferação desses casos impossíveis de classificar indica um para-além da perspectiva estritamente estruturalista.

Vou lembrar brevemente os três fundamentos sobre os quais repousa a teoria clássica freudiana e lacaniana da psicose.

Primeiramente a supremacia, o privilégio, no primeiro Lacan, do registro simbólico sobre os registros imaginário e real.

Em segundo lugar, a organização de uma aproximação clínica em torno de um eixo central conhecido sob o termo Nome-do-Pai. Mesmo se Lacan considere o fenômeno psicótico como não deficitário, o conceito de foraclusao do Nome-do-Pai implica uma falta, a falta do significante paterno na ordem simbólica.

O terceiro ponto sobre o qual repousa a abordagem clássica lacaniana da psicose é a recusa de categorias intermediárias por razões epistemológicas e éticas ao mesmo tempo. Fazer um diagnóstico é sempre considerado por Lacan como um ato que implica uma decisão que exige ser argumentada logicamente e confirmada do ponto de vista clínico. Justamente porque determinadas categorias, tais como *borderline* ou "personalidade narcísica", se revelam por si mesmas inoperantes para nós em termos de tratamento; razão pela qual Lacan não desejava utilizá-las. Essa disciplina alcança seus frutos.

Dois movimentos impeliram à modificação dessa primeira orientação.

O primeiro foi a vontade de não transformar o que era uma prática flexível em uma doxa rígida, transformando diagnóstico, fenômeno e estrutura na crença em um real que podia *in fine* tornar cego um material clínico bem diferente dos fenômenos esperados.

O segundo movimento – talvez o mais importante – foi largamente imposto pelo ensino do último Lacan, que já havia antecipado uma mudança de época na clínica dos sintomas. A teoria do discurso nos permite compreender as modificações do discurso do mestre, tal como Lacan o escreveu.

Discurso do mestre

$$\uparrow \frac{S_1}{\$} \xrightarrow[//]{} \frac{S_2}{a} \downarrow$$

No que concerne ao discurso do mestre, o nome – no sentido determinante que ele tem na expressão Nome-do--Pai – tem a ver com o S_1, o significante mestre, e comanda a organização do próprio discurso, isto é, determina um modo de gozo dominante. Como o discurso do mestre se modifica no curso da história – o que é uma forma de dizer que o laço social se modifica –, o mundo que nos fala e que nós falamos também se modifica. As grandes vias do simbólico mudam. Em consequência os sintomas que, de certa forma, completam o discurso, também se modificam; sintomas que revelam a potência do que chamamos gozo em relação a cada discurso. Essa teoria do discurso nos permite apreender o que surge na saúde mental e na psicopatologia quotidiana, o que é um fato novo. Por exemplo, é claro que aquilo que o mestre nomeia como clínica das adições se desenvolveu durante os quarenta últimos anos. Então, quando o discurso do mestre muda, acontece o mesmo com o simbólico que o completa.

Jacques-Alain Miller trata dessas modificações desde o fim dos anos 80, abrindo um leque maior sobre a política lacaniana, sobre as causas e consequências deste enunciado: "O Outro não existe". Ele manteve com Éric Laurent um seminário de um ano de duração sobre essa questão[2]. O termo psicose ordinária é para ser tomado nesse contexto político,

---

[2] Miller, J.-A., con colaboración de Laurent, E. "El Otro que no existe y sus comités de ética" (1996-1997). Buenos Aires: Paidós, 2005. Seminário de Orientação Lacaniana II, 15, ensino pronunciado no quadro do Departamento de Psicanálise de Paris VIII, aulas de 11/12/1996, 4/12/1996, 23/4/1997 e 11/6/1997. [Aula de 20/11/1996, ver o artigo intitulado "L'Autre qui n'existe pas et ses comités d'éthique", La Cause freudienne, nº 35, fevereiro 1997, p. 7-20] [Aula de 4/12/1996, ver o artigo de Éric Laurent, Jacques-Alain Miller, "Les pathologies contemporaines de l'identification: les pensionnats", Letterina, nº 16, maio de 1997, p. 5-23] [Aula de 29/1/1997, ver o artigo de Jacques-alain Miller, Eric Laurent e Bernardino Horne intitulado "L'Autre qui n'existe pas et l'expérience de la passe", La Cause freudienne, nº 36, maio de 1997, p. 99-111].

no sentido da evolução das modalidades dominantes do laço social. Ele ressalta a clínica na medida em que está ligado ao discurso como modo de gozo e, ao mesmo tempo, à lógica da sexuação fundada sobre o "não há relação sexual".

Vou justamente indicar aqui que no enunciado "não há relação sexual", relação (*rapport*) não é sinônimo de relação (*relation*). Nessa formulação Lacan utiliza o termo *rapport* como a ciência faz. Trata-se da relação (*rapport*) entre duas séries covariantes de fenômenos. Podemos dizer, por exemplo, que há uma relação (*rapport*) sexual entre o espermatozoide e o óvulo porque ela pode se escrever em termos químicos e biológicos. Podemos dizer que há relação (*rapport*) sexual entre o macho e a fêmea no campo da sexualidade animal. Porém, quando nos referimos aos seres falantes, parlêtres, a linguagem intervém como organizador do laço social abrindo ou não a possibilidade do encontro sexual. Portanto, não há escritura científica da relação (*rapport*) sexual quando se trata dos seres falantes. Sua relação (*rapport*) é um encontro de fala. Lembremos a afirmação de Freud segundo a qual a criança é um perverso polimorfo, porque ela vai exatamente na mesma direção. O deslocamento do eixo organizador da clínica.

1. Em direção ao múltiplo

Segundo Éric Laurent, a psicose ordinária se caracteriza por não responder aos significantes-mestres tradicionais, manifestando o fim do poder do Nome-do-Pai enquanto único significante da lei simbólica. Isso mostra um deslocamento do eixo da classificação clínica. Agora vou dizer em que direção segue esse deslocamento.

Primeiramente, ele vai em direção ao múltiplo, logo, à pluralização dos Nomes-do-Pai, tal como Lacan a descreve no Seminário R.S.I. (Lacan, 1974-1975). Vai também em direção ao múltiplo pela transformação do S_1 naquilo que Lacan chama, jogando com o equívoco da palavra *essaim*, enxame, que é homofônico ao S_1. Passa-se da potência de um elemento que organiza todos os outros a um enxame que implica uma multiplicidade de significantes fazendo conjunto, uma multiplicidade não centralizada em torno de um só elemento ao qual ela obedeceria. Trata-se de um movimento em direção ao múltiplo, um princípio de multiplicação, do um em direção ao plural.

A terceira forma que assume essa orientação em direção ao múltiplo é a qualificação do Nome-do-Pai como um sintoma entre outros. Isso é novo. Ninguém jamais havia pensado que o Nome-do-Pai, que era o eixo de diferenciação entre neurose e psicose, deliberadamente o centro da estrutura subjetiva, fosse um sintoma. Nos primeiros textos de Lacan, que vocês podem ler no início dos *Escritos* (Lacan, 1966/1998), ele convoca o Nome-do-Pai a uma normalização, a saber, uma sublimação. No fim de seu ensino, ele o chama um sintoma. A questão que se coloca é sobre o poder organizador desse sintoma nessa nova relação com outros sintomas aparentemente mais frágeis no que concerne à organização da relação do sujeito ao laço. Portanto, há um deslocamento de um ponto central em direção a uma multiplicidade de pontos equivalentes em poder de determinação.

2. Do O ao Um

O segundo movimento. Ao ler o último Lacan descobre-se que, cada vez mais, ele substitui o universal (o artigo definido) "o, a" – por exemplo, o homem, a mulher etc. – pelo (artigo indefinido) "um, uma" – um homem, uma mulher, uma solução, um sintoma, um nome. O movimento vai da universalidade de uma classe completa e organizada em direção ao indefinido, à incompletude. Lacan teorizou esse deslocamento que podemos seguir na medida em que ele próprio se inscreve no texto lacaniano.

O movimento do artigo definido ao artigo indefinido que se generaliza tem uma consequência. "O, a" implica a referência aos conjuntos definidos, o que exige a existência de um ponto exterior ao conjunto. Lacan fornece uma contribuição à lógica e aos trabalhos dos lógicos sobre essa questão. Utilizar "o, a" leva a fazer existir um ponto que faz exceção ao funcionamento do conjunto. Reconhecemos as chamadas fórmulas da sexuação, na parte esquerda do quadro que se encontra em *Mais, ainda* (Lacan, 1972-1973/1982) e que correspondem ao funcionamento masculino – não que as mulheres não funcionem assim, elas funcionam, porém o funcionamento é masculino no sentido da humanidade dos seres falantes e não no sentido sexual. A consequência disso é que a psicose não é mais a única organização psíquica em relação à exceção.

Enquanto vocês estão no funcionamento da orientação de um conjunto completo, definido por um elemento em posição de exceção, a psicose permanece extraordinária; porém se vocês adotam outro modelo lógico, a psicose cessa de sê-lo.

3. O não-todo

O terceiro ponto relacionado ao que estou dizendo é que o não-todo aparece como alternativa ao conceito de foraclusão. Paradoxalmente, ele implica a generalização da foraclusão e concomitantemente o impedimento de ser um absoluto. Ele abre à diversificação das múltiplas formas de gozo segundo os discursos com os quais a realidade é tratada pelos seres humanos. A invenção da psicose ordinária assume um lugar nesse novo contexto teórico, clínico e político.

Com Schreber, temos um exemplo do que Jacques-Alain Miller chama de psicose extraordinária. Ela se caracteriza por um delírio, extraordinário, ou seja, toda uma construção para colocar o imaginário ali onde falta um significante. Nesse caso, o próprio sujeito deve se consagrar em encarnar a exceção que falta, a exceção do "pai que nomeia", faltante. Assim, Schreber tem que se tornar A mulher que falta a Deus. Podemos encontrar outros pacientes que se devotam a ser o homem que pode seduzir ou satisfazer todas as mulheres etc. Essas posições de exceção correspondem ao que chamamos psicose extraordinária. Trata-se de sustentar aí o axioma – existe um x para quem não é Φx.

$$\exists x \quad \overline{\Phi x}$$

Minha primeira hipótese é que a psicose ordinária nada tem a ver com essa forma do princípio de exceção. Na psicose ordinária os pacientes não se consagram em encarnar eles próprios a função de exceção que falta na organização simbólica. O termo ordinário em psicose ordinária quer então dizer não excepcional, comum, banal, como na expressão "A banalidade do mal", de Hannah Arendt.

Modificação do estatuto do Nome-do-Pai

1. Do Nome-do-Pai à nominação (nommer-à)

Farei uma rápida referência à aula de 19 de março de 1974 do seminário Os não-tolos erram (Lacan, 1973-1974). Parece-me que Lacan diz aí alguma coisa que permite fazer uma hipótese suplementar para alcançar a especificidade clínica da psicose ordinária. Nessa aula ele menciona a mudança histórica com a qual somos confrontados no discurso que leva agora o nome de discurso do mestre. Qual é essa modificação? Lacan diz que algo mudou no espírito do tempo: passamos do Nome-do-Pai como função para aquela da nominação (*nommer-à*) que vem no lugar anteriormente ocupado pela função Nome-do-Pai.

Falando propriamente, a expressão *nommer*-à não deve ser considerada como uma função substitutiva do Nome-do--Pai, porque é mais um indicador, a saber, um imperativo de ter que ocupar uma função qualquer, por exemplo ser nomeado Primeiro Ministro ou responsável. Lacan sublinhou, em dois momentos bem distantes de seu ensino sobre as psicoses, que o fato de a função Nome-do-Pai ser ocupada por um indivíduo tem sempre efeitos desastrosos sobre os sujeitos. É uma função, a função do "pai morto", não uma pessoa viva. É absurdo pensar que alguém possa ser nomeado à foraclusão do Nome do-Pai. Portanto, é uma função que, por permanecer vazia, permite o funcionamento significante para o conjunto dos seres falantes. O princípio da nominação (*nommer-à*) demonstra ser diferente, visto que esse lugar único não é mais diferenciado. Cada vez que a questão tem a ver com um trabalho ou uma função, alguém é nomeado para essa função. Que o Nome-do-Pai se transforme em um nomear alguém para uma função, esse é o traço que Lacan ressalta para caracterizar o discurso do mestre contemporâneo.

Através do equívoco, ele prosseguiu seu trabalho sobre a nominação. Como sabem, Lacan operou sobre o Nome-do--Pai em sucessivas determinações. Se o Nome-do-Pai podia ser entendido como significante substituído ao Desejo da Mãe, Lacan o redefine, pela mesma chave do simbólico, como o pai nomeador (*nommant*) – função de nominação do real. O fato de nomear pertence ao pai: essa função e esse poder de fazer buracos no real.

Lacan efetua um terceiro passo no seminário de 1974, terminando por utilizar a nominação fora de qualquer referência ao pai. A referência é então à mãe, uma mãe que nomeia alguém (*nommer-à*), vindo substituir o pai do nome na contemporaneidade.

2. A hiância necessária entre a negação lógica e o princípio do interdito

O outro ponto que é preciso ligar ao primeiro é difícil, então vou abordá-lo em três frases. Freud, em seu célebre artigo "A negação" (Freud, 1925/1993), liga as estruturas clínicas em psicanálise à negação. Esta aparece sob três formas: negação enquanto recalque, negação enquanto denegação (*déni*), negação enquanto foraclusão. A partir dessas três formas do mesmo princípio, Freud funda a neurose, a perversão e a psicose. O princípio de negação é ao mesmo tempo gramatical, mas também lógico, acentuação colocada por Lacan na escritura das fórmulas da sexuação.

Lacan, nesse mesmo seminário, sublinha uma hiância entre a negação como princípio lógico e a negação enquanto ligada ao interdito. A negação deve ser diferenciada do interdito. Essa hiância é necessária. Deve-se passar do princípio de negação que organiza a linguagem ao princípio do interdito, princípio social organizador. O Nome-do-Pai é precisamente o nome dessa hiância, ele vem velá-la. Como sabem, Lacan, no seminário *O desejo e sua interpretação* (Lacan, 1958-1959), havia ligado a função do interdito à função do desejo, mostrando sua equivalência: há desejo onde há interdito, eles estão intrinsecamente ligados. O interdito e o desejo são duas faces de uma mesma peça de onde se origina o sentido sexual organizador de todo discurso. Somos seres falantes obcecados pelo sentido sexual, fornecemos um sentido sexual a tudo. Lacan toma como exemplo o yin e o yang da civilização chinesa para mostrar que podemos compreender qualquer coisa da humanidade com o binário mulher-homem, que colore de sentido sexual todo laço de discurso. O interdito, ligado ao significante Nome-do-Pai, funda o sentido sexual que define os limites do sistema simbólico. A diferença neurose-psicose mantém que a hiância entre a negação, princípio lógico, e a negação, princípio de interdito, não é recoberta pelo operador simbólico Nome-do-Pai. Na psicose, o nome não é um "não".

3. O retorno do pai no real das normas sociais

Quando Lacan menciona nessa aula de 1974 a expressão *nommer-à*, ele acrescenta que o Nome-do-Pai é hoje foracluído. É, pois, no real que ele retorna, conforme a fórmula o foracluído do simbólico retorna no real. Como o Nome-do-Pai foracluído retorna no real? Lacan lança a hipótese de que ele retorna como normas sociais no discurso.

Como interpretar essa intuição fulgurante de Lacan? Entendo-a como a substituição, na atualidade do discurso do mestre, do significante Um pela cifra, a média, o *ratio*. Agora esse significante é o mestre, um mestre tirânico que reivindica seu poder de ciência. O centro da curva de Gauss é a ordem social. Eis o Nome-do-Pai hoje: o politicamente correto, o consenso, a *evidence proof* de tudo que significa a única justificativa do direito de existir. A ordem social é fundada não sobre a função do pai que nomeia, mas sobre a curva de Gauss cuja normalidade é a mediana. De imediato, o sentido também se modificou. Se todo sentido é gozo, o sentido sexual se transformou em sentido social, sentido comum e comportamento ordinário. Lacan qualifica essa ordem social como "ordem de ferro"*. Ela é mais feroz que o Nome-do--Pai porque não é o desejo que lhe é correlato, como se produz no caso do interdito, mas o gozo de forma direta. Quando alguém lhe diz "não" o desejo pode surgir, porém, se é um número que vem no lugar do "não", só o supereu pode responder.

---

* N.T: Cf. Lacan, J. *Le Séminaire, livre XXI, Les non-dupes errent*, aula de 19/3/1974.

Tentei encontrar um nome para esse novo supereu; o nome é aquele que podemos escrever a expensas do ideal do eu. Podemos falar hoje de um supereu estatístico. Quando falamos de psicose ordinária, trata-se de um comportamento supersocial. Trata-se de uma submissão absoluta seguramente metonímica e não metafórica, de uso comum à banalidade, tal como eles são definidos pela mediana da curva. As estatísticas não são mais consideradas no quadro da probabilidade, assumem valor de certeza.

Assim, a psicose ordinária é a psicose do tempo do Outro que não existe, do "não há relação sexual".

Não há relação sexual no ser humano, eis por que há o laço social e o discurso. Essas duas fórmulas são equivalentes. Dizemos que no *parlêtre* não há relação sexual que possa se escrever cientificamente, então só conta o laço social, o discurso, o semblante. Não há sexualidade sem enunciações, falas, literatura, ópera. Ali onde não há relação sexual, há o discurso. Ali onde há a relação sexual que se escreve, não há necessidade de discurso. A psicose ordinária está à vontade com o Outro que não existe e com a ausência de relação sexual: ela desloca o discurso para o número, fornece ao semblante o valor de real.

Duas questões

Concluirei com duas questões as quais penso que os trabalhos apresentados[3] nesta semana permitirão encontrar as respostas ou algumas respostas.

---

[3] Consultar este número de *Quarto* em seu conjunto.

Nós não estamos de acordo com certo número de pontos concernentes à psicose ordinária. Trata-se de um *work in progress*, não de um trabalho fechado sobre um conceito. Trabalhamos com ele. A psicose ordinária é uma psicose desencadeada ou não? Penso que ela é. Entre nós, alguns pensam que ela não é. Minha posição é que, se queremos fazer um uso operacional desse conceito, devemos cercá-lo em relação aos outros conceitos utilizados anteriormente para dar conta da psicose. Portanto, penso que se trata de uma psicose desencadeada. O problema agora é saber se esse desencadeamento tem uma especificidade.

Também temos que refletir de que forma a psicose ordinária se desenvolve, por quais mecanismos ela se desdobra no tempo. É sobre isso que vamos trabalhar com a ajuda de numerosos casos clínicos.

No vasto contexto que preparei para introduzir nosso seminário, a noção de psicose ordinária, modificando nossa abordagem da psicose, pode ter recaídas sobre o binário neurose-psicose. Como pensar a neurose na época do "Todo mundo delira" do último Lacan*? Todo mundo delira, salvo as psicoses ordinárias? Nessas condições, o delírio é próprio das psicoses extraordinárias e das neuroses? Vocês puderam ler, na primeira capa do programa deste seminário, a proposição de Lacan: "Ser louco não é mais um privilégio"**. Isso só pode ser entendido em relação à função de exceção. A psicose ordinária parece estrangular a exceção, parece ser a adaptação da psicose

* N.T.: Cf. Lacan, J. Lacan pour Vincennes, *Ornicar?*, n°17/18 (1979). Bulletin périodique du Champ freudien. Paris: Seuil, p. 278.

** N.T.: Cf. Lacan, J. *O seminário, livro 23: o sinthoma* (1975-1976). Rio de Janeiro: Jorge Zahar Ed., 2007, p. 85.

no tempo em que o Pai, a exceção, foi substituído pelo número. Psicose do número e não do nome? Entretanto, sabemos pela clínica que certas estruturas não respondem da mesma forma ao trabalho analítico e teremos certamente que trabalhar sobre a evolução da neurose.

Perguntas do público

Wilfried Ver Eecke – A ideia da nominação (*nommer-à*) ressoa para mim tal como a modalidade do voto nos Estados Unidos e a nominação que a segue [...]. Não há ligação entre o processo democraticamente organizado e a responsabilidade. Enquanto com o Nome-do-Pai há uma relação entre aquilo que ele disse, aquilo que ele significa, e aquilo se julgou fazer.

Marie-Hélène Brousse – Eu lia algo sobre uma lembrança de infância de um juiz que fez uma carreira muito interessante na França. O jornalista lhe diz: "Depois do que você disse, sua mãe não parecia uma verdadeira mãe judia". Ele responde: "Ah! sim, ela era, quando eu era menino e não tinha sido sensato ela me dizia: 'Certamente não é assim que você entrará no Conselho de Estado'". Isso é mais ou menos um *nommer-à*, ser nomeado para alguma coisa de algum lugar. Nesta curta passagem que pontuei, Lacan diz que *nommer*-à tem algo a ver com as mães; elas não se referem necessariamente ao interdito, mas simplesmente ao que elas querem como nomeação para seus filhos. Esta é uma pequena indicação, mas mostra uma modificação na família em que o grande Outro fala realmente à criança – seja uma mãe- homem ou uma mãe-mulher, porque atualmente temos mães-homens por todo lado –; o Outro em posição materna, aquele que diz à criança o que deve ou não deve fazer, não se refere mais necessariamente a esse terceiro elemento ou ponto de exceção como outrora. Lacan diz que estamos indo em direção a uma grande mudança no desenvolvimento da vida psíquica.

Um interveniente de Sidney – Isso me faz pensar no que por vezes podemos chamar de nome da mãe enquanto oposto ao Nome-do-Pai, dizendo, ao mesmo tempo, o "não" do Pai e o "sim" da mãe.

Marie-Hélène Brousse – O "não" do Pai se endereça mais à mãe do que à criança. Porque, como talvez você saiba, no *Seminário 5*, quando Lacan trata dos três tempos cronológicos do complexo de Édipo, ele diz que o terceiro tempo, que lhe permite sair disso, se dá quando o Pai diz "sim".

É exatamente o que eu disse: quanto menos ideal do eu mais supereu. Mãe e mulher sempre tiveram ligação com o supereu. Jacques-Alain Miller trouxe uma importante contribuição ao tema, desdobrando a referência utilizada por Kant sobre a lei moral. Em Kant, encontra-se uma nota em latim quando ele fala do amor pela lei moral. Miller procurou a origem dessa nota e a encontrou em Juvenal, em um capítulo sobre o casamento, no qual se encontra uma curta narrativa sobre dois homens que discutem a propósito do casamento. Um diz que é uma coisa terrível e o outro, maravilhosa. Aquele que diz que é uma coisa terrível traz uma pequena anedota que localiza o supereu, isto é, o imperativo de gozo do lado feminino. Trata-se de uma mulher que pede ao seu marido que mate um escravo de quem ela não gosta. O marido lhe diz: "Ah, não, é muito dinheiro, você não pode fazer isso". Ela diz: "Não". *Sic volo sic jubeo*, "assim eu quero, assim eu ordeno". É em direção dessa fórmula do supereu que avançamos com o *nommer-à* da mãe. É também a fórmula do mestre moderno, algo como: "Isso que eu quero, porque é meu direito, porque é legítimo". Aqui o S1 não é mais um significante, é uma porcentagem. Véronique Vóruz falará sobre o Anti-Social Behaviour Order no Reino Unido. É uma modificação, parece-me, na democracia de hoje. Os Estados Unidos e o Reino Unido, que eram as duas pátrias da democracia, serão cada vez menos democráticas em relação ao que elas eram.

Wilfried Ver Eecke – Hoje nos Estados Unidos todas as instituições estão submetidas a uma cota, respeitando a diversidade, isto é, 30% de afro-americanos, tanto quanto hispânicos etc.

Marie-Hélène Brousse – Certamente, era o que eu dizia com "ir em direção ao múltiplo". Porque se isso é só 70% na comunidade branca, talvez possa ser, não sei, 3% na comunidade latina. Podemos utilizá-lo exatamente da mesma forma, é igual, contanto que não haja uma só nação ou país. Se existem minorias, se fazem muitas normas sociais.

Wilfried Ver Eecke – Mas isso reforça a função do advogado.

Marie-Hélène Brousse – Sim, as mães vão nomear, no sentido de "destinar" seus filhos cada vez mais à lei e cada vez menos à medicina.

Ellie Ragland – Existe uma ligação entre a ideia de Lacan dos anos 30 de que há uma paranoia normal, que era o estatuto normal do sujeito, e mais tarde a ideia de uma psicose, uma psicose ordinária, que não seria aquela de todo mundo, mas de muito mais pessoas. Como poderíamos pensar na psicose extraordinária?

Marie-Hélène Brousse – Sim, é uma observação muito interessante. Quando eu disse que um dos fundamentos da primeira clínica de Lacan era a supremacia da ordem simbólica sobre a ordem imaginária e o real, certamente o simbólico dominava o imaginário, tal como foi concebido desde o início, desde o Estádio do Espelho, a paranoia enquanto do eu (*moi*). O eu enquanto tal é, em Lacan, paranoico. Então nesse sentido você tem razão. Cada um é paranoico na medida em que há um eu. Porém, com a concepção do simbólico reorganizando a ligação do primeiro laço imaginário ao pequeno outro, é bem diferente da estrutura paranoica delirante, tal como Lacan a definiu com o caso Schreber no *Seminário 3*. É certo que a psicose ordinária esteja ligada à elaboração borromeana de Lacan – Pierre Skriabine falará disso – que implica equivalência entre a ordem simbólica, o imaginário e o real. Consequentemente, vocês podem imaginar que temos que rever nossas classificações a fim de captar de maneira mais adequada os fenômenos psicóticos na clínica cotidiana.

Um interveniente de Sidney – Fazendo a diferença entre psicose clássica e psicose ordinária, devemos pensar a clínica *per se*, sua implicação na abordagem, o tratamento. Existe aí uma diferença? Seria talvez uma questão aberta?

Marie-Hélène Brousse – É uma questão em aberto e vocês vão trabalhá-la. Minha introdução vai nesse sentido. Vimos que Miller não inventou o termo psicose ordinária somente porque queria. Situei para vocês essa invenção em um programa de pesquisa que diz respeito às nossas dificuldades, aos nossos problemas nos tratamentos confrontados às nossas próprias categorias diagnósticas, porém com novas soluções e novos fins dos tratamentos etc. De certa maneira, era desejado.

Referências bibliográficas

Freud, S. (1925). A negação. *Obras completas*, v. XIX. Buenos Aires: Amorrortu, 1993.

Lacan, J. (1955-1956). *O seminário, livro 3: as psicoses*. Rio de Janeiro: Jorge Zahar, 1985.

________. (1958-1859). *Le Séminaire, livre VI: Le désir et son interprétation*. Inédito.

________. (1959). De uma questão preliminar a todo tratamento possível da psicose. *Escritos*. Rio de Janeiro: Jorge Zahar, 1998.

________. (1966). *Escritos*. Rio de Janeiro: Jorge Zahar, 1998.

________. (1972-1973). *O seminário, livro 20: mais, ainda*. Rio de Janeiro: Jorge Zahar, 1982.

________. (1973-1974). *Le Séminaire, livre XXI: Les non-dupes errent*. Inédito.

________. (1974-1975). *Le Séminaire, livre XXII, R.S.I.* Inédito.

Miller, J.-A. *Le Conciliabule d'Angers – Effets de surprise dans les psychoses* (1996). Paris: Agalma, 1997.

Miller, J.-A. *Os casos raros, inclassificáveis, da clínica psicanalítica: A Conversação de Arcachon* (1997). São Paulo: Biblioteca Freudiana Brasileira, 1998.

Miller, J.-A. et al. *La psicosis ordinaria: La Convención de Antibes* (1998). Buenos Aires: Paidós, 2005.

A violência nas cidades e o enxame que emaranha a vida: uma leitura referenciada na psicanálise de orientação lacaniana[1]

Sérgio Laia

Professor Titular IV do Curso de Psicologia da Universidade FUMEC (Fundação Mineira de Educação e Cultura); Pesquisador com Projeto aprovado no Edital Universal do Conselho Nacional de Pesquisa e Desenvolvimento Científico (CNPq); Psicanalista; Analista Membro da Escola (AME) pela Escola Brasileira de Psicanálise (EBP) e pela Associação Mundial de Psicanálise (AMP). E-mail: laia.bhe@terra.com.br

---

[1] Este texto retoma, com muitos acréscimos, modificações e correções, outro intitulado "Considerações psicanalíticas sobre a violência urbana" e publicado na revista *Latusa Digital*, n. 40-41 (março e junho de 2010), disponível na internet (acesso em 20 de junho de 2014): <http://www.latusa.com.br/latusa_revista_digital_40_41.html>. Além dos intercâmbios e das investigações realizados no âmbito do Grupo de Trabalho (GT) formalizado junto à Associação Nacional de Pesquisa e Pós-graduação em Psicologia (ANPEPP) e coordenado por Tania Coelho dos Santos (Universidade Federal do Rio de Janeiro, UFRJ) e Jésus Santiago (Universidade Federal de Minas Gerais, UFMG), ele se vale de uma pesquisa promovida pelo Núcleo de Psicanálise e Direito do Instituto de Psicanálise e Saúde Mental de Minas Gerais (IPSM-MG), em 2007-2008 e de resultados obtidos por uma pesquisa sobre violência urbana, viabilizada pelo Programa de Pesquisa e Iniciação Científica (ProPIC) da Universidade FUMEC (Fundação Mineira de Educação e Cultura) em 2008-2009. Foram muito importantes e decisivas, para a forma final apresentada neste livro, as considerações feitas por Tania Coelho dos Santos – a quem sou grato – por ocasião da apresentação de uma primeira redação enviada para as discussões do GT no XV Simpósio de Pesquisa e Intercâmbio Científico da ANPEPP (6 a 9 de maio de 2014).

Resumo

A partir de algumas referências sociológicas e baseado na psicanálise de orientação lacaniana, este texto investiga a relações entre "violência urbana", "anomia", "transformações históricas da família" e "sexualidade". Ele procura elucidar as relações entre "atos infratores" e "nomeação", apresentando contribuições da psicanálise de orientação lacaniana para lidar com a violência nas cidades.

Palavras-chave: violência; nomeação; família; anomia; sexualidade, S_1.

Abstract

The violence in the cities and the swarm that entangles life a study based on Lacanian psychoanalysis's orientation

From some sociological references and based on Psychoanalysis of Lacanian Orientation, this article examines the relations between "urban violence", "anomie", "historical transformations of the family" and "sexuality". It aims to establish the relations between the "act of nomination" and the "unlawful acts", offering some contributions from psychoanalysis of Lacanian orientation in order to shed some light on how we might be able to cope with violence in the cities.

Keywords: violence; act of nomination; family; anomie; sexuality; S_1.

Résumé

La violence dans les villes et l'essaim qui nous enveloppe la vie une lecture fondée dans l'orientation de la psychanalyse lacanienne

En prenant comme point de départ quelques références sociologiques et fondé sur la psychanalyse lacanienne, ce texte examine la relation entre "violences urbaines", "anomie", "transformations historiques de la famille" et "sexualité". Il cherche à élucider la relation entre les "actes délinquants" et la "nomination", offrant quelques contributions de la psychanalyse lacanienne pour faire face à la violence dans les villes.

Mots-clés: la violence; la nomination; la famille; l'anomie; la sexualité; S_1.

Em uma de suas intervenções no Núcleo de Psicanálise e Direito do Instituto de Psicanálise e Saúde Mental de Minas Gerais (IPSM-MG), Cláudio Chaves Beato Filho, Coordenador Geral do Centro de Estudos de Criminalidade e Segurança Pública (CRISP, Universidade Federal de Minas Gerais), abordou o crescimento da criminalidade entre jovens brasileiros, sobretudo em regiões urbanas caracterizadas por uma desagregação do que a "Escola de Chicago" chama de "coesão social". Esse pesquisador citou, então, exemplos dessa perspectiva: há maior índice de crimes praticados por jovens na Praça da República em São Paulo que em alguns metros abaixo, na Estação do Metrô de mesmo nome e, embora encontremos um significativo consumo de drogas em bairros nobres de

Belo Horizonte, esses locais apresentam índices menores de violência que aglomerados dessa mesma cidade reconhecidos por sua participação no tráfico. Assim, tanto nestes últimos locais, quanto na Praça da República, embora em proporções diferentes, a "coesão social" encontra-se mais abalada que na citada Estação de Metrô e nos bairros nobres belo-horizontinos onde a vida social "funciona" sem dar grandes sinais de descarilhamento.

No âmbito da psicanálise lacaniana, destacaria duas proposições consonantes, em alguns aspectos, com resultados encontrados pelo CRISP e que serão retomadas ao longo deste artigo:

1) O "desejo anônimo", aquele que não dá lugar a uma singularidade e não faz diferença porque se impõe como uma objetivação de tudo e de todos, compromete a transmissão de uma "constituição subjetiva" na família conjugal (Lacan, 1969/2001, p. 373), abala a "coesão social", sobretudo em circunstâncias onde os "semblantes", esses elementos que podem servir-nos de referência, vacilam ou, nos casos mais graves, chegam mesmo a se ausentar da trama das chamadas "relações sociais".
2) A sexualidade humana – imersa em enigmas sem respostas suficientes nas referências que procuram identificar o "feminino", o "masculino", o "satisfatório", o "insatisfatório", o "normal" ou o "anormal" – faz "furo no real" (Lacan, 1974/2001, p. 562). Esse furo pode se tornar particularmente inquietante na adolescência, porque, nessa "fase da vida",

se é confrontado, ao mesmo tempo, com a vacilação dos "semblantes", do que funcionava até então como "referência identificatória" e com as exigências de um "posicionamento" quanto à sexualidade. Portanto, já não é mais tão simples, especialmente a partir da adolescência, protelar os impasses derivados do que a psicanálise de orientação lacaniana localiza como "inexistência da relação sexual", ou seja, ausência de uma "medida comum" entre os sexos. A precipitação de atos infracionais se apresenta, então, como uma tentativa, por vezes extrema, de muitos jovens buscarem uma ordem que lhes respondesse aos "impasses" e aos "vacilos" que lhes emaranham a vida sexual.

A família conjugal: efeitos na anomia social e inexistência da relação sexual

A concepção da "família conjugal" como "resíduo [...] na evolução das sociedades" (Lacan, 1969/2001, p. 369) reverbera o que, nos termos de Durkheim (1892/1975), é o "tipo familiar novo", resultante da "contração da família paterna", formado pelos cônjuges e, quando é o caso, seus filhos. Bem mais extensa, a "família paterna" compreendia o casal parental heterossexual e todas as gerações que dele nasciam (exceto as meninas e os descendentes delas). Ora, com tal "contração", as relações sociais se dariam num espaço mais reduzido porque o desdobramento social das linhagens se restringe e é muito mais na dimensão do privado que encontraremos o "núcleo" de uma família. Ao permitir que os filhos formassem seu próprio patrimônio e que a mãe tivesse trabalho "fora do lar", a "família conjugal" também passou a limitar os "deveres disciplinares" para com o pai: à medida que tal "independência financeira" foi conquistada, a "decadência do poder paterno" se impôs (Durkheim, 1892/1975).

A "família conjugal", segundo Durkheim (1892/1975), por implicar uma redução das relações sociais e do poder do pai, acabou favorecendo a "anomia" no campo social porque esse sociólogo tende a articular privilegiadamente o *nomos*, ou seja, a lei, com uma presença do poder paterno que, com a vida moderna, perderá sua força na determinação dos "laços orgânicos" tradicionalmente formadores de certo *modus vivendi*. Lacan (1938/2001), por sua vez, tematiza essa redução como uma condição para o nascimento da própria psicanálise porque ela viabiliza a formulação freudiana do "complexo de Édipo" e o diagnóstico psicanalítico das "neuroses". Assim, conjugando de início Durkheim e Lacan para mais adiante evidenciar suas diferenças, afirmo que, frente à anomia gerada pela contração dos laços familiares e ao declínio da autoridade do pai concernente à garantia de seu lugar e de sua função na sociedade, foi justamente ao se deparar com essa decadência que Freud inventou a psicanálise porque, nessas circunstâncias, ficou mais evidente o quanto os seres humanos apresentam diferentes modos de "se inventar um pai" (Laurent, 2007), procurando salvá-lo da "humilhação" imposta pela própria configuração da "família conjugal" na sociedade moderna. Em outros termos, os seres humanos seriam "durkheimianos" nessa nostalgia que os leva a se inventar um pai mais potente, pois o pai da tradicional "família paterna" é, a meu ver, uma "invenção" de Durkheim para responder sociologicamente a um mundo que, com a Revolução Industrial, deixa cada vez mais de encontrar com uma ordem que o fizesse se apresentar como organizado.

O problema – verificável cotidianamente na clínica analítica e, por um viés que não é rigorosamente clínico, em situações tomadas pela violência urbana – é que, nas invenções de um pai destinadas a salvá-lo, os sujeitos muitas vezes se entregam a uma servidão ao mesmo tempo mais sutil e radical, comandada por essa instância que Freud nomeou como "supereu". Numa acepção tradicionalmente mais conhecida, o supereu é um resultado do complexo de Édipo e viria "representar", de modo "interiorizado", na vida de cada um, a lei corporificada a princípio e "exteriormente" pelo pai. Contudo, se fizermos uma leitura mais rigorosa com relação ao que é o supereu, poderemos verificar que ele tem uma face feroz que se vale da lei inclusive para impor aos sujeitos o que tradicionalmente parece avesso à lei, ou seja, para lhes impor um gozo, uma exigência terrível de satisfação muitas vezes inseparável da própria transgressão. Ora, especialmente desde o fim da "família paterna", é essa forma imperativa do gozo que permeia o estado atual de nossa civilização, sempre exigente e permissiva quanto à satisfação (Miller, 1997, 2014). Assim, diante de uma ausência radical ou de um obscurecimento traumático de alguém que vetorize a "lei *no* desejo" – função atribuída por Lacan (1969/2001, p. 373) ao pai –, tem sido cada vez mais comum detectarmos a imposição desmedida (mesmo que em grande parte silenciosa) do supereu.

A psicanálise de orientação lacaniana vai nos permitir discernir – em diferentes versões paternas que procuram compensar (ou, ao contrário, escorraçar ainda mais) o "pai humilhado" (Lacan, 1938/2001), em diferentes modos do que Lacan (1975-1976/2005, p. 150) concebe como *père-version* ("pai-versão", "versão em direção ao pai") – a presença insistente e mais silenciosa do *masoquismo do filho* (Lacan, 1975-1976/2005, p. 85). Esse "masoquismo", muito tempo antes do advento da "família conjugal" (comprovando, inclusive, minha hipótese de que a "família paterna" é uma invenção durkeimiana), tem no próprio Cristo uma figuração milenar: sofre-se "em nome do Pai" para a extensão de seus domínios, para a restauração de sua ordem.

No âmbito propriamente sociológico, Sampson e Groves (1989), Cárdia e Schiffer (2002) e Sampson (2004) permitem-me afirmar que a extensão da anomia, correlata do abalo da "coesão social", acaba encontrando, para além dos laços familiares, no "capital social" formado por redes e normas de reciprocidade e confiança nos outros, formas substitutivas e compensatórias do que um Durkheim (1892/1975) concebeu como "decadência do poder paterno". Assim, a extensão da "fratria", concebida como laços de "irmandade" que não são exclusivamente baseados no sangue e no parentesco, tal como podemos encontrar em algumas "comunidades", não deixa de ter efeitos sobre a redução da violência quando esses laços inventam modos de vida capazes de se servirem de alguma referência sem estarem necessariamente a serviço dela. Por exemplo, uma "comunidade" cujos laços se valem da ordem consolidada pelo traficante tende a favorecer a violência porque este último se coloca (ou mesmo é investido) como uma espécie de lei inquestionável e a qual todos devem se sujeitar, mas uma "comunidade" que se organiza em torno de uma ordem menos encarnada e feroz tende a ter a violência permeando menos seus laços. Portanto, se, na passagem durkheimiana da "família paterna" à "família conjugal", o Estado passa a ser o garantidor (de preferência sutil e democrático) de uma "norma" em um mundo tomado pela anomia, pelo declínio do *nomos*, da ordem, da lei-do-pai, pode-se constatar – em circunstâncias onde a "norma social" torna-se pouco ou nada evidente devido à insuficiência de recursos do Estado para garantir e promover saúde, educação, cultura, segurança, convivência e lazer, ou devido à perda de privacidade gerada pela alta densidade populacional dos domicílios e/ou do espaço social não-residencial – que a violência tende a eclodir mais fortemente, seja pela imposição coercitiva da polícia, seja pelas promessas do traficante ou, ainda, pelo fortalecimento truculento de "estados de exceção", conclamando, à la "masoquismo do filho", a presença de "um pai" que, mesmo terrível, poderia reinstaurar a suposta organização perdida ou até então jamais encontrada. Por fim, o fato de os jovens responderem com violência à corrosão da "coesão social" também ganha uma explicação sociológica: em um tempo da vida como a adolescência, marcado pela busca de orientação, se esta não é encontrada na intimidade das famílias, nem na exterioridade da vizinhança ou dos laços de reciprocidade entre amigos, "condutas à deriva" passam a constituir a trajetória de muitos jovens no espaço urbano e, nessa errância, a violência tem uma presença de destaque.

Quando ressalta a "função de resíduo" sustentada e mantida pela "família conjugal na evolução das sociedades",

Lacan (1969/2001, p. 373) não dá lugar a qualquer nostalgia do "patriarca" e, nesse viés, apresenta-nos uma perspectiva bem diferente daquela de Durkheim (1892/1975). Na extensão dos laços sociais realizada pela "família paterna" tematizada por esse sociólogo, não era muito fácil localizar o pai como "humilhado" (Lacan, 1938/2001): os laços que o pai favorecia e conservava se sustentavam inclusive porque os circuitos do desejo e a dimensão do gozo eram mais eludidos pelo peso dos ideais na "família paterna". Por sua vez, no âmbito mais reduzido da "família conjugal", torna-se mais difícil escamotear o "pecado do pai" e o "desejo da mãe", termos estes que um Shakespeare (1599-1601/1988) – sobretudo quando lido por Lacan (1958-1959/2013) – pôde teatralizar, bem antes da derrocada da "família paterna", quando em *Hamlet* reduziu o regicídio ao que se tramava entre dois irmãos, uma mulher (que era também mãe) e um filho.

Por conseguinte, parece-me possível sustentar que, com a promoção social da "família conjugal", temos, conforme ressaltou Durkheim (1892/1975), uma redução na coesão dos "laços sociais" e um recrudescimento da "anomia", mas a psicanálise de orientação lacaniana permite-nos apreender o quanto esses laços – mesmo antes de sofrerem a "decadência do poder paterno (Durkheim, 1892/1975) – são "semblantes" e, assim, não recobrem tudo o que se passa nos corpos, mesmo quando dão consistência, conforme Miller (2007-2008, 2008-2009/2011) tem destacado com base no "último Lacan", ao "delírio" coletiva e realisticamente construído como "ordem social". Ora, quando os laços sociais se reduzem ao que se passa entre os cônjuges, à "família conjugal", passamos a nos deparar mais com a labilidade desses laços porque a presença da sexualidade neles se torna menos elidível e o mundo se vê mais tomado por essa dimensão radical do que não tem *nomos*, por esse *inominável* que apenas a experiência analítica permite-nos apreender como o "real da inexistência da relação sexual", como a inexistência de uma proporção capaz de conjugar, sem impasses, um sexo a outro. Mas esse *inominável*, essa ausência de um *nomos* capaz dar uma "ideia de todo" aos encontros e desencontros entre os corpos sexuados é bem diferente da "anomia" destacada por Durkheim (1892/1975) na passagem da "família paterna" à "família conjugal".

Até quem não conhece a psicanálise afirma, mesmo em um mundo hipersexualizado como o nosso, o que Freud (1921/2011) localizava como a força dos laços que compõem, graças à coibição da sexualidade, instituições como o Exército e a Igreja Católica Apostólica Romana: a presença da sexualidade "complica" as relações, "uma amizade tende a ser mais duradoura que uma relação amorosa". Ora, quando os "laços sociais" passam a se tramar, no âmbito mais amplo da sociedade, privilegiadamente no espaço mais reduzido da "família conjugal", é exatamente esse elemento "complicador" – a sexualidade – que se destaca mais, inclusive com seus enigmas e a impossibilidade de ter, reduzida a um nome, a satisfação a que ela visa,

Logo, foi preciso que a família se reduzisse historicamente à sua forma "conjugal" para que, no final do século XIX, Freud discernisse, nas tramas familiares, a sexualidade na "etiologia das neuroses" e, muitas décadas mais tarde, com a radicalização dessa redução, em meados da segunda metade do século XX, Lacan pôde declinar os impasses no âmbito da sexualidade como formas de os falantes responderem ao furo da inexistência de proporção entre os sexos. Esse furo, por sua vez, implica o que é inominável na satisfação sexual dos corpos, mas essa dimensão enigmática do sem nome não se confunde com o que é anônimo, pois implica um "gosto" pelas diferenças, um "modo de satisfação" que é singular e, muitas vezes, inclusive opaca para cada um. Afinal, o que mobiliza a sexualidade humana são as diferenças singulares, os pequenos detalhes, a constatação de que nenhum nome consegue designar completamente o que toca a satisfação em cada corpo, mas que se impõe de modo anônimo e se arvora a valer indistintamente "para tudo e para todos".

"Simbolismo parcelar"

Em um escrito com contribuições preciosas e ainda atuais da psicanálise à criminologia, Lacan e Cénac (1950/1966, p. 136) articulam certos tipos de crimes com a instância designada por Freud como "supereu" quando, "nas sociedades", a situação familiar "se desintegra".

Com essa desintegração (tão frequente em contextos qualificados como de "precariedade social" sem que no entanto lhe sejam exclusivos), a ordem do supereu impõe fortemente seu anonimato, sua formulação "em nome de tudo e de todos", ao não encontrar, por exemplo, um corpo que a proferisse e também se colocasse como uma exceção a ela. Trata-se, portanto, de uma situação bem diferente daquela em que um pai, por exemplo, restringindo a acesso de um filho à mãe, pode se colocar também como uma exceção a essa restrição ao tomar como "sua" mulher a "mãe" de seu "filho": a "lei" assim proferida não vale anonimamente porque varia em função dos nomes e dos corpos que lhes são associados. Por conseguinte, em muitos casos de desintegração familiar, essa variabilidade da lei em função dos nomes e dos corpos a que ela se refere pode se tornar menos constatável e, então, a dimensão anônima da lei do supereu, válida "para tudo e para todos", se impõe de modo mais inexorável.

Ainda sem contar, à época do escrito sobre psicanálise e criminologia, com a noção de "ordem simbólica" e o campo do "grande Outro", Lacan temperou sua influência kleiniana com a antropologia de Mauss (1924/2003): "as estruturas da sociedade são simbólicas" e o indivíduo dito normal "delas se serve para condutas reais" (Lacan & Cénac, 1950/1966, p. 132). Referenciais simbólicos, portanto, orientam os "normais" em suas intervenções na "realidade" e, por exemplo, na ausência ou na presença físicas de um pai, é ainda possível agir em seu nome, com base nos valores que ele transmitiu, apelar a Deus ou convocar a Ciência – a ação pautada no que foi ensinado, a garantia de um "nome limpo", a força dos "10 mandamentos" ou do que é "considerado científico" regulam, cada qual a seu modo e em diversas circunstâncias, as ações humanas. Mas nesse escrito sobre as contribuições da psicanálise à criminologia encontramos também uma inversão dessa primeira perspectiva: aqueles cujos atos extrapolam as normas por não encontrarem parâmetros em sua experiência subjetiva para se orientarem podem se servir de "condutas simbólicas" para expressarem as reais "estruturas da sociedade" (Lacan & Cénac, 1950/1966, p. 132) – nesse viés, o ato simboliza o que realmente está em jogo na estrutura social, ele não reverbera uma ordem que o determina, mas, mesmo de modo mais circunscrito, especialmente para aqueles que não se reconhecem nem são reconhecidos no que é considerado "normal", tal ato visa criar, fundar uma ordem.

Apresentando o crime como uma "conduta simbólica" impulsada, em vários casos, pelo supereu, torna-se possível afirmar que a psicanálise ao mesmo tempo "irrealiza o crime" e "não desumaniza o criminoso" (Lacan & Cénac, 1950/1966, p. 129 e 135) porque o crime não é pura e simplesmente o que ele realiza como transgressão à lei e à ordem estabelecidas. O crime *diz alguma coisa, quer dizer alguma coisa* que, por ser "simbólica", o "irrealiza", o faz extrapolar o que geralmente é estabelecido como "real". Também por esse viés, não há desumanização do criminoso porque ele não é reduzido à comprovação factual da sua conduta considerada "irregular": só poderemos escutar o dizer ou o querer dizer em jogo no seu ato quando nos dispomos a perguntar, a averiguar, com o transgressor, o que o levou a agir assim. A questão, então, não é somente o que foi feito ou quem fez (referências importantes para a sociedade em geral), mas o que o fez fazer. Nesse viés, trata-se de intervir considerando que o transgressor, antes mesmo do "flagrante" ou do "aprisionamento", já se encontraria assolado e encarcerado pela "tirania" do supereu e pela "anomia" inerente à injunção dessa instância ao modo de um "imperativo categórico", ou seja, de uma forma da lei válida universalmente para tudo e para todos.

Devido a esse assolamento e a esse encarceramento promovidos pelo supereu, a psicanálise de orientação lacaniana não nos autoriza a adotar a posição de que bastaria ao transgressor "se expressar", "falar", para não atuar. Afinal, o próprio ato infrator é um dizer que surpreende o sujeito e lhe escapa, mas que não o coloca em uma posição de ser por ele menos responsável, e essa responsabilidade (eis uma importante contribuição da psicanálise à criminologia), nesse contexto, ao mesmo tempo extrapola a consciência do criminoso e só poderá ser consentida – não sem alguma divisão, alguma dilaceração ou alguma estranheza subjetivas – por ele. Logo, o simbolismo do ato criminoso ou delituoso "só pode ser *parcelar*", demarcando "o ponto de ruptura que ocupa o indivíduo na rede de agregações sociais" (Lacan & Cénac, 1950/1966, p. 132).

Parece-me possível já localizar no "simbolismo parcelar" de tal ato, no *querer dizer* enigmático que ele veicula, uma opacidade que Lacan (1975-1976-2005, p. 116), na última parte de seu ensino, vai designar como "pedaço de real". Então, por ser o símbolo uma articulação de duas partes, de um significante (S_1) com outro significante (S_2), eu atualizaria o "simbolismo parcelar" próprio aos atos criminosos ou delituosos concebendo-o como um único significante, um S_1 isolado, um significante que se impõe no real, separado dos outros, apartado da cadeia significante. Sabemos que o encadeamento significante pode constituir uma trama na qual um sujeito, dividido e eclipsado por um ato que ele comete e lhe escapa, é recortado descontinuamente como uma falta-a-ser, uma ausência experimentada no que falha, tal como quando alguém comete um ato falho e é surpreendido por uma palavra que aparece no lugar de outra sem que se tenha pretendido dizê-la, mas que, mesmo com alguma vacilação, é reconhecida como tendo sido dita. Entretanto, tomar o ato infrator como um "simbolismo parcelar" implica, no lugar de uma trama (mesmo insensata e perturbadora), a experiência de um estilhaçamento subjetivo (e não de uma divisão, de uma "falta-a-ser"). Por isso, conjugo "S_1 isolado da trama significante", "simbolismo parcelar" e "ato infrator" valendo-me da homofonia, em francês, entre S_1 (*esse un*) e "enxame" (*essaim*)[2]. Nesse contexto, mas também me adiantando quanto ao desdobramento que farei, mais adiante, do ato infrator e do estilhaçamento subjetivo, é importante ressaltar que Lacan utiliza essa homofonia francesa entre S_1 (*esse un*) e "enxame" (*essaim*) para passar de "um elemento que organiza todos os outros a um enxame que implica uma multiplicidade de significantes fazendo conjunto, uma multiplicidade não centralizada em torno de um só elemento ao qual ela obedeceria", "um movimento em direção ao múltiplo, um princípio de multiplicação, do um em direção ao plural" (Brousse, 2009, p. 5).

Les non-dupes errent

Intitulando *Les non-dupes errent* um dos livros de seu Seminário, Lacan (1973-1974) volta a usar uma homofonia francesa e, assim, nesse título, podemos escutar tanto "os nomes-do-pai" (*les noms du père*) – a pluralização desse "significante fundamental" designado como o "Nome-do-Pai" – quanto a frase "os não-tolos erram" (*les non-dupes errent*). Nessas ressonâncias, somos surpreendidos por essa multiplicação do significante qualificado tradicionalmente no ensino

[2] Um dos escritos, talvez o primeiro, em que Lacan (1963/1966) joga com a homofonia francesa entre S_1 e "enxame" é o seu escrito "Kant com Sade".

lacaniano como "fundamental" e pela proposição de que, ao contrário do que geralmente se acredita e é proferido, o erro se impõe àqueles que, por ser apresentarem como "não-tolos" ou mesmo como "nomes-do-pai", se consideram refratários ao erro. Logo, se há alguma chance de acerto, ela não se separaria propriamente da tolice que, inclusive, não deixa de afetar os nomes-do-pai, essas referências que ecoam uma pluralização do "significante fundamental" e tampouco estão isentas de falhas.

Na aula do dia 19 de março, Lacan (1973-1974) diz que uma ordem norteada pelo Nome-do-Pai e evidente, por exemplo, no que evoquei com a definição da "família paterna" por Durkheim (1892/1975) cede histórica e socialmente seu lugar a uma ordem que se veicula como "nomear para", ou seja, pelo ato de designar, por exemplo, alguém para uma função e mesmo circunscrever, digamos assim, seu ser a essa designação. Ora, é o que constatamos hoje a todo tempo neste nosso mundo onde os nomes proliferam a ponto de tomarem a forma mesma de cifras que nos são atribuídas ou com as quais somos designados e "funcionamos": as senhas se multiplicam como números com que somos identificados (inclusive para a manutenção de nossa própria "segurança" e de nossa "individualidade"); os nomes das doenças são equivalentes a códigos alfanuméricos; a "normalidade" é clara e estatisticamente nomeada pela "curva de Gauss"; a satisfação é vertida, por exemplo, em "números de acesso"...

Essa multiplicação dos nomes pode tomar proporções mais avassaladoras em situações sociologicamente qualificadas como de "intensa precariedade social". Afinal, a precariedade é uma experiência que perpassa o sujeito concebido lacanianamente como "falta-a-ser", mas, se ela ganha uma espessura que efetivamente o marginaliza e o anula sem lhe conferir um "lugar simbólico" no Outro assimilável, por exemplo, à forma do "corpo social", torna-se mais insuportável e radical a ruptura que um sujeito é, em sua divisão, com relação ao enxame de significantes ordenadores e nomeadores (ou seja, de S_1) que emaranham, sobretudo hoje, a vida. Em outros termos, "o ponto de ruptura que ocupa o indivíduo na rede de agregações sociais" (Lacan & Cénac, 1950/1966, p. 132) pode, ao ser devastado pela "precariedade social", tornar-se menos passível de "irrealização", ou seja, de "simbolização", e esse "indivíduo", então, poderá se estilhaçar como sujeito.

O ato infrator pode ser uma via para se ter um lugar, para se dar um nome que faça diferença no enxame contemporâneo das designações e atribuições, mas essa via está imersa em uma errância que a torna sem saída porque tende a convocar de modo contínuo, sobretudo quanto mais social ou subjetivamente for a precariedade, o que Lacan (1973-1974) chamou de "ordem de ferro", um ordenamento que se apresenta como infalível e que, conforme verificamos muitas vezes, só faz consolidar e reiterar o enxame alfanumérico: para as instituições, número da infração cometida, quantidade de vezes que foram realizados os crimes, número do processo, número do sentenciado, número de instituições pelos quais este último já passou, etc; para o próprio infrator, número de pichações realizadas, altura na qual se encontra a pichação, quantidade e tipos de crimes cometidos... A estratégia da psicanálise de orientação lacaniana é – não sem averiguar o que faz o enumerado ser emaranhado nesse "enxame" de "simbolismo parcelar" – apreender, em tal proliferação alfanumérica de uma "ordem de ferro", a montagem de uma reiteração de dizeres que estilhaçam o próprio numerado, mas na qual ele busca também ter um lugar, um nome, um corpo.

Breve leitura lacaniana de um exemplo extra-analítico

Em 2002, José Padilha lança como diretor um documentário sobre o sequestro do ônibus 174, realizado dois anos antes na Zona Sul do Rio de Janeiro por Sandro do Nascimento que, por sua vez, morreu em consequência da ação policial contra seu crime. O modo como esse filme foi dirigido e montado evidencia o enxame no qual a vida desse jovem sequestrador estava emaranhada e a fez ser exterminada violenta e tragicamente. Padilha[3] resgata, então, falas de familiares e conhecidos de Sandro do Nascimento, o fato de este último ter sido um sobrevivente da Chacina da Candelária, as impressões de profissionais de instituições pelas quais passou, o que ficou registrado por escrito dessas passagens, cenas do sequestro apresentadas em telejornais. Mas ele o faz de modo que verificamos o quanto, inclusive nas transmissões televisivas do sequestro, até o resgate promovido por esse documentário, cada uma dessas referências encontrava-se isolada, era um S_1 que insistia sozinho e sem que alguém (inclusive o próprio Sandro do Nascimento) se dispusesse a lê-lo, escutá-lo, vê-lo. Afinal, mesmo instituições que eram próximas em suas ações ao longo

[3] José Padilha, autor do filme-documentário *Sequestro do ônibus 174*, de 2002.

da curta vida de Sandro do Nascimento não haviam realizado qualquer troca de informação sobre ele e, assim, quem lhe constitui a trama da vida é Padilha que, por sua vez, só pôde fazê-lo porque, com o sequestro, aquele jovem se fez nomear, *in extremis*, por mais um S_1, aquele de "sequestrador do ônibus 174", e convocou sobre seu corpo outras formas de *máquinas-de-nomear-para*, ou seja, de proliferação de enxames-de-S_1, que são a "mídia" e a "polícia".

Importante observar – inclusive porque isso é também visado pela psicanálise de orientação lacaniana – que a constituição da trama da vida de Sandro do Nascimento por Padilha não se faz linearmente. Ela é montada como uma profusão de S_1, como um enxame, mas diferente daquele que emaranhou a vida de Sandro do Nascimento porque tal documentário o faz ressoar discernindo sua lógica ao longo dessa vida e não apenas seu emaranhamento. Talvez a vida de Sandro do Nascimento pudesse ter tido outro fim se, por exemplo, em alguma das instituições pelas quais passou, ele tivesse encontrado – sem ter de chegar ao ato extremo do sequestro – alguém que, como lhe fez depois Padilha, pudesse ler no enxame de sua vida um dizer com o qual ele, reiteradamente, procurava se nomear para, inclusive não terminar como se fez terminar.

A psicanálise de orientação lacaniana, ao ser convocada para intervir em circunstâncias de violência nas cidades, poderá ter alguma chance de se antecipar à realização, pelo infrator, do "último ato". Nessa antecipação – que se apresenta como uma aposta no que um encontro com um jovem infrator pode nos fazer escutar do enxame que lhe emaranha a vida – não garantimos uma previsibilidade ou uma prevenção porque ela se vale da experiência de que "o real é sem lei" (Lacan, 1975-1976, p. 137) e está em jogo na dimensão do ato. É também uma aposta porque constatamos que, mesmo os atos mais ínfimos, falham. Trata-se, então, de averiguar, por exemplo, o quanto as "transgressões à ordem vigente" podem ecoar, pelo viés de um "masoquismo do filho", a tentativa de "convocar" ou "se inventar" um pai. Trata-se, também, em outros casos, de averiguar a que se pode reduzir o que reitera como um "enxame" de S_1 como uma proliferação alfanumérica e que insiste em emaranhar a vida como um modo até de estendê-la a situações em que ela, *in extremis*, não terá mais como ser sustentada em um corpo. Trata-se, em suma, de não descartar o que se impõe confusa e estranhamente como uma errância, pois esse tipo de menosprezo é correlato de uma aversão à tolice, ao que parece à toa e são os "não-tolos" – aqueles que se apresentam, por exemplo, como "especialistas", com "saberes codificados" ou "cifras"– que, como nos ensina Lacan, erram.

Referências bibliográficas

Brousse, M.-H. A psicose ordinária à luz da teoria lacaniana do discurso. In: *Latusa digital*, ano 6, número 38, 2009.

Cárdia, N. & Schiffer, S. Violência e desigualdade social. In: *Ciência e cultura*, nº 1, p. 25-31, 2002.

Durkheim, É. (1892). La famille conjugale. In: *Textes*. Paris: Minuit, 1975.

Freud, S. (1921). Psicologia das massas e análise do eu. *Obras completas*, v. 15. Rio de Janeiro: Companhia das Letras, 2011.

Lacan, J. (1938). Les complexes familiaux dans la formation de l'individu. *Autres écrits*. Paris: Seuil, 2001.

———. (1958-1959). *Le séminaire. Livre VI: le désir et son interprétation*. Paris: La Martinière, 2013.

———. (1963). Kant avec Sade. *Écrits*. Paris: Seuil, 1966.

———. (1969). Note sur l'enfant. *Autres écrits*. Paris: Seuil, 2001.

———. (1973-1974). *Les non-dupes errent*. Paris. Inédito.

———. (1974). Préface à "L'Éveil du printemps". *Autres écrits*. Paris: Seuil, 2001.

———. (1975-1976). *Le séminaire. Livre XXIII: le sinthome*. Paris: Seuil, 2005.

Lacan, J. & Cénac, M. (1950). Introduction théorique aux fonctions de la psychanalyse en criminologie. *Écrits*. Paris: Seuil, 1966.

Laurent, É. *A sociedade do sintoma*. Rio de Janeiro: Contra Capa, 2007.

Mauss, M. (1924). Rapports réels et pratiques de la psychologie et de la sociologie. In: *Sociologie et anthropologie*. Paris: P.U.F., 2003.

Miller, J.-A. (1997). O sintoma e o cometa. In: *Opção Lacaniana: revista brasileira internacional de psicanálise*, n. 19, p. 8-9. São Paulo, 1997.

———. (2007-2008). *Tout le monde est fou*. Cours de l'Orientation Lacanienne. Paris. Inédito.

———. (2008-2009). *Perspectivas dos* Escritos *e* Outros escritos *de Lacan. Entre desejo e gozo*. Rio de Janeiro: Zahar, 2011.

———. L'inconscient et le corps parlant. Disponível em <http://wapol.org/fr/articulos/Template.asp?intTipoPagina=4&intPublicacion=13&intEdicion=9&intIdiomaPublicacion=5&intArticulo=2742&intIdiomaArticulo=5>, 2014.

Sampson, R. J. & Groves, W. B. Community structure and crime: testing social-disorganization theory. In: *American Journal of Sociology*, n. 94, p. 774-802, 1989.

Sampson, R. J. Networks and neighborhoods: the implications of connectivity for thinking about crime in the modern city. *Demos*, 2004.

Shakespeare, W. (1599-1601). *Hamlet*. Tradução Millôr Fernandes. Porto Alegre: L&PM, 1988.

A violência contra alunos e professores na escola contemporânea: um novo sintoma para a psicanálise?

Leny Magalhães Mrech

Livre Docente e professora da PPG da FEUSP; Coordenadora do Núcleo de Pesquisa Psicanálise e Educação da FEUSP; Psicanalista, Membro da Escola Brasileira de Psicanálise; Membro da Associação Mundial de Psicanálise. Membro da CLIPP. E-mail: lenymrech@uol.com.br

Resumo

Este artigo discute as mudanças havidas na escola e nas relações entre alunos e professores na transição da sociedade disciplinar para a sociedade de controle. Um destaque especial será dado aos casos de violência na sociedade e nas escolas. Eles serão analisados a partir das contribuições da psicanálise trazidas por Freud, Lacan, Miller e Laurent. Algumas questões serão investigadas: o que é a violência no mundo contemporâneo? De que maneira ela se distingue da violência antiga? Como ela afeta professores e alunos? Freud e Lacan nos permitem pensar o impacto da cultura comercial e do discurso do capitalista nos sujeitos. O hedonismo passa a reger as ações. O gozo impera. Uma discussão que se impõe é se o hedonismo contemporâneo é o mesmo do passado. Por último abordaremos a violência a partir dos encaminhamentos trazidos pela clínica psicanalítica.

Palavras-chave: sociedade disciplinar; sociedade de controle; violência na sociedade e nas escolas; hedonismo antigo e atual.

Abstract

The violence against students and teachers at school today: a new symptom to psychoanalysis?

This article discusses the changes which took place in the school and in relations between students and teachers in the transition of a disciplinary society to a society of control. A special emphasis will be given to cases of violence in society and in schools. They will be analyzed from the contributions of psychoanalysis brought by Freud, Lacan, Miller and Laurent. Some questions will be investigated: What is the violence in the contemporary world? In what way it differs from the former violence? How does it affect the teachers and students? Freud and Lacan permit us to consider the impact of

the commercial culture and the discourse of capitalism in the subjects. The hedonism will govern the actions. The joy (*jouissance*) reigns. A discussion that is needed if the contemporary hedonism is the same as that of the past. Finally we discuss the violence from referrals brought by psychoanalytic clinic.
Keywords: disciplinary society; society of control; violence in society and in schools; hedonism former and current.

Résumé

La violence contre les élèves et enseignants de l'école contemporain: un nouveau problème pour la psychanalyse?

Cet article présente les changements survenus à l'école et les relations entre les élèves et les enseignants pendant la transition d'une société disciplinaire à une société de contrôle. Une attention particulière sera accordée aux cas de violence dans la société et dans les écoles. Elles seront examinées à partir des études faites sur la psychanalyse par Freud, Lacan, Miller et Laurent. Certaines questions seront examinées: Quelle est la signification de la violence dans le monde contemporain? Comment ça diffère de l'ancienne violence? Comment elle affecte les enseignants et les étudiants? Freud et Lacan nous permettent de réfléchir sur l'impact de la culture commerciale et le discours du capitaliste en ce qui concerne le sujet. Hedonism régit actions. La jouissance

règne. Une discussion qui est nécessaire est l'hédonisme contemporain est égale à le ancien. Enfin, nous discutons de la violence de références menée par la clinique psychanalytique.
Mots-clés: société disciplinaire; la société de contrôle; la violence dans la société et dans les écoles; le ancien et le contemporain hédonisme.

A escola contemporânea vem passando por grandes transformações. No passado vigorava no Brasil, entre os educadores, uma *concepção imaginária "asséptica"* dela mesma e de seus educadores:

> Ser professor é professar a religião do Dever, é olhar sempre para a frente e para o alto, é considerar-se como o alvo permanente de olhares indagadores [...] é fazer em suma, da própria vida uma oblação perene da energia da vontade, um código de ética mais elevado. [...] Assim como ao sacerdote [...] também ao professor não é dado despojar-se dos seus atributos [...] (Paz, 1932, p. 58-62).

Um dado que a história da Educação brasileira contesta de longa data em trabalhos de historiadores da Educação, sobretudo tendo em vista os acontecimentos mais recentes: "A escola pública da periferia das grandes cidades brasileiras é um lugar cujas grades e muros parecem justificar a analogia foucaultiana da instituição escolar com os manicômios e as prisões. [...] *A ausência de sentido da escola reverbera com força no cotidiano do ensino*" (Souza, 2005, p. 130; grifo nosso).

A ideia do professor "sacerdote", da escola como um lugar isento era apenas mais uma falácia para escamotear o uso do poder, o lado repressivo das escolas, aspecto trazido à luz por Louis Althusser, quando propunha a escola como um dos Aparelhos Ideológicos do Estado.

Será a escola, na sua ausência de sentido contemporâneo, a mesma da concepção idealizada ou dos Aparelhos Ideológicos do Estado? Ou será que ela apresenta outra especificidade, outra configuração?

Desde o princípio, pode-se dizer que a escola e a atuação de professores e alunos contemporâneos surgem hoje como um microcosmo onde tudo parece ocorrer de forma bastante semelhante ao que acontece na sociedade. Temos em mãos dados trazidos por meio de discussões surgidas em reuniões do NUPPE – Núcleo de Pesquisa de Psicanálise e Educação da Faculdade de Educação da Universidade de São Paulo[1] – demostrando que, ao longo de dezessete anos de atividade, muita coisa mudou e os relatos se transformaram.

Mais recentemente, é possível constatar um aumento dos casos de violência nas escolas. Trata-se de uma violência surda de ataque aos equipamentos escolares em que são destruídos carteiras, banheiros, cantinas, salas de administração,

[1] O NUPPE surgiu em 15 de março de 1997 graças a um Convênio com a Associação Mundial de Psicanálise, o Instituto de Pesquisa de Psicanálise (IPP) e a FEUSP e visa atender professores da rede pública, alunos da graduação e da pós-graduação da Faculdade e do Instituto de Psicologia, além de psicanalistas e interessados em geral. Suas reuniões são semanais e distribuídas em três horários. A coordenação inicial ficou a cargo de Judith Miller, pela Associação Mundial de Psicanálise, pelo Dr. Jorge Forbes, pelo IPP, e pela professora e psicanalista Leny Magalhães Mrech, pela FEUSP.

documentos, salas de aula etc., além de ataques a professores e alunos, continuamente noticiados em todas as mídias[2].

Algumas questões são propostas à Psicanálise: de que violência se trata? Será que alguma coisa mudou na escola que faz com que ela não consiga mais atuar de forma repressiva, como no passado? Ou será que algo no sem sentido da escola vem se intensificando, fazendo surgir ações mais violentas?

Sociedade disciplinar e sociedade de controle

Anteriormente, a escola e os professores eram convocados a atuar sob forma monolítica, tal como identificou Louis Althusser, quando concebeu os aparelhos ideológicos de estado, aos quais ele denomina superestrutura. Os Aparelhos Ideológicos do Estado (AEIs)[3] seriam "[...] certo número de realidades que se apresentam ao observador imediato sob a forma de instituições distintas e especializadas" (Althusser, 1970, p. 43).

Michel Foucault, aluno de Louis Althusser, deu continuidade a muitas de suas ideias, propondo uma história das instituições que lidavam com a disciplina: a família, a escola,

---

[2] De um grupo de 12 mil estudantes de seis estados brasileiros, 84% consideram suas escolas violentas e um em cada três jovens já participou de alguma forma de violência, seja como vítima ou agressor – dados da Conferência Nacional dos Trabalhadores da Educação.

[3] Eles seriam compostos por: o AIE religioso – o sistema de diferentes Igrejas; o AIE escolar (o sistema de diferentes escolas públicas e particulares); o AIE familiar; o AIE jurídico; o AIE político (o sistema político de que fazem parte os diferentes partidos); o AIE sindical; o AIE da informação (imprensa, rádio, televisão, etc.); o AIE cultural (Letras, Belas Artes, desportos etc.) (Althusser, 1970, p. 44).

a caserna, a fábrica, o hospital e a prisão. Ele identificou que, por trás de todas elas, havia uma forma de implantação da disciplina que passava a reger a vida das pessoas. O enclausuramento era a operação básica para a criação de corpos dóceis.

Contudo, a partir da década de 1960 e, sobretudo, depois da década de 1970, surge um novo modelo: a sociedade de controle, proposta por Gilles Deleuze. Nela, haveria uma interpenetração dos espaços, visando a uma quebra de limites. O seu modelo seria o das redes em que os sujeitos estariam enredados em uma formação permanente, com isso tornando o controle mais sutil e mais fluido.

Jacques-Alain Miller, em "Intuições milanesas" (2011), destaca que Lacan teve papel histórico, ao atualizar Freud e preparar a Psicanálise para a nova ordem, o *Império* proposto por Antonio Negri, um seguidor de Deleuze e Guattari. Miller distingue três fases desse processo:

1. A formalização da Psicanálise na época disciplinar, a qual "[...] se fundamenta na formalização do conceito de inconsciente a partir do algoritmo do signo; na formalização unificante do Édipo, da castração e do recalcamento pelos conceitos de Nome-do-Pai e de metáfora; na formalização da libido, pelos conceitos de desejo e metonímia" (Miller, 2011, p. 10). É o momento de retorno a Freud.
2. É um período de transição, em que Lacan realiza a subversão de Freud. Primeiramente, ele parte da instância paterna, o Nome do Pai. Em um segundo momento, o pluraliza e, por último, relê a operação de recalcamento, não mais atribuída à interdição paterna, mas à própria ação da linguagem.

Lacan faz a passagem do conceito de desejo para o de gozo e, para preencher a falta, ele estabelece o objeto *a*.

3. É o chamado "último ensino de Lacan", uma elaboração que cobre a década de 1970 e é paralela à publicação por Michel Foucault do seu *Vigiar e punir*, um dos seus baluartes do conceito de sociedade disciplinar. É nesse momento que Lacan privilegia mais ainda o conceito de gozo, destacando que a própria linguagem é um aparelho de gozo. O significante passa a ser um operador de gozo. Lacan pensa agora no nível da pulsão. Miller (2011, p. 11) destaca que "[...] isso corresponde à saída da época disciplinar. Tudo agora é uma questão de arranjo. Não se sonha mais com o fora. Há apenas percursos, arranjos e regimes de gozo".

Miller (2011) destaca também a importância de se lidar com a oposição entre sociedade disciplinar e sociedade de controle, pois são dois regimes de dominação.

> A sociedade disciplinar é a época em que há uma exterioridade entre os dispositivos e aparelhos de repressão e de formação e os submetidos; nela, se distingue a dominação como tal, a doutrinação que permite uma oposição frontal e a delimitação da figura dos opressores. A resistência pode então se apoiar nas formas de coerção. [...]
>
> Isso se torna interessante para distinguir que o que já se modifica nela há trinta anos era, sobretudo, imanente ao campo social; que os mecanismos de domi-

> nação que os marxistas podiam analisar eram interiorizados e difundidos de maneira fugaz ou invisível pela sociedade de comunicação ou de informação; daí a ideia de que, daí por diante, será por redes flexíveis, moduláveis e flutuantes que circulará uma dominação que não é mais exterior – a ponto de Negri fornecer a fórmula da "alienação autônoma" para designar uma dominação que não é mais externa do que interna, e à qual o termo êxtimo convém completamente (Miller, 2011, p. 11).

A transição da sociedade disciplinar para a sociedade de controle foi de alguma forma percebida pelos professores que traziam muitos relatos de não conseguirem olhar a escola pela via dos Aparelhos Ideológicos do Estado nem sob a perspectiva da sociedade disciplinar. Eles constatavam haver uma complexidade muito maior existente na escola e na sua atuação como professores e na dos alunos que não havia sido identificada, fato que foi mais recentemente corroborado pelos próprios cientistas sociais.

> A teoria dos Aparelhos Ideológicos do Estado constrói uma visão monolítica e acabada da organização social, onde tudo é rigidamente organizado, planejado e definido pelo Estado, de tal sorte que não sobra mais nada para os cidadãos. Não mais nenhuma alternativa a não ser a resignação ante o Estado onipresente e absolutamente dominante[4].

[4] Joyce Amâncio de Aquino Alves. A concepção de ideologia em Althusser e Gramsci – Complementações e/ou divergências? In 36º. Encontro Anual da ANPOCS

De alguma forma, os professores haviam percebido a transição da sociedade disciplinar para a sociedade de controle, mas essa mudança não significa que não se possam encontrar nas escolas muitas das antigas práticas da sociedade disciplinar. O fundamental é lidarmos com o aspecto que Miller destaca em relação a Negri e ao Império: o fato de este ser "[...] uma forma patética em um mundo sem operadores, um império que não é mais imperialismo de ninguém, que está por toda parte, nenhuma parte, e ao mesmo tempo sem fronteiras, sem exterior" (Miller, 2011, p. 12).

Identifica-se na sociedade contemporânea que os Aparelhos Ideológicos do Estado foram atravessados pelo *Império*, pelo capitalismo e pelo neoliberalismo e não se apresentam mais de forma tão compacta.

Souza (2005, p. 137), citando Dany-Robert Dufour, sugere que a modernidade é "[...] um espaço em que as referências últimas, não cessando de mudar, permitem que o espaço simbólico também se torne mutante".

Se, em Althusser, os Aparelhos Ideológicos do Estado aparecem em sua face mais estática, como mostra Alves[5], o que queremos destacar aqui é que, na sociedade em geral e nas escolas em particular, estamos diante da mutabilidade desses aparelhos, o que se caracteriza como um processo estreitamente articulado às mudanças do simbólico no século XXI.

> Foi-se o tempo em que Sigmund Freud lia os sintomas do sujeito vinculados à consistência da ordem simbó-

---

(Associação Nacional de Pós-Graduação e Pesquisa em Ciências Sociais), GT-18 – Marxismo e Ciências Sociais.

[5] Ver nota anterior.

> lica. Ele nos deixou um testemunho evidente disso em seu escrito fundamental: "O mal-estar na civilização". Hoje, nos interrogamos sobre as fragilidades da ordem simbólica, sobre as consequências dessas mudanças no sujeito que, como se vê na experiência comum, nos confronta diariamente com sintomas diferentes daqueles provocados pela moral vitoriana.
> Essa é a nossa posição, ela se dirige ao reconhecimento dos sintomas do Outro, suas debilidades, suas fragilidades e os efeitos sintomáticos que tal fragilidade tem sobre o sujeito (*Scilicet*, 2011, apresentação).

São esses aspectos das mudanças no simbólico e nos sintomas do Outro que ocorrem na sociedade e na escola que têm chamado a atenção dos professores do NUPPE. Este artigo tem como objetivo repensar as discussões das propostas dos Aparelhos Ideológicos de Estado, de Louis Althusser e da sociedade disciplinar, estabelecida por Foucault, visando delinear algumas modificações trazidas pela sociedade de controle e as transformações do simbólico nos séculos XX e XXI e seus efeitos nas escolas e na atuação de professores e alunos. Um destaque especial será dado às questões relativas à violência escolar.

A sociedade de controle, o mercado, a pulsão de morte e a violência

Gilles Deleuze (1992, p. 221) crê que nos encontramos diante de uma crise generalizada de todos os meios de confinamento: prisão, hospital, fábrica, escola e família. Passamos a viver em espaços abertos que, nem por isso, deixam de ser controlados, pois, enquanto os confinamentos nos modelavam em formas prévias, os controles permitem modulações. São moldagens que se modificam a cada momento. O processo nunca termina. E se trata de um processo que, na superestrutura, tem tudo a ver com as transformações havidas na sociedade capitalista contemporânea.

Para Dufour (2003, p. 1) o capitalismo, é "antropofágico", pois também come o homem: "Hoje, pede-se aos homens que se livrem de todas as sobrecargas simbólicas que garantiam suas trocas. O valor simbólico é assim desmantelado em proveito do simples e neutro valor monetário da mercadoria. [...]. Disso resulta uma des-simbolização do mundo".

Esse aspecto nos parece extremamente importante, pois se encontra baseado nas contribuições de Jacques Lacan em relação ao *Seminário 16 – De um Outro a outro*, no qual propõe que estamos diante de um novo tipo de cultura, a cultura comercial: "A cultura, tentaremos situá-la no uso atual que se faz desse termo num certo nível, que chamaremos de comercial" (Lacan, 2008, p. 31).

Nessa cultura comercial, o objeto assume o seu lugar de zênite e é ele que rege as relações sociais. O mercado torna-se o que de mais importante existe, afetando, de maneira radical, os próprios aparelhos ideológicos do estado: "O neoliberalismo não visa apenas à destruição das instâncias coletivas construídas ao longo do tempo (família, sindicatos, partidos e, de uma maneira mais geral, a cultura), mas também a da forma indivíduo-sujeito surgida durante o período moderno" (Dufour, 2001).

Como decorrência, dá-se lugar à fabricação de um novo sujeito: o sujeito "pós-moderno", "não-crítico" e "psicotizante". Segundo Dufour (2005, p. 118):

> Trata-se de um sujeito disponível para todas as conexões, um sujeito incerto, indefinidamente aberto aos fluxos do mercado e comunicacionais, em carência de mercadorias para consumir. Um sujeito precário em suma, cuja precariedade mesma é exposta à venda no Mercado, que pode aí encontrar novos escoadouros, tornando-se grande provedor de *kits* identitários e de imagens de identificação. Como Foucault havia profetizado há vinte anos, o mundo tornou-se deleuziano.

Trata-se de um sujeito precário, construído pelo mercado. Um dos agentes desse processo é a comercialização da infância estabelecida pelo *marketing* infantil: um consumo das crianças, ou seja, os produtos para as crianças são preparados previamente para que elas se tornem consumidoras desde antes do nascimento.

Nesse momento, graças a muitos dos produtos trazidos pela cultura comercial, surgem as imagens de violência que aparecem de maneira direta ou indireta através da televisão, de filmes e das mídias eletrônicas: "Além da publicidade, há a violência das imagens: em torno dos 11 anos, a criança 'média' terá visto cerca de 100.000 atos de violência na televisão e terá assistido a cerca de 12.000 assassinatos!" (Dufour, 2005, p. 121).

Porém é preciso assinalar que, com isso, não estamos atribuindo a ela uma causalidade única na precarização do sujeito. A questão da violência, em si mesma, é suficientemente complexa e tem sido abordada por psicanalistas com extremo cuidado, porque, como revela Barros (2014, p. 1), a violência não se "[...] deixa abranger por uma definição única. Podemos pensar a violência como fenômeno ou irrupção, como a brusca ruptura de uma sequência, ou, a exemplo de Freud, como algo que está na base da fundação do pacto, como fundamento último do laço social, e não a sua negação".

As contribuições de Freud revelam que a agressividade não é produto atual: se encontra atrelada ao próprio processo de constituição do sujeito. Os seres humanos não seriam "[...] criaturas gentis que desejam ser amadas e que, no máximo, podem defender-se quando atacadas; pelo contrário, são criaturas entre cujos dotes instintivos deve-se levar em conta uma poderosa quota de agressividade" (Freud, 1996, p. 116).

Contudo, o que chama a atenção são as novas configurações dos processos de violência no mundo contemporâneo. É que elas interpelam todos aqueles que praticam as três profissões impossíveis: o psicanalista, o governante e o professor. São novas formas graças às quais se vive a pulsão de morte. Esse é um aspecto para o qual Laurent (2013, p. 41) chama a atenção: "Existem novas formas, ou seja, não podemos pensar que se trata da violência de sempre, a pulsão de morte de sempre etc".

No passado, existiam fenômenos de massa, como as grandes guerras. Atualmente, Laurent destaca que vivemos a era da desmassificação da violência. A violência tornou-se mais privada, mais individualizada do que em outras épocas, pois se trata de uma violência que é mais um produto do individualismo de massas (Laurent, 2013, p. 34). Trata-se da violência pós-moderna, da violência da sociedade do neoliberalismo.

E Ons (2013, p. 144), em um texto recente, destaca que ela tem como característica distintiva ser "ubíqua", "ilimitada" e "polimorfa", ou seja, estamos diante de uma violência ligada ao capitalismo tardio, em que o valor dos objetos se antepõe à vida mesma.

É para esse aspecto do surgimento da violência na sociedade e na escola, na sociedade de controle, que queremos agora chamar a atenção do leitor.

Ons (2009, p. 15) relata que estamos diante de um processo "[...] que se incrementa cada vez mais, prolifera, se multiplica, bole com o ar que respiramos e, ainda sem realizar-se, está presente como uma ameaça que abrange nossa existência".

A violência na sociedade e na escola

Esse "ar envolvente de violência" chamou a atenção dos participantes do NUPPE e houve casos trazidos ao grupo que nos permitem discutir mais detidamente alguns aspectos desse processo.

> A professora relata que foi almoçar em um *shopping* na zona sul de São Paulo em companhia do marido, como de costume. Ao adentrarem no piso superior escolheram um lugar para estacionar. Ouviram a buzina de um rapaz que os insultou. O rapaz de, aproximadamente, 30 anos voltou-se contra eles com uma marreta que havia retirado do carro e bateu no carro do marido dela diversas vezes. Avançando também para o marido. Ela pensou que ele fosse morrer. O rapaz gritava que havia visto primeiro a vaga e que nunca mais iriam estacionar onde não deveriam, quebrando os vidros do carro e lançando-se em cima do marido de M.

> Ela começou a gritar e o rapaz a empurrou, dizendo para calar a boca e, em seguida, deu-lhe um chute também. Alguns funcionários do *shopping* vieram ajudar, mas o rapaz não largava a marreta. Muitos seguranças chegaram e pediram para ele entregar a marreta. Ele apanhou o carro e imprensou M. na parede e tentou fugir. A polícia o pegou na saída enquanto tentava fugir pelo fundo do *shopping*. O marido de M. foi hospitalizado por 4 dias e ela tirou licença da escola por uma semana, pois teve o joelho e a perna direita machucados. O processo segue no Fórum Central.

Percebe-se que se vive a violência em todos os lugares e esta passou a atingir as escolas de maneira bastante intensificada. A sua face mais incisiva são os ataques, com várias mortes e suicídios, em escolas e universidades norte-americanas. Trata-se de um fenômeno que não cessa e que, mais recentemente, tem se apresentado em *shoppings*, praças, ruas etc. Esse fenômeno chegou ao Brasil, já tendo ocorrido casos de mortes em escolas. Há um crescimento nos relatos de agressão. São casos de professoras que apanharam dos maridos, de brigas entre os alunos que estouram por quaisquer motivos. De agressões inesperadas aos professores.

> O professor de Educação Física P., de 45 anos de idade, relata a seguinte situação: eu achava que o trabalho me completava e, um dia, levei um soco nas costas na quadra da escola estadual. Lecionava há 3 anos nesta unidade escolar. Quando me virei, vi que era uma mulher. Ela continuou a me socar, tentando acertar o meu rosto. Levei muitos chutes e socos nos braços. E

> se eu reagisse seria considerado agressor. Apanhei mesmo, corri da quadra para a sala dos professores. Eu não entendi porque estavam me atacando daquele modo. Sou um professor muito querido na escola.
>
> No outro dia, senti um enorme vazio e parece que minha vontade de trabalhar acabou ali. Contava no calendário escolar os dias para acabar o ano e me remover daquele inferno. Ninguém me defendeu e ainda ficaram perguntando o que eu tinha feito.
>
> Eu havia repreendido as agressões de uma aluna em relação às demais. A mãe não gostou e veio me agredir por causa disso. A mãe demonstrou o mesmo comportamento da filha, que vive ameaçando as colegas da quadra.

Torna-se importante lembrarmos a contribuição de Lacan (1999, p. 471) em *As formações do inconsciente:* "[...] a violência é de fato o que há de essencial na agressão, pelo menos no plano humano. Não é a fala, é até exatamente o contrário. O que pode produzir-se numa relação inter-humana são a violência ou a fala".

Nos dois casos relatados, observa-se que não ocorre a mediação da palavra. Parte-se para o ato violento, como se ele solucionasse todos os problemas. Trata-se do que Laurent (2013, p. 35) denomina *violência absurda:* "[...] Podemos ser assassinados ou agredidos por somas insignificantes, por um celular, por objetos algamáticos, como o iPad [...]".

É possível ser morto por uma vaga em *shopping*; é possível apanhar por algo de que não se tem ideia, que não se sabe. E isso não pode ser pensado como uma exceção, pois faz parte da própria programação da sociedade contemporânea.

> O que temos, hoje, são mais demonstrações de massas não organizadas, não violentas, e uma violência individual terrível. Então, o que vemos são formas nas quais a violência e a pulsão de morte se manifestam em nossa modernidade, nossa contemporaneidade, em conformidade com o que é o regime normal das civilizações. Ou seja, o individualismo de massa transforma tudo isso (Laurent, 2013, p. 36).

A precarização do sujeito, a violência e a questão do gozo

Como já comentamos, estamos lidando com um novo tipo de sujeito, o sujeito precário, que é um produto das fraturas da ordem simbólica, e suas consequências são estabelecidas graças ao mercado e ao discurso do capitalista.

Chamorro (2011, p. 214) destaca que esse sujeito se apresenta como "[...] um sujeito que não está firmemente representado pelo significante, que não alcança um discurso consistente, que não se vê afetado pelo que diz nem pelo que faz, que não sabe o que fazer, quando muito responde debilmente às necessidades".

Na escola, aparece a precarização desse sujeito em relação à família, ao professor, aos colegas etc. Trata-se de um processo evidente quando se lida com a questão da violência sexual na família.

> Naquela manhã D. (aluna de cinco anos de idade) não queria sentar-se de modo algum e, então, me aproxi-

> mei e toquei suas costas dizendo vai sentar com suas amiguinhas. Ela me deu um tapa e um empurrão, porque não queria ser tocada e ficou nervosa. Há três dias ela não sentava. D. nunca havia sido agressiva comigo. Conversei com a mãe depois da aula. Ela não sabia o que estava acontecendo. No dia seguinte e nos seguintes, D. faltou. Quando ela retornou, a mãe trouxe uma péssima notícia de que ela havia sido estuprada pelo tio que praticava sexo anal com a criança, após lhe dar uma boneca. Era por isso que ela não sentava e eu não havia percebido. D. enfrentava essa situação fazia muito tempo.

A violência sexual contra mulheres e crianças existe de longa data. Laurent (2013, p. 39) destaca que, ao longo do século XX,

> [...] [o estupro], como a violência, muda de sentido. [Ele] é a marca de uma nova forma de viver a relação entre os sexos, de viver aquilo que, antes, era considerado um fato biológico, contra o qual a única coisa que se podia fazer era impedir as mulheres de sair às ruas, sair de casa, para prevenir toda a sorte de coisas; em outras palavras, retiravam-se as mulheres dos espaços públicos.

Esse novo enfoque o tornou, aos olhos da sociedade ocidental, um "crime de proximidade", ou seja, a maior parte dos casos ocorre entre pessoas que se conhecem. (Laurent, 2013, p. 43). Esse é o caso acima da criança que fora atacada pelo tio.

Mas esse sujeito precário pode vivenciar o abuso sexual na escola.

> R., aluna de treze anos do ensino fundamental, com laudo de deficiente intelectual, é vista pela professora em uma situação de relações sexuais com três garotos. Eles filmavam a menina. Eles sabiam que ela tinha deficiência, mas, mesmo assim, abusaram dela.
>
> A Direção chamou os pais e a menina precisou realizar tratamento no hospital da região e usar a pílula do dia seguinte para não correr o risco de engravidar. Em seguida, os pais a transferiram de escola e venderam a casa em que moravam.
>
> Nada aconteceu com os meninos. O caso foi notificado ao Conselho Tutelar pela polícia.

Chamorro (2011, p. 214) chama a atenção para o fato de que "[...] as debilidades da ordem simbólica não trazem as mesmas consequências para todos os sujeitos. A debilidade dos ideais, a perda da honra e do peso da palavra geram um tipo de pessoa que poderíamos qualificar de volátil".

Observamos dois casos de sujeitos voláteis, de sujeitos expostos, mas podemos considerar que aqueles que os atacaram também fazem parte desse processo. Eles também são sujeitos expostos, produtos da debilidade simbólica, pois se trata de uma passagem a que Chamorro (2011, p. 206) nomeia de passagem dos sintomas do sujeito ao do Outro.

O declínio do Nome do Pai – fenômeno evocado por Lacan ainda em 1936 – revelou o seu desfalecimento em relação à função de regulação do gozo. A decorrência desse processo é a crescente degradação da ordem simbólica e a ascensão cada vez maior do mais-de-gozar ao zênite social.

O hedonismo e o cinismo

Ons (2009, p. 25-26) destaca que vivemos uma época hedonista, porém se trata de um tipo especial de hedonismo e de cinismo. No passado, com os gregos, o *hedone* tinha a ver com o prazer. Era ele quem comandava a moral antiga, não o fazendo fora da ética, mas dentro desta: "O prazer não está divorciado do conhecimento e, por isso, o gozo não é trivial, mas o conhecimento tampouco é mera *episteme*, já que deve ser liberador, pois seu fim é a confiança e a tranquilidade".

Por sua vez, o cinismo emergiu na Grécia, fundado por Antístenes, cujo maior discípulo foi Diógenes de Síncope. Ele recusava o prazer entendido como busca e como trabalho imposto pela cultura, acreditando que o melhor seria viver em solidão, longe da civilização. O que caracteriza o cínico antigo é que ele repudia as instituições sociais, nega o valor da lei social e se pauta em um hedonismo autoerótico e masturbatório.

E no mundo atual, o que ocorre? Vemos a busca constante de práticas hedonistas, a busca do gozo, seguindo o imperativo categórico da época, como revela Lacan: "Goza!".

Diante de um mundo em que os laços sociais encontram-se dissolvidos (líquidos, como propõe Zygmunt Bauman (2003)), vive-se a época da busca da felicidade individual a qualquer preço.

Ons (2009, p. 28) destaca que esse prazer pouco tem a ver com o antigo, pois não se encontra ligado ao conhecimento nem à virtude. Hoje, há uma exigência máxima de prazer. Há um imperativo de mais, sempre mais, prazer, que é um imperativo do excesso que chegou agora a uma escala planetária.

Na situação escolar, segundo relatos dos professores, vê-se um pequeno painel desse processo. O hedonismo perfurando todas as ações e a face de um gozo do excesso que ultrapassa qualquer limite à qual Lacan denominou a ordem de ferro. Nas palavras de Indart (2011, p. 279), "Lacan não nos diz se essa nova ordem é boa ou ruim, bela ou feia, verdadeira ou falsa, com relação à precedente. Ele nos diz que é de ferro".

Cada um dos agentes dos casos relatados se concebia no direito de agir de determinada forma. O que os regia era o gozo: seja o gozo da destruição do jovem que tenta danificar o carro, o gozo do ataque ao professor e o gozo sexual das meninas. São pessoas que se colocam no lugar da exceção e que são pautadas pelo imperativo: "Goza!".

Considerações finais

Coelho dos Santos (2014) revela que vivemos o advento da sociedade da segurança, do controle do risco: "A norma vai servir à gestão das populações de um Estado. De uma microfísica do poder disciplinar sobre os corpos, passamos ao exercício de um poder biopolítico". O risco é para a sociedade da segurança o que a norma é para as disciplinas.

Na sociedade contemporânea, estuda-se cada vez mais o risco do que vem acontecendo: o aumento da violência nas escolas. A forma de se lidar com esse fato é por meio de dados estatísticas, pesquisas, levantamentos. Enfim, busca-se uma cifra na tentativa de classificar, nomear, reduzir, evitar as ações violentas. Para isso se aciona o supersocial e a ordem de ferro.

O que a Psicanálise tem a oferecer nesses casos é a sua política. "O inconsciente é a política". Tradicionalmente, na política, acredita-se que haja alguma ideia do que se está falando. Entretanto, com relação ao inconsciente, isso não ocorre. "Dizer que o inconsciente é a política é primeiro situá-lo em uma dimensão transindividual, como o implica mesmo abordá-lo na relação analítica" (Miller, 2012, p. 22).

Pensar a violência nas escolas por intermédio da Psicanálise implica não concebê-la a partir de eventos individuais ou sociais, já que ela se revela sendo *transindividual* e estreitamente articulada ao discurso do Outro.

Barros (2014) nos recorda ainda outra face da violência: "[...] de alguma forma, é sempre um atentado contra o íntimo – no sentido de um lugar não submetido ao olhar do Outro". Nela, o sujeito não se apresenta envergonhado dos seus atos. Como nos casos aqui expostos e discutidos.

Para encerrar, percebemos com Barros (2014, p. 6) a possibilidade de atuação em relação à violência como uma forma que tem a ver com o fato de se lidar com o sujeito. Trata-se de envergonhar "[...] um sujeito, ou seja, alçar a vergonha à condição de ato é de certa forma devolver ao sujeito a responsabilidade que é sua, e que a passagem ao ato neutraliza".

Não se trata aí do procedimento moral da implantação da vergonha no sentido tradicional, mas, como propõe Barros (2014), lidar com a vergonha em uma dupla direção: fixando o sujeito ao seu gozo, em sua vertente superegoica; ou separando-o do S_1, o que lhe permitiria ver como goza do significante.

Referências bibliográficas

Althusser, L. *Ideologia e Aparelhos Ideológicos do Estado.* Lisboa: Editorial Presença, 1970.

Barros, R. do R. A violência e os seus limites. In: *Opção Lacaniana online Nova série.* Ano 5, Número 13, março de 2014. Publicado em: <http://www.opcaolacaniana.com.br/nranterior/numero13/texto2.html>.

Bauman, Z. *Modernidade líquida.* Rio de Janeiro: Jorge Zahar, 2003.

Chamorro, J. Interpretação – Personagens voláteis. In: *Scilicet – A ordem simbólica no século XXI – Não é mais o que era. Quais as consequências para o tratamento?* Associação Mundial de Psicanálise. Belo Horizonte: Scriptum Livros, 2011.

Coelho dos Santos, T. Da Lei Simbólica à normatividade da rotina: a ordem de ferro e o supersocial. In: Coelho dos Santos, T. et al. *Os corpos falantes e a normatividade do supersocial.* Rio de Janeiro: Cia de Freud, 2014.

Deleuze, G. *Conversações.* Rio de Janeiro: Editora 34, 1992.

Dufour, D.-R. Cette nouvelle condition humaine: les désarrois de individu-sujet. *Le Monde Diplomatique,* février, 2001.

————. A arte de reduzir as mentes. In: *Biblioteca diplô.* Texto mimeografado, 2003. Disponível em <http://diplo.org.br/2003-10,a763>.

————. *A arte de reduzir as cabeças – Sobre a nova servidão da sociedade ultraliberal.* Rio de Janeiro: Companhia de Freud, 2005.

————. Rumo ao "capitalismo total"?. In: *biblioteca diplô.* Texto mimeografado, s.d.

Foucault, M. *Vigiar e punir – História da violência nas prisões.* Petrópolis: Vozes, 1987.

Freud, S. O mal estar na civilização. *Edição standard brasileira das obras psicológicas completas de Sigmund Freud,* v. XXI. Rio de Janeiro: Imago, 1996.

Indart, J. C. – A ordem de ferro. In: *A ordem simbólica no século XXI. Não é mais o que era. Quais as consequências para o tratamento?* Belo Horizonte: Scriptum Livros, 2011.

Lacan, J. El Estadio del espejo como formador de la función del Yo. *Escritos 1.* Buenos Aires: Siglo XXI, 1988.

————. *O seminário, livro 5: as formações do inconsciente.* Rio de Janeiro: Jorge Zahar, 1999.

————. *O seminário, livro 16: de um Outro ao outro.* Rio de Janeiro: Zahar, 2008.

Laurent, Éric. Psicanálise e violência: sobre as manifestações da pulsão de morte – entrevista com Éric Laurent. In: Machado, O. M. & Derezensky, E. (Orgs.). *A violência: sintoma social da época. La violência sintoma social de la época.* Belo Horizonte: Scriptum/Escola Brasileira de Psicanálise, 2013.

Miller, J.-A. Intuições milanesas. In: *Opção Lacaniana online nova série*, ano 2, n. 5, Julho de 2011. Publicado em <http://www.opcaolacaniana.com.br/nranterior/numero6/texto1.html>.

————. *Punto Cenit – Política, religión y el psicoanálisis.* Buenos Aires: Colección Diva, 2012.

Miller, J.-A. & Laurent, E. *El Otro que no existe y sus comités de ética.* Buenos Aires: Paidós, 2005.

Paz, P. Ser professor. In: *Revista do Ensino.* Belo Horizonte, Inspetoria Geral de Instrução, VI (78). Dez, 1932.

Scilicet. A *ordem simbólica no século XXI – Não é mais o que era. Quais as consequências para o tratamento?* Associação Mundial de Psicanálise. Belo Horizonte: Scriptum Livros, 2011.

Souza, M. C. C. C. Os professores escutaram a Psicanálise – Mas quais foram os efeitos?. In: Mrech, L. M. (Org.). *O impacto da Psicanálise na Educação.* São Paulo: Editora Avercamp, 2005.

Ons, S. *Violencia(s).* Buenos Aires: Paidós, 2009.

————. Violencia y consumismo. In: Machado, O. M. & Derezensky, E. (Orgs.). *A violência: sintoma social da época. La violência sintoma social de la época*. Belo Horizonte: Scriptum/ Escola Brasileira de Psicanálise, 2013.

O mundo sem operadores e a ordem de ferro no supersocial

Jésus Santiago

Psicanalista, AE da Escola Brasileira de Psicanálise e da Associação Mundial de Psicanálise; Pós-doutorado em Teoria Psicanalítica na UFRJ; Doutorado pelo Département de Psychanalyse de Paris VIII; Professor Adjunto do PPG em Psicologia (Estudos psicanalíticos) FAFICH/UFMG. E-mail: santiago.bhe@terra.com.br

Ludmilla Féres Faria

Psicanalista; Doutora em Psicologia – PPG Estudos Psicanalíticos FAFICH/UFMG; Membro da Escola Brasileira de Psicanálise e da Associação Mundial de Psicanálise; Professora da Faculdade Milton Campos. E-mail: ludffaria@uol.com.br

Resumo

Este artigo tem como objetivo apresentar uma leitura das transformações ocorridas nos laços sociais e as consequências dessas mudanças para o aumento do racismo. Nesse sentido pretende-se demonstrar que a derrisão da força oracular do Outro dá lugar a uma pulverização de grupo e consequentemente a um aumento da segregação e do racismo. Pretendemos demonstrar de que forma a psicanálise pode contribuir nesse debate em contraposição a soluções totalizadoras como pode ser o multiculturalismo.

Palavras-chave: tribos; racismo; supersocial; multiculturalismo; ordem de ferro.

Abstract

The world without operators and the order of iron in supersocial

This article aims to present a reading of the changes occurred in the social ties and the consequences of these changes for the growth of racism. In this sense it is intended to demonstrate that the derision of the oracular power of the Other gives way to a separation of the group and consequently to increased segregation and racism. We intend to demonstrate how psychoanalysis can contribute to this debate in contrast to solutions of a totalitarian inclination such as multiculturalism.

Keywords: tribes; racism; supersocial; multiculturalism; order of iron.

Résumé

Le monde sans les opérateurs et l'ordre du fer dans supersocial

Cet article vise à présenter une lecture de l'évolution des liens sociaux et les conséquences de ces change-

ments sur la croissance du racisme. En ce sens, il est destiné à démontrer que la dérision du pouvoir d'oracle de l'Autre cède la place à une pulvérisation du groupe et par conséquent à une augmentation de la ségrégation et le racisme. Nous avons l'intention de démontrer comment la psychanalyse peut contribuer à ce débat en opposition aux solutions totalitaristes telles que le multiculturalisme.
Mots-clés: tribus; racisme; supersocial; multiculturalisme; ordre de fer.

O grupo ambientalista mundial Greenpeace lançou seu conhecido *slogan* nos anos 70 do século passado: "pensamento global, ação local". Na época o atual modelo de globalização dava apenas os seus primeiros passos, mas os militantes iniciais do grupo já entendiam que questões locais afetavam toda a terra, seja em termos ambientais, sociais, culturais, econômicos ou políticos. De fato, o mundo que veio a se conformar, principalmente a partir das experiências de poder neoliberal nos Estados Unidos e Reino Unido, nos governos Reagan e Thatcher, se tornou social, econômica e culturalmente global. Porém, ao mesmo tempo que a globalização se afirmava, velhas identidades locais submersas há séculos – por diversos motivos – ressurgiram, algumas vezes de maneira muito violenta.

No quadro político a globalização está firmemente associada à derrota soviética na guerra fria, que quebrou o equilíbrio global mantido pelo terror de uma guerra mundial apocalíptica entre as civilizações hegemônicas. Em um primeiro momento, logo após o fim da guerra fria, muitos observadores previam um mundo unipolar, governado informalmente pela única superpotência remanescente, em uma situação que o polemista norte-americano Francis Fukuyama(1999) denominou como "O fim da história". Para Fukuyama, seria um mundo globalizado e estável, no qual a ideologia liberal iria progressivamente determinar o modo de vida de todas as pessoas no planeta. Fukuyama errou, não foi o que ocorreu. Ao contrário, a globalização foi acompanhada – ou até mesmo estimulou – o afloramento explosivo das identidades regionais, nacionais e tribais. Ou seja, apesar das diferentes motivações que levaram à contestação do modelo dominante de sociedade, é inegável a existência de um *leitmotiv* comum e real, o qual permaneceu latente por muito tempo – séculos até – e que por algum motivo arrebentou nessa época, quando as fronteiras aparentemente caminhavam para virar fumaça.

Ideais globais e gozos locais

Quando o mundo inteiro era moldado para ser semelhante – uma imposição do consumo exacerbado num mundo capitalista, já que seria muito difícil transformar uma bolsa Louis Vuitton em objeto do desejo mundial se chineses, brasileiros, nigerianos, mexicanos e espanhóis, por exemplo, fossem absolutamente diferentes culturalmente – as diferenças afloraram. Os croatas e eslovenos, para mencionar somente duas nacionalidades, não quiseram mais ser iugoslavos. Os lituanos e letões não quiseram mais ser cidadãos russos. Porém todos querem ser "europeus". Há movimentos separatistas na China, na Indonésia, nas Filipinas, na Índia, no Irã, no Paquistão, na Rússia oriental e em outros países asiáticos. A África é palco de guerras há décadas, mas hoje com um componente novo: os conflitos antes da década de 80 do século passado visavam à tomada do poder central, hoje o motor das revoltas é o separatismo, como na Etiópia, no Sudão ou na Nigéria. Povos reunidos arbitrariamente pelo colonizador recusam-se a continuar vivendo juntos.

Nos Estados Unidos há um processo explosivo em curso. As dificuldades de integração entre as diferentes etnias que o país recebe – latinos em todos os estados do sul e asiáticos na costa leste – levaram o teórico russo Igor Panarin[1] a prever a divisão dos EUA em seis novos países. Panarin acredita que esses novos países serão determinados pela composição étnica de cada região – hispânicos no sul, chineses no oeste, europeus na costa nordeste, etc. Do seu lado, o Canadá se aflige com a dificuldade de manter a fidelidade de sua imensa população de origem francesa. Diferente do Brasil e de outros países de colonização ibérica, as nações na América do Norte têm muita dificuldade em integrar diferentes grupos raciais. A mesma situação ocorre na Europa, onde uma onda separatista varre o continente. Catalães, galegos e bascos não querem ser mais espanhóis; escoceses querem constituir seu próprio país; venetos acabam de votar, por maioria, a sua independência da Itália, onde é fortíssimo o movimento de secessão do norte da bota; flamengos pretendem separar-se do resto da Bélgica; a República Tcheca rompeu os laços com a Eslováquia – entre outros casos que pipocam por todo o velho mundo.

[1] Igor Nikolaevich Panarin é cientista politico russo, membro da Academia de Ciências Militares da Rússia. Ver: <www.huffingtonpost.com/tag/igor-panarin>.

Comparado com o resto do mundo, a América do Sul é um continente bem mais tranquilo. Os casos de separatismo que ocorrem nos últimos tempos costumam ser quase folclóricos, como o que pretende a secessão do Rio Grande do Sul. Entretanto, no Brasil a segregação manifesta-se em sua grande maioria entre uma imensa maioria pobre e uma pequena minoria rica. Uma tendência semelhante a esta, que divide e cria novos grupos mundo afora, ocorre dentro das próprias comunidades nacionais. Em todas as grandes cidades do mundo há uma tendência de "tribalização". O que nos leva a comprovar que mesmo que todas as pessoas recebam informações e influências globais, isso não cria uma cultura única, nem mesmo semelhante. Ao contrário, nas grandes cidades do mundo, as pessoas formam tribos – *punks*, *cyberpunks*, emos, *grunges*, *skinheads*, neonazistas, desportistas radicais, *neohippies*, nerds, *yuppies*, metaleiros, *hip hops*, evangélicos, fundamentalistas católicos, judeus, muçulmanos, etc. – que muitas vezes convivem, mas que em diversas oportunidades se confrontam.

O sociólogo francês Maffesoli destaca, em seu livro *O tempo das tribos* (2010), que o tribalismo será, em todos os domínios, o valor dominante para os decênios futuros; daí a necessidade de retomar essa expressão. A metáfora da tribo, afirma o sociólogo francês, possibilita-nos observar a metamorfose do vinculo social (Maffesoli, 2010, p. 4). Esse fenômeno mostrou-se bastante evidente também na pulverização de bandeiras que foram às ruas nos movimentos anticopa que tomaram o Brasil a partir de junho do ano passado. Cada pequeno grupo tinha suas bandeiras e demandas, diferentes das levantadas por outro conjunto de pessoas, que marchava exatamente ao lado. Nada de unidade, nenhuma bandeira comum e tampouco táticas ou comportamentos semelhantes. Por exemplo, enquanto alguns grupos atuavam no centro do Rio de Janeiro, tendo como alvo a Câmara Municipal, responsável pela votação da proposta de tarifa, outro grupo atacou revendedoras de veículos de luxo e outros as agências bancárias.

Sobre essas explosões qualificadas de políticas, Maffesoli (2010) destaca que, contrariamente à lógica da política moderna, na qual tudo é programado e em que a ação se inscreve em um processo tático e estratégico, senão previsto pelo menos preparado, as explosões sociais contemporâneas são tão violentas como súbitas, assim como são efêmeras. O que o leva a questionar o caráter político desses momentos, mas a destacar que em lugar de demonizarmos esses movimentos mais vale acompanhar seus sobressaltos, que para ele "apoiam-se no contágio e na inflação do sentimento" (Maffesoli, 2010, p. 19).

Esse fenômeno reproduz a fragmentação da sociedade global em células cada vez menores, mais particulares. A sociabilidade passa a ser somente uma concentração de pequenos grupos ou tribos que se dedicam, de qualquer forma, a se ajustar, a se adaptar e a se acomodar entre si. Na falta de um operador maior que galvanize o conjunto social, cada grupo estabelece as suas próprias bandeiras para seguir, com códigos particulares e uma estranha forma de lealdade. As referências aglutinadoras podem ser um tipo de música, personagens cinematográficos *pop*, determinada forma de ver o mundo, um estilo rebelde verdadeiro ou teatral, um time de futebol, etc.

Nesse sentido, as torcidas organizadas de futebol podem ser uma demonstração cabal dos efeitos de fragmentação causados pela globalização, já que por um lado favorecem a construção de indivíduos semelhantes, com os mesmos hábitos de consumo, aqui no Brasil ou no Vietnã, e por outro criam um movimento de fragmentação em grupos com os quais os jovens se identificam. Nessa vertente, muitos jovens encontram nos grupos organizados das torcidas de futebol uma coordenada de identificação. Pertencer à Galoucura, à Máfia Azul, à Raça Rubra Negra, à Força Flu ou à Gaviões da Fiel tornou-se um modo de ser.

Segundo pesquisas sociológicas, o que prevalece nessas tribos é uma política de clãs lutando entre si, lutas nas quais todos os meios são bons para abater, submeter ou marginalizar o outro – não por diferenças doutrinárias, que em muitos casos nem existem, mas para destacar que "aquele que não tem o cheiro da matilha é, infalivelmente, rejeitado" (Maffesoli, 2010, p. 12). Nesse processo, o que merece, ainda mais, nossa atenção é o fato de que o grau de coesão é tão grande nesses grupos que qualquer traço que diferencie um dos participantes do restante pode transformá-lo num estranho, num rival, que merece as injúrias e recriminações do grupo, tal qual Freud (1921/1987) profetizou com sua expressão "narcisismo das pequenas diferenças".

A última copa do mundo, 2014, com toda sua campanha de antirracismo estampada nos início dos jogos, foi palco de um gritante movimento de segregação envolvendo o craque da seleção italiana: Balotteli. De herói nacional a expatriado, Balotteli foi apontado por seus próprios compatriotas como o causador da derrota da "Azzura"[2]. Bastou o apito final na derrota diante do Uruguai para que o jogador fosse bombardeado

---

[2] Nome dado à seleção italiana.

por críticas de todos os lados. A imprensa local o chamou de "corpo estranho", torcedores disseram que ele não é italiano e até mesmo os companheiros de time o atacaram. Entre as explicações dadas pelos comentaristas para o fato da derrota da Itália ter sido atribuída a Balotteli, está a de que ele não se enquadrava ao perfil idealizado pelos companheiros e pelos técnicos da seleção, mas especialmente o fato de ele ser filho de imigrantes ganeses, adotado por um casal italiano; fato esse que levou ao questionamento de sua presença na seleção italiana. Segundo Patrick Mesquita, comentarista da Uol, após o jogo Balotelli virou um "homem sem pátria". Outros heróis nacionais, como Zidane[3], também sofreram o mesmo tipo de contestação. Na Alemanha, por exemplo, craques como Podolski e Klose[4], de origem polonesa, além de Ozil e Kedira[5], descendentes de turcos, são frequentemente contestados com dureza. A pressão racista e xenofóbica nos países europeus é tão violentadora que leva jogadores de alto nível a retaliações amargas, como foi o caso de alguns franceses que se recusaram a cantar a Marselhesa como protesto às agressões sofridas por seus descendentes no seu país[6]. Esses fatos revelam o clima

[3] Na copa de 2006, o craque da seleção francesa, filho de pais argelinos, Zinedine Zidane, foi expulso do ultimo jogo da seleção, após dar uma cabeçada no italiano Marco Materazzi por este ter xingado sua irmã. Ver: <https://www.google.com.br/cabecada.zidanezidane>.

[4] Ver: <http://arquivo.geledes.org.br/racismo-preconceito/racismo-no-brasil/2319-racismo-no-futebol-alemao>.

[5] Ozil, descendente de turcos, joga no Arsenal da Inglaterra. Kedira, descendência tunisiana, joga no Real Madri.

[6] O jogador Karim Benzema da seleção francesa escolheu não cantar o hino nacional de seu país em um protesto silencioso contra a xenofobia presente na letra da Marselhesa. Benzema é filho de imigrantes argelinos. Segundo comentaristas, tais atitudes já haviam levado à discussão sobre a convocação de jogadores ne

de crescente intolerância na Europa, o que é confirmado pelos últimos resultados eleitorais para o Parlamento da União Europeia[7], os quais registraram o melhor resultado da história para os partidos que defendem propostas como a proibição da convocação de atletas de outras etnias para defender os seus países, assim como o fechamento das fronteiras nacionais para entrada de imigrantes, mesmo os oriundos de outros países europeus.

Enfim, o mundo global vai se tornando cada vez mais fragmentado em pequenas regiões, consequentemente tem-se um crescimento dos conflitos locais, já que cada uma dessas comunidades passa a querer impor sua cultura e modo de serem umas frentes às outras. De fato, no mundo atual os pequenos choques entre grupos substituíram as grandes guerras. Segundo lembra Moniz Bandeira (2013), no seu livro *A nova guerra fria*, quando o muro de Berlin caiu, havia cerca de pouco mais de uma dezena de conflitos armados no mundo, o número hoje está próximo de 300 (Bandeira, 2013, p. 233). É o que nos leva a destacar a contradição entre o modelo do mundo globalizado, que tenta tornar-se cada vez mais uniforme, e as formas de culturas locais, que resistem com suas diferenças. Para Maffesoli (2010), o sentido do tribalismo é justamente o do retorno do "bárbaro" numa sociedade que se apresenta cada vez mais racionalizada, asséptica e que se dedica a banir

---

gros ou de origem árabe. Ver: <http://copadomundo.uol.com.br/noticias/redacao/2014/06/25/artilheiro-da-franca-nao-canta-o-hino-do-pais-em-protesto-contra-xenofobia.htm>.

7 Ver: Extrema-direita avança com discurso anti-integração antes de eleições para Parlamento Europeu, por: Deborah Berlinck, Site: <http://oglobo.globo.com/mundo/extrema-direita-avanca-com-discurso-anti-integracao-antes-de-eleicoes-para-parlamento-europeu>.

o diferente e o risco (Maffesoli, 2010, p. 27). Pode-se dizer que passamos de um tempo em que as guerras ocorriam entre as grandes civilizações, que tentavam estabelecer a hegemonia de umas sobre as outras, para um crescente choque de culturas locais. Nos termos da psicanálise temos um impasse entre os ideais globais e os gozos locais, o que Miller (2011, p. 1) traduz na seguinte afirmação "o direito de cada um a seu gozo próprio torna-se um 'direito humano'"; afinal destaca o psicanalista francês: "em nome de que o meu direito será menos cidadão do que o seu?".

Interessa-nos saber qual papel a psicanálise pode sustentar em tal cenário, já que sofre seus efeitos em sua prática. E, embora possamos afirmar que não há psicanálise da realidade social, isso não impede que se realize uma leitura que se oriente pelo que Lacan nomeou "direção da subjetividade moderna" (Miller, 2005, p. 14). Portanto, trata-se de interrogar tanto as manifestações estrondosas que escapam do social e parecem desejar sua própria catástrofe, quanto os seus detalhes, para responder aos efeitos da passagem de um mundo ordenado em torno de grandes ideais civilizatórios para um mundo dividido em microrregiões de gozo que pode ter como consequência o aumento da segregação e "em decorrência a tentação do apelo a um Deus unificador" (Laurent, 2013, p. 32).

O mundo sem operadores, aumento da segregação

Freud designou como civilização "a soma integral das realizações e regulamentos que distinguem nossas vidas da dos nossos antepassados animais, e que servem a dois intuitos: o de proteger os homens contra a natureza e o de ajustar os seus relacionamentos mútuos" (Freud, 1930/1987, p. 109). No entanto, a civilização falha irremediavelmente no cumprimento desses seus fins, o que gera um mal-estar que é inerente a ela, afastando cada vez mais o homem de encontrar a felicidade. Especialmente o segundo objetivo – regular as relações dos homens entre si – parece impossível de cumprir. Nas relações do sujeito com seu vizinho, seu familiar, seu colega, sempre haverá a possibilidade de desencontros, inimizade, segregação, o que se conecta diretamente com o "mal-estar".

Para o autor do "Mal-estar na civilização" (Freud, 1930/1987, p. 96), uma das defesas buscadas pelo homem para solucionar esse conflito é o isolamento voluntário, "manter-se à distância das outras pessoas", fato bastante comum no mundo atual. Ou ainda, pode-se recorrer à instituição de um poder comum que sobressaia ao do indivíduo, num passo esse decisivo para a civilização. Entretanto, ele nos adverte que mesmo esse poder irá sempre encontrar uma resistência, uma transgressão, um questionamento. É que a civilização impõem restrições difíceis de ser aceitas, ela incomoda. Freud enfatiza que essa dificuldade assenta-se no fato de que a tentativa da civilização de ligar os seus membros choca-se "com as paixões libidinais que são mais poderosas que os interesses racionais" (Freud, 1930/1987, p. 112). O que o leva a concluir que "a felicidade [...] é meramente um problema de economia libidinal de cada indivíduo. Nenhuma regra a respeito vale para todos, cada um deve buscar por si mesmo a maneira em que possa ser feliz" (Freud, 1930/1987, p. 103). O que significa dizer que a civilização é uma tentativa de regular os modos de satisfação, a maneira de gozar de cada sujeito, tentativa essa sempre fracassada.

Entretanto dizer que não é possível encontrar a felicidade ou a paz entre os homens, tal qual Freud dá destaque em seu texto, não significa dizer que os homens abrirão mão de buscá-las e é nesse sentido que ele aponta outra solução encontrada pelos homens para viver juntos: "sempre se poderá vincular amorosamente entre si o maior número de homens com a condição de que sobrem outros em quem descarregar os golpes" (Freud, 1930/1987, p. 132). É sob essa perspectiva que passa a explicitar a presença de uma tendência agressiva ou uma inclinação para agressão que ameaça o relacionamento entre os homens. Donde se depreende que o maior problema apontado por Freud para a civilização é o que ele laboriosamente construiu como a "pulsão de morte".

Tais constatações nos permitem afirmar, com Freud, a existência de um paradoxo no seio da civilização: para manter a paz entre os homens é necessária a guerra. O que significa dizer que não existe nenhuma possibilidade de homogeneização da felicidade dos homens, ou nos modos de gozo destes, no máximo alcança-se a fragmentação em grupos. Os anseios da civilização entram em contradição com os interesses dos grupos que a compõem, daí a perpetuação da fragmentação.

A atualidade dessa observação adquire cada vez mais seu valor em função das mudanças ocorridas no processo civilizatório que demarca a passagem do momento em que a sociedade organizava-se a partir de um operador externo – o mito do pai e as identificações fortes daí advindas – para o momento atual, a época da globalização, que já não vive sob o reinado do pai, e que, portanto, faz surgir identificações fluidas pulverizadas. Constata-se, assim, que com a queda dos operadores não foi o *Um* da civilização que se instaurou, mas, ao contrário, o múltiplo das comunidades, dos grupos – as tribos, com suas identificações comunitárias irredutíveis umas às outras.

O que nos leva a retomar a advertência lacaniana, de 1967, de que o remanejamento dos grupos sociais pela ciência, em especial a universalização que ela introduz, "encontrará seu equilíbrio numa ampliação cada vez mais dura dos processos de segregação" (Lacan, 1967a/2003, p. 263). Ou seja, o processo de universalização não consegue fazer desaparecer as diferenças, há sempre uma "pequena diferença", que se coloca em marcha na segregação. Inicialmente designa-se um pequeno traço de diferença que pode, então, propiciar uma pequena segregação – "mantenha-se à distância" – ou pode transformar-se num racismo exacerbado: "você não é igual"; passo seguinte: a eliminação. Eis o impasse encontrado no seio da civilização, a disparidade do gozo, os diferentes modos de satisfação colocam em marcha os efeitos de segregação e, em seguida, o crescimento do racismo.

Daí a importância de nos perguntamos como fazer para que todos estejam de acordo, quando as autoridades centrais, os operadores, falham? Do ideal encarnado pela figura paterna que galvaniza o laço social à fragmentação comunitária, Laurent, em seu texto "Psicanálise e Política" (2007) traça um percurso das mudanças sofridas pelos laços sociais na civilização. Será através desse percurso que demonstraremos que os efeitos de fragmentação dos limites, doravante dados pelo Nome do Pai, perturbam o laço social instaurando um aumento do racismo que passa a apresentar-se cada vez mais como um chamado às "ordens de ferro" no supersocial.

A pulverização do Nome do Pai e a ordem de ferro das normas

Segundo Laurent (2007) destaca, de início Freud apoiou-se na figura do pai morto, de "Totem e tabu" (1913) como aquele que introduz, via culpabilidade, um limite na guerra entre irmãos. Após assassinar o pai, os irmãos, com receio de que algo dessa espécie pudesse acontecer a eles e levados por uma culpabilidade retroativa, unem-se através do mandamento: "não matarás!". Entretanto, o que merece a atenção de Laurent é o fato de que a solução apresentada por Freud, mesmo sendo aquela da religião cristã, funda-se não sobre o amor, mas sobre o ódio, sobre a raiva do pai e pelo pai. Tais apontamentos permitem que Freud possa evidenciar a função do ódio e do assassinato dissimulados em todas as idealizações do laço social. Essas suas proposições são retomadas no texto "Reflexões sobre os tempos de guerra e morte" (1915/1987), no qual o psicanalista vienense nota que basta que os homens estejam em grande número para que a consciência moral seja jogada por terra e, em seu lugar, venha surgir nada mais do que ódio e violência.

Para Laurent o destaque dado por Freud à relação conflituosa entre pai e filho é o que lhe permite afastar-se de qualquer solução ideológica e unificadora, argumento esse que corrobora o viés tomado em seu texto "Psicologia das massas e análise do eu" (1921/1987), no qual Freud dá destaque à função do líder carismático no laço social. Todavia, ele enfatiza que esse líder pode ser substituído por uma ideia, uma abstração e esta, tal qual o pai primitivo, também abriga em seu âmago a violência. Dessa forma, Freud traça um paralelo, retomado por Laurent, entre o líder carismático, a abstração e o pai primitivo, aquele de um poder ilimitado: "o líder da massa ainda é o temido pai primevo; a massa ainda deseja ser governada pela força irrestrita e possui uma paixão extrema pela autoridade; na expressão de Le Bon, tem sede de obediência" (Freud, 1921/1987, p. 105)[8].

Dessa forma, pode-se considerar que para Freud mesmo as massas mais organizadas têm no seu âmago a violência que aquelas que não são organizadas, o que significa dizer que, no fundo, sob os amores de Eros que une, há o ódio que separa. Donde se depreende a pergunta freudiana sobre o destino dos soviéticos depois que os burgueses fossem exterminados. Ou seja, depois de abatido o inimigo externo o grupo se autoflagela. A copa do mundo de 2014 permitiu-nos constatar a atualidade dessa afirmação freudiana ao defrontar-nos com o tratamento dado pelos italianos ao grande astro da Azzura: Balotelli, após a eliminação da Itália, tornou-se para os italianos um "corpo estranho".

A segunda forma de laço social abordada por Laurent foi aquela adotada por Lacan em sua "Proposição de 9 de outubro de 1967" (1967a/2003) na qual ele evoca que a união das nações sob o domínio de um império homogêneo não significa uma coligação, tal qual creem os estados burocratas. Para Lacan, segundo Laurent (2007, p. 172), "mesmo que haja em cada um desses espaços um só modelo de família, um só modelo de organização, um só modelo de consumo, haverá, em qualquer lugar, o problema de como tratar a hete-

---

[8] Sobre a função dos líderes nos grupos ver L. Faria e J. Santiago. Gangues: os efeitos do abalo do Nome-do-pai no contexto da violência juvenil. In: *aSEPHallus, Revista de orientação lacaniana*, ano 2013 , número 16.

rogeneidade dos modos de gozo particulares". Ou seja, Lacan não é partidário da perspectiva das vastas coligações através de um discurso burocrático único e nem tampouco de uma ordenação comum do gozo; ao contrário, ele denuncia os efeitos deletérios da homogeneização do espaço comum, tal qual enfatiza em seu texto "Alocuç*ão* sobre as psicoses da criança" (1967b/2003, p. 361) ao lançar a seguinte questão: "como fazer para que massas humanas fadadas ao mesmo espaço, não apenas geográfico, mas também, ocasionalmente, familiar, se mantenham separadas?". Dessa forma, ele coloca peso sobre o heterogêneo, que resiste à homogeneização e que naquele momento apresentava-se através do movimento de racismo. Para Laurent (2007, p. 173), Lacan assim restabelece a verdade libidinal anunciada pela psicanálise: o impasse sexual "continuará a gerar fantasias que terão chances de serem inéditas, mas não produzirá harmonia".

Por último, Laurent (2007) vai demonstrar que a queda dos ideais e a ascensão do objeto pequeno *a* ao zênite da civilização tem como consequência a fragmentação do laço social. Trata-se de um mundo sem centro, que funciona sem o "Um" fundador e a partir de solidariedades fluidas e indeterminadas. Fato esse bastante presente nas descrições das novas tribos, nas quais os laços entre os participantes "não são formalizados", são "sem objetivo e sem projeto especifico", e cujo fator aglutinador é "uma sensibilidade ou emoção comum" (Maffesoli, 2010, p. 65).

Entretanto, o que vemos retornar nesse mundo em rede e sem projeto são novas formas de autoridade. O Nome do Pai pulveriza-se para legitimar as diversas reivindicações. A derrisão da força oracular do Outro, que possibilitaria uma coesão via semblantes, faz surgir pertencimentos que se assentam em identidades comuns: a cada tribo o seu Deus. Constata-se, assim, que a civilização Una tornou-se o lugar do múltiplo das comunidades, cada uma com a sua particularidade, o que as torna cada vez mais aferradas aos mecanismos de identidade de discurso. E é nesse universo de espaços fundamentalmente múltiplos, muitas vezes palcos de rivalidade e violência entre as diferentes comunidades, que surgem propostas políticas como o “multiculturalismo”. Segundo Taylor (1994) o multiculturalismo propõe um sujeito construído a partir da reivindicação de identidade, grupos de minorias que se juntam em torno de um traço comum e contra posições dominantes. Em busca da identidade comum e do politicamente correto esses grupos submetem-se absoluta e metonimicamente a uma conduta supersocial, isto é, aos usos comuns e banais da rotina. Eis o que o multiculturalismo impõe ao sujeito: adaptar-se aos moldes de uma conduta, a uma identidade que é sempre uma clausura.

Em um mundo sem operadores, as normas sociais se reduzem a uma verdadeira “ordem de ferro”. Assim, para esses sujeitos, a rotina das normas torna-se mais feroz que o Nome-do-Pai ou o pai interditor, pois o correlato destas normas não é mais o desejo e, sim, o gozo manifestado na defesa indignada da adequação, sempre insuficiente, ao *supersocial.* Propostas de constituir um todo, como o multiculturalismo, arrebatam do sujeito o direito de experimentar a divisão, de encontrar-se com a experiência de que um significante nunca nos representa. Oportunidade única para vivenciar que a partir da hiância é possível advir o laço social e que o contrário disso será sempre ser arrebatado antes do fim da partida. O que possibilita lidar com a divisão não é a rotina, as normas, nem tampouco o multi; segundo orientação lacaniana, é preciso saber ir além das normas, com a condição de saber se virar com elas.

Referências bibliográficas

Bandeira, M. *A segunda guerra fria. Das rebeliões na Eurásia à África do Norte e ao Oriente Médio.* Rio de Janeiro: Civilização Brasileira, 2013.

Freud, S. (1913). Totem e tabu. *Edição standard brasileira das obras psicológicas completas de Sigmund Freud*, v. XIII. Rio de Janeiro: Imago, 1987.

————. (1915). Reflexões para os tempos de guerra e morte. *Edição standard brasileira das obras psicológicas completas de Sigmund Freud*, v. XIV. Rio de Janeiro: Imago, 1987.

————. (1921). A psicologia das massas e análise do eu. *Edição standard brasileira das obras psicológicas completas de Sigmund Freud*, v. XVIII. Rio de Janeiro: Imago, 1987.

————. (1930). O mal-estar na civilização. *Edição standard brasileira das obras psicológicas completas de Sigmund Freud*, v. XXI. Rio de Janeiro: Imago, 1987.

Fukuyama, F. *O fim da história e o ultimo homem.* Rio de Janeiro: Rocco, 1999.

Labbé, C. & Recasens, O. *Les prophéties de Lacan, par Jacques-Alain Miller.* Disponível em <http://www.lepoint.fr/grands-entretiens/jacques-alain-miller-les-propheties-de-lacan-18-08-2011 1366568_326.php>, 2011.

Lacan, J. (1967a). Proposição de outubro de 1967 sobre o psicanalista da Escola. *Outros escritos.* Rio de Janeiro: Jorge Zahar, 2003.

Lacan, J. (1967b). Alocução sobre as psicoses da criança. *Outros escritos.* Rio de Janeiro: Jorge Zahar, 2003.

Lacan, J. (1974). *O seminário, livro 21: les non-dupes errent.* Inédito.

Laurent, É. Psicanálise e política. In: *Plural – Revista de psicologia da FUMEC,* 26, pp. 161-180. Belo Horizonte: Universidade FUMEC, 2007.

————. O racismo 2.0. In: *Opção lacaniana, Revista Brasileira Internacional de Psicanálise,* 67, pp. 31-35. São Paulo: Edições Eólia, 2013.

Maffesoli, M. *O tempo das tribos: o declínio do individualismo nas sociedades de massa* (4ª ed.). Rio de Janeiro: Forense Universitária, 2010.

Mesquita, P. *Balotelli vira "homem sem pátria".* Disponível em <http://copadomundo.uol.com.br/noticias/redacao/2014/06/26/>, 2014.

Miller, J.-A. (1996). *El Otro que no existe y sus comités de ética. Seminario en colaboración con Éric Laurent.* (Graciela B., Org.). Buenos Aires: Editorial Paidós, 2005.

________. Les prophéties de Lacan. Disponível em <www.lepoint.fr/grands-entretiens/jacques-alain-miller-les-prophéties-de-lacan-18-08-2011-1366568_326.php>, 2011.

Santiago, J. A atualidade clínica das marcas do ordinário nas psicoses. In: *A ordem simbólica no século XXI: não é mais o que era. Quais as consequências para o tratamento?* AMP/Subversos: Rio de Janeiro, 2013.

Taylor, C. A política do reconhecimento. In: *Multiculturalismo.* Lisboa: Instituto Piaget, 1994.

Este livro foi impresso nas oficinas gráficas da Editora Vozes Ltda.,
Rua Frei Luís, 100 – Petrópolis, RJ.